DICTIONNAIRE TOPOGRAPHIQUE

ABRÉGÉ

DE

LA TERRE SAINTE

PAR

F. DE SAULCY,

Membre de l'Institut, Académie des Inscriptions et Belles-Lettres.

PARIS,

F. VIEWEG, Libraire-Editeur.

Rue Richelieu 67.

1877.

En vente à la même librairie.

Brugsch (H.). Examen critique du livre de M. Chabas; intitulé: Voyage d'un Égyptien en Syrie, en Phénicie, en Palestine, etc., au XIVe siècle avant notre ère. Gr. in-8°. 1 fr.

Brunet de Presles (W.). Examen critique de la succession des dynasties égyptiennes, 1re partie (la seule parue). 1 vol. in-8°. 6 fr.

Devéria (T.). Notation des centaines de mille et des millions dans le système hiéroglyphique des anciens Égyptiens. Gr. in-8°. 3 fr.

——— La nouvelle table d'Abydos. Gr. in-8°. 3 fr.

——— Bakenkhonsou, grand-prêtre d'Ammon et architecte principal de Thèbes, contemporain de Moïse. Gr. in-8°. 2 fr.

——— Quelques personnages d'une famille pharaonique de la XXIIe dynastie. Gr. in-8°. 3 fr.

Guieysse (P.). Rituel funéraire égyptien, chapitre 64°. Textes comparés, traduction et commentaires d'après les papyrus du Louvre et de la Bibliothèque nationale. 1 vol. in-4°, pl. (forme la 6° liv. des Études égyptologiques). 20 fr.

Hymne à Ammon-Ra des papyrus égyptiens du musée de Boulaq, traduit et commenté par E. Grébaut, élève de l'École des Hautes Études, avocat à la Cour d'appel de Paris. 1 vol. Gr. in-8°. 22 fr.

Hymnes au Soleil, composant le XV° chapitre du rituel funéraire égyptien. Traduction comparée par E. Lefébure. 1 vol. in-4°. 15 fr.

Lefébure (E.). Le Mythe Osirien. Première partie: Les Yeux d'Horus (forme la 3° livraison des Études égyptologiques). 1 vol. in-4°. 20 fr.

——— Deuxième partie: Osiris (forme la 4° liv. des Études égyptologiques). 1 vol. in-4°. 20 fr.

Letronne. Recherches critiques et géographiques sur les fragments d'Héron d'Alexandrie, ou du système métrique égyptien (ouvrage couronné en 1816 par l'Académie des inscriptions et belles-lettres, revu et mis en rapport avec les principales découvertes faites depuis, par A.-J.-F. Vincent. 1 vol. in-4°. orné d'une carte. 15 fr.

Lieblein (J.). Index alphabétique de tous les mots contenus dans le Livre des Morts, publié par R. Lepsius, d'après les papyrus de Turin. 1 vol. petit in-8°. 12 fr.

DICTIONNAIRE TOPOGRAPHIQUE

ABREGE

DE

LA TERRE SAINTE

DICTIONNAIRE TOPOGRAPHIQUE

ABRÉGÉ

DE

LA TERRE SAINTE

PAR

F. DE SAULCY,

Membre de l'Institut, Académie des Inscriptions et Belles-Lettres.

PARIS,

F. VIEWEG, Libraire-Editeur.

Rue Richelieu 67.

1877.

AVANT-PROPOS.

La première fois que j'explorai la Palestine, je regrettai vivement qu'il n'existât pas un petit répertoire portatif de toutes les localités de la Terre Sainte, mentionnées dans la Bible. J'aurais souhaité que tous les noms énumérés dans ce livre à créer, fussent accompagnés des indications des différents passages Bibliques les concernant, et des identifications probables des localités antiques avec des centres d'habitation ou des ruines existant de nos jours.

Un pareil livre en effet pouvait à la rigueur servir de guide, et en même temps aider singulièrement les recherches des voyageurs qui, comme moi, attacheraient quelque prix à reconnaître l'emplacement d'une ville citée dans l'Ecriture Sainte.

Ne trouvant à ma disposition que le dictionnaire peu maniable et d'ailleurs assez incomplet de Reland, j'avais, dès ce premier voyage (en 1850—51), formé le projet de rédiger quelque jour l'utile catalogue dont je me sentais si privé.

Puis les années se sont passées; par deux fois j'ai revu Jérusalem et la Palestine, et deux fois de plus j'ai pensé avec chagrin à ce livre absent.

Un proverbe dit qu'il n'est jamais trop tard pour bien faire. Or maintenant que l'âge est venu, je n'ai pas voulu laisser mentir le proverbe, et je me suis mis à l'oeuvre.

J'ai patiemment recueilli toutes les indications que j'aurais désiré rencontrer dans ce livre, s'il eût été écrit par un autre que moi, et c'est ce travail minutieux que je livre aujourd'hui au public. Puisse-t-il me savoir quelque gré de ce que j'ai accompli cette besogne, avec le seul espoir de lui être utile.

PARIS,
18 Novembre 1876.　　　　　F. DE SAULCY.

A.

Aal(el-), voyez Eléâleh.

Abana, אֲבָנָה. Nom de l'une des deux rivières qui arrosaient le pays de Damascus et en faisaient un lieu de délices. L'autre est nommée Pharphar, (Rois IV v. 12). Les notes massorétiques (le Keri) apprennent qu'il faut lire Amana au lieu d'Abana. L'Abana, ou Amana est aujourd'hui le *Nahr-Baradah*, qui prend sa source dans l'Antiliban, près de *Zebdany*, passe à Abila de Lysanias *(Souq-ouadi-Baradah)*, traverse Damas, et va se jeter à l'orient de cette ville dans le lac nommé *Bahret-el-Ateïbeh*, à l'entrée du désert. Les Grecs et les Romains appelaient cette rivière Chrysorrhoas.

Abarim (Monts), עֲבָרִים. C'est toujours très probablement le pâté de montagnes qui portait indifféremment le nom de mont Nebo, de mont Phasga et de mont Abarim (Nombres XXXIII v. 47 et 48). Dieu dit à Moïse: monte sur cette montagne d'Abarim, la montagne de Nebo, qui est au pays de Moab, en face de Jéricho (Deutéronom. XXXII v. 49). Ce passage ne peut laisser de doute sur l'identité du mont Abarim, et du mont Nebo. C'est bien la montagne de Moab placée en face de Jéricho. Plus loin (Deutér. XXXIV v. 1) nous lisons: Et Moïse monta des plaines de Moab sur le mont Nebo, au sommet de Phasga, qui est vis-à-vis de Jéricho. Le sommet de Phasga est donc bien le sommet du mont Nebo, ou mont Abarim.

Abdeh, voyez **Abdon**.

Abd-en-naby, voyez **Arecon**.

Abdon, עבדון. Ville de la tribu d'Aser, et attribuée aux
Lévites (Josué XXI v. 30 et Chroniques I, VI. v. 74). — Il
est probable que c'est la ville d'Abran, mentionnée parmi
les villes de la tribu d'Aser (Josué XIX v. 28). Le D
de ce nom aura été changé en R, ce qui est très facile
dans les noms écrits en hébreu carré. Le site de cette
ville doit être probablement placé aux ruines nommées *Abdeh*, situées à une lieue à l'Est d'*Ez-zib* (Ecdippa) et à 3 lieues au N. N. E. de St. Jean d'Acre.

Abel, ou **Abila -beth-Mâakhah**, אבל בית מעכה. Était
une métropole des Israélites (Rois II, XX v. 19). Elle fut
surnommée Abila-beth-mâakhah, à cause de son voisinage
de la ville de Beth-mâakhah, pour la distinguer des autres
villes du même nom, car Abel et Beth-Mâakhah étaient
deux localités distinctes (Rois III, XV v. 20). (Voyez Bet-
Mâakhah).

Cette même ville est nommée Abel-Maïm (voyez ce
mot), dans le 2e livre des Chroniques (XVI v. 4). Cela
veut dire: Abel des eaux, et ce nom semble bien indiquer que la ville en question était voisine des eaux de
Merom (*Bahr-el-houleh* de nos jours). Il est plus que
probable que cette ville était où se voient aujourd'hui les
ruines nommées *Abil*, sur la rive occidentale du *Nahr-
hasbany*, à un peu moins d'une lieue à l' O. N. O. de
Dan *(Tell-el-qadhi.)* et à une lieue à l'Ouest du Pont
nommé *Djisr-el-Rhadjar*, sur lequel passe la route de
Banias (Caesarea Philippi). Josèphe (Ant. Jud. VII,
XI, 8.) nomme cette ville Abel-Makhea.

Abel-Keramim, (des vignobles), אבל כרמים. Nous lisons dans le livre des Juges (XI, v. 33) que Jephté poursuivit les Ammonites jusqu'à Abel-Keramin (Abel des Vignobles). Eusèbe dit de cette ville qu'elle était riche en Vignes et éloignée de six milles Romains de Philadelphia (Rabbath-Ammon, aujourd'hui *Ammán*), c'est à dire de trois lieues environ. Jusqu'ici on n'a pas retrouvé le site de cette ville Biblique.

Abel-maïm, אבל־מים (Abel des eaux). C'est la même ville qu' Abel-beth-Mâakhah. Voyez ce nom.

Abel-Mehula, אבל מחולה (Plaine de la danse) Citée dans le livre des Juges (VII, 22); cette ville fut la patrie du prophète Elisée (Rois III, XIX v. 16). Il parait certain qu'elle se trouvait dans le territoire appartenant à la demi- tribu de Manassé, établie en deça du Jourdain. Eusèbe qui l'appelle Beth-Maela dit qu'elle était située dans la plaine du Jourdain, à 16 milles au midi de Scythopolis (Beth-San. *Beysan* de nos jours), et St. Jérôme dit que cette petite localité nommée Abelmea se trouvait entre Neapolis *(Naplouse)* et Scythopolis *(Beysan)*.

Cette ville Biblique n'a pas encore été retrouvée, mais je suis très porté à croire qu'il faut la rechercher au *Qalâat-melha* ou *Maleh* qui se trouve sur le flanc gauche de *l'Ouad-Maleh*, à deux heures de marche à l'E.-N.-E. de *Toubás* qui est la Tobbath du livre des Juges (VII v. 22) et qui était voisine d'Abel-Mehula.

Depuis que ceci était écrit, M. V^{or} Guérin a vérifié et pleinement adopté cette identification.

Abel-Mitzraïm, אבל מצרים. On pense que ce nom signifie deuil des Egyptiens (Planctus Aegypti). Il en est question dans la Genèse (L. v. 11), qui la met dans la plaine des Epines (Area Atad), non loin du Jourdain. St. Jérôme la place à l'Occident du fleuve sacré, et dit qu'elle reçut plus tard le nom de Beth-Agla. S'il en est ainsi cette localité Biblique doit être identifiée avec le *Qasr-hadjlah*, couvent grec ruiné, situé auprès de l'*Ayn-hadjlah*, source autour de laquelle on trouve un grand nombre de gros cubes de mosaïque antique. Cet ancien couvent et cette source sont à une grande lieue au S. S. E. de Jéricho *(Er-Riha)*.

Abel-Satim, ou **Setim**, אבל השטים. Josèphe, qui appelle cette ville Abila, nous dit que Moïse rassembla le peuple d'Israël, au lieu où se trouvait la ville d'Abila, (Ant. Jud. IV. VIII. 1. et V. I. 1.)

Dans sa guerre Judaïque (IV. VII. 6.) il place cette ville près de Julias (*Beth-er-Ram*) et de Bésimoth (*Soueïmeh*). Enfin le même historien (A. J. V. I. 1.) place Abila à 60 stades du Jourdain. Son nom lui venait du grand nombre d'arbres de l'espèce nommée Satim qui s'y trouvait. Eusèbe dit qu'elle était voisine du mont Phogor, dont le mont Nebo faisait partie (aujourd'hui le *Djebel-Neba*). Dans le livre des Nombres (XXXIII v. 49) il est dit que les Hébreux campèrent depuis Beth-Simoth jusqu'à Abel-Satim, et dans Michée (VI v. 5), que Balak roi des Ammonites voulant exciter ses sujets contre les Hébreux, leur rappela ce qui s'était passé depuis Setim jusqu'à Galgala.

Il est probable que le site d'Abel-Setim est occupé aujourd'hui par les ruines nommées *Kefreïn*, placées à une forte lieue à l'Est du Jourdain, et en face de Jéricho (*Er-Riha*).

Abes, אבץ. C'était une ville de la tribu d'Issakhar (Josué XIX v. 20). Elle n'est citée que cette seule fois dans les Saintes Ecritures, et n'a pas encore été retrouvée.

Abiadh (ouad-el-), voyez **Achor** (vallée d').

Abil, voyez Abel, Abila.

Abilène. Nous lisons dans St. Luc. (III v. 1) que Lysanias était tétrarque de l'Abilène; c'était la région dont Abila fut la métropole. Cette même ville est nommée par Ptolémée Abila de Lysanias. Cette ville était située entre Damas et Héliopolis, ainsi que nous l'apprennent les Itinéraires Antiques. Ses ruines, qui sont considérables, se voient aujourd'hui à *Souq-ouady-Baradah*, où deux inscriptions gravées dans le rocher constatent la présence en ce point de la ville d'Abila. *Souq-ouady-Baradah* est dans l'Antiliban.

Abou-gosch, voyez Bâala.

Abou-schouscheh, voyez Cenereth.

Abran, עברן. Ville de la tribu d'Aser (Josué XIX v. 28). Elle est citée dans la description de la frontière de cette tribu. Cette frontière aboutit à Cabul à gauche, va vers Abran, Rohob, Hamon et Cana, jusqu'à Sidon la populeuse. Sur les localités ainsi énumérées, et qui sont disposées en ligne droite du Sud au Nord, Cabul, *(Kaboul)*, et Hamon *(Omm-el-âamid)* sont bien connues; c'est donc entre ces deux localités qu'il faut chercher Abran, puis Rohob. Or à une heure de marche au Nord·Ouest de *Kaboul* se trouve le village d'*Ebraoueh* qui me parait être l'Abran Biblique. Malheureusement je ne trouve pas trace de Rohob.

Il est bon de remarquer que sur le bord méridional du *Nahr-Berdaouil* (la Rivière de Baudouin) et à une heure de marche au S. S. E. du gros village l'*El-Bassa*, se trouve une localité antique ruinée nommée *Abdeh*. Qui sait, si les deux lettres si voisines D et R, en hébreu carré, n'ont pas été changées ici, et si en réalité ce n'est pas Abdon qu'il faut lire, en reconnaissant cette ville Biblique dans *Abdeh?*

Accain, הקין. Ville de la tribu de Juda, située dans la partie montueuse (Jos. XV v. 57). Elle est citée après Zanoë, et avant Gabâa et Thamna. Elle n'a pas encore été retrouvée.

Accaron, עקרון. L'une des cinq Satrapies des Philistins, (Jos. XIII v. 3), attribuée à la tribu de Juda. (Rois I. VI v. 17. — Josué XV v. 45). — La frontière nord de Juda allait de Thamna *(Tibneh)* au côté nord d'Accaron (Josué XV v. 11.). Plus tard elle fut donnée aux Danites (Josué XIX v. 43). Eusèbe et St. Jérôme l'appellent Accaron. Le premier la donne à la tribu de Dan; le second à la tribu de Juda. De plus St. Jérôme place Accaron entre Azotus *(Esdoud)* et Iamnia *(Iabneh)* mais du côté de l'Orient.

C'est aujourd'hui *Akir*, à deux heures de marche à l'Est de *Iabneh* (Iamnia) et à deux heures au Sud-Ouest de *Ramleh*, sur la route d'*Esdoud*.

Accaronites, עקרני. C'est l'Ethnique d'Accaron (Rois. I. V v. 10). Voyez Accaron.

Accho, עכו. Cette ville était dans le territoire de la tribu d'Aser (Juges I v. 31), qui ne put en expulser les habitans. Dans l'énumération des villes d'Aser (Josué XIX v. 2) il n'en est pas fait mention. Peut-être dans le prophète Michée (I v. 10) faut-il lire: ne pleurez pas dans Acco.

Cette ville placée sur la côte Phénicienne, reçut plus tard le nom de Ptolémaïs et plus tard encore celui de St. Jean d'Acre, qu'elle porte aujourd'hui. Les habitans

du pays ne la connaissent que sous le nom d'*Akka*.
(Voyez Ptolémaïs.)

Achor (Vallée d'), עכור. Cette vallée est celle où
fut lapidé Achan, avec ses fils et ses filles, et tout ce
qui lui appartenait (Josué VII v. 24 et 26). Plus loin
(XV v. 7) il est dit que la limite du territoire de Juda
s'élève de la vallée d'Achor à Debéra. Comme dans le
verset précédent le dernier jalon cité, pour cette limite,
est la pierre de Bohan *(El-hadjer-Lasbah)*, il s'en suit
que la vallée d'Achor doit se trouver entre ce point et
Kharbet-Dabor, qui est Debéra; c'est là qu'il faut la
chercher et qu'on la retrouvera, et qu'on retrouvera même
probablement le monceau de pierres accumulées sur le
lieu du supplice d'Achan. En remontant directement au
nord de *El-hadjer-Lasbah* vers *Kharbet-Dabor*, j'ai d'abord
traversé un large ravin dont je n'ai pu obtenir le nom
des arabes qui me conduisaient, puis un second qui se
nomme *Ouad-el-abiadh* et qui n'est que la continuation
de l'*Ouad Dabor*. C'est sans doute l'un de ces deux
Ouad qui représente la vallée d'Achor.

Achzib, אכזיב. Ville située dans la plaine de la
tribu de Juda (Josué XV v. 44.) et située entre Ceila
et Maresa. Or Ceila est à *Kharbet-Kila*, et Maresa à
Kharbet-Merach; la première de ces ruines est à deux
lieues à l'Est de *Beit-Djibrin* et la seconde à une demi
lieue au Sud de la même ville, et entre ces deux ruines
Bibliques on n'en trouve aucune autre qui rappelle le
nom d'Achzib. Celle-ci n'a donc pu être encore identifiée.
M. V^or Guérin propose avec une grande réserve de
retrouver Akhzib (Kezib des Septante) à *Kharbet achkib*,
ruine située à proximité immédiate de Bir-Sebâa. Effectivement c'est beaucoup trop au sud de Ceila et de Maresa (environ 8 lieues).

Achziba, אכזיבה. Ville de la tribu d'Aser mentionnée dans le livre de Josué (XIX v. 29). Elle reçut plus tard le nom d'Ecdippa. Cette ville au retour de la captivité de Babylone fut considérée par les Juifs comme la limite septentrionale de leur territoire; au delà c'était la terre des gentils.

Les Cananéens ne purent être expulsés d'Achziba, par les Hébreux (Juges I v. 38). Elle est ici nommée Achazib. C'est aujourd'hui *Akhzib* ou *Ez-zib*, Bourgade située au bord de la mer, à 3 lieues au Nord de St. Jean d'Acre.

Acrabathane. Région mentionnée dans le livre des Macchabées (I v. 3). C'est l'Acrabatène, qui avait pour chef-lieu Akrabeh, Bourgade située au S. S. E. de *Naplouse*, à 3 lieues environ.

Acsaph et **Axaph**, אכשף. Ville de la tribu d'Aser, dont le roi fut vaincu par Josué (Josué XIX v. 25 et XII v. 20.) Les Septante nomment cette ville Aziph (Jos. XI v. 1.). C'est très probablement la même ville qu' Ecdippa, l'*Akhzib*, *Ez-zib*, et *Zib* de nos jours, ville placée au bord de la mer, à 3 lieues environ au Nord de St. Jean d'Acre. Il faut noter cependant que nous trouvons mentionné dans le territoire d'Aser, une Achzib (Josué XIX v. 26 et 29) distincte d'Acsaph; et dont le nom se rapporte bien mieux à l'*Achzib* moderne. (voyez Achziba).

Adada, ערעדה. Ville située au midi du territoire de la tribu de Juda (Josué XV v. 22). Dans les textes grecs ce nom est remplacé, fautivement sans doute, par celui d'Arouël.

L'emplacement de cette ville se nomme aujourd'hui *Qasr-Adadah*, et se trouve à moins d'une lieue au Sud des ruines d'*Er-rmail* sur la route qui de *Zouera-el-Foukah* conduit à Hébron par *Djembeh*.

Adadah (Qasr), voyez Adada.

Adadremmon, הדדרמון. Ville située dans la plaine de Mageddon (Zacharie XII v. 11.). St. Jérôme (ad Zach. XII) nous dit que c'est une ville dont les Septante ont transcrit le nom Roônos, voisine de Jezrahel (*Zerayn*), et qui de son temps s'appelait Maximianopolis, dans la plaine de Mageddon (*El-Ledjoun*). C'est aujourd'hui *Roummaneh* village situé dans la plaine d'Esdrelon, (*Merdj-ebna-Aâmer*) à deux lieues au Sud de *El-Ledjoun* (Megiddo).

Adam, אדם. Ville voisine du Jourdain (Josué III v. 16.) (St. Jérôme dans ce passage écrit Edom) et de la ville de Sarthan qui était près de Beth-San *(Beysan)* (Rois III. IV v. 12); voisine de Sochoth (Rois III. VII. v. 46), et sous la vallée de Jezrahel (Rois III. IV v. 12.). La position de Sochoth est aujourd'hui bien connue; c'est *Soukkout*, dans la vallée du Jourdain, à 4 lieues environ au Sud de *Beysan;* mais celle d'Adam reste encore indéterminée.

Adama, אדמה. L'une des villes maudites de la Pentapole détruites par la colère divine (Genèse XIX v. 25.). Dans la Genèse (X v. 19.) elle est mentionnée entre Gomorrha et Seboïm. Des ruines, placées à l'Ouest de *Zouerah-el-Fouqah*, se nomment *Et-Thaemeh.* J'ai proposé, mais avec une extrême réserve, d'y chercher le site de l'Adama Biblique.

Adami, אדמי. Ville de la tribu de Nephtali. (Jos. XIX v. 33.) que le texte grec nomme Armae ou Armé. Le site en est inconnu.

Adarsa. Cette ville que Josèphe nomme avec raison Adasa et place à 30 stades de Bethchoron (Ant.

Jud. XII. x. v. 5), est citée par Eusèbe comme voisine de Guphnae (*Djifnah*). Elle est mentionnée dans le 1ᵉʳ livre des Macchabées (VII v. 39 et 40.) où il est dit que Judas Macchabée y avait placé son camp, tandis que Nicanor était campé avec son armée à Bethchoron (*Beit-hour-el-fouqah*). C'est aujourd'hui *Kharbet-Adasa*, retrouvée par M. Vᵒʳ Guérin, à la distance voulue de *Beit-hour-el-fouqah*, mais à deux grandes heures de marche au Sud de *Djifnah*. La désignation de Josèphe est donc beaucoup plus précise que celle d'Eusèbe. Les ruines, peu considérables, sont placées sur un plateau.

Adasa (Kharbet), voyez **Adarsa** et **Hadassa.**

Adiada. C'était une ville de la Sephela ou plaine de Judée (Macch. I, xii. v. 38.). Elle était située sur une colline dominant la plaine. Tryphon vint de Ptolemaïs vers cette ville, pour attaquer Simon Macchabée. Dans un 2ᵉ passage elle est nommée Addus (Macchabées I, xiii. v. 13.) C'est aujourd'hui *El-haditheh*, placée sur une hauteur, à une petite lieue à l'Est d'*El-Loudd* (Lydda, Diospolis).

Adjlah (Qasr et Ayn), voyez **Abel-mitzraïm** et **Beth-hagla.**

Adithaïm, עדיתים. Ville de la tribu de Juda (Jos. XV v. 36.). Eusèbe mentionne deux villes du nom d'Adatha ou Aditha (et Adia, comme lit St. Jérôme), la première dans le voisinage de Gaza, et l'autre à l'Orient et près de Diospolis (*El-Loudd*). Celle-ci est certainement l'Adiada du livre des Macchabées (I, XII v. 38). Voyez ce nom. Quant à l'autre, l'emplacement n'en est pas connu.

Adjerrah (ouad-), voyez **Gallim.**

Adjloun (Kharbet-), voyez **Eglon** et **Golan**.

Adon ou **Addon**, אדן. Localité d'où revinrent, avec Zorobabel, des Juifs affranchis de la captivité de Babylone (Esdras II v. 59 et Néhémie VII v. 61). On ignore ce qu'elle peut être. Dans Esdras (l. c.) le nom est écrit Adon אדן et dans Néhémie אדון.

Ador, Adora, Aduram et **Adoraïm** אדורים. Ville de la tribu de Juda, mentionnée avec Marésa, Ziph et Lachis (Paralip. II, XI v. 9), comme une ville fortifiée par Roboam.

Elle est également citée dans le livre des Macchabées (I, XIII v. 20) sous le nom d'Ador; Josèphe la nomme indifféremment Adoraïm et Adora. C'est aujourd'hui la grosse bourgade de *Doura*, placée à deux lieues à l'Ouest d'Hébron *(El-Khalil)*.

Adoullamieh, voyez **Adullam**.

Adullam ou **Odollam** עדלם. Ville de la tribu de Juda (Josué XV v. 35). Eusèbe mentionne une grosse bourgade de ce nom existant de son temps à dix milles à l'Est d' Eleutheropolis *(Beit-Djibrin)*.

Josué au verset 33 du même chapitre nous apprend que c'était une ville de la plaine. Il est donc peu permis d'identifier la ville citée par Eusèbe avec celle de Josué, puisqu'à dix milles à l'Est de *Beit-Djibrin* on est en pays de montagnes. Dans le IIᵉ Livre des Macchabées cette ville est nommée Odollam.

Les autres mentions Bibliques d'Adullam ou Odollam sont: dans Josué (XII v. 15) où le Roi de cette ville est cité, et dans les Paralipomènes (II, XI v. 7 et 8) où il est dit qu'elle fut fortifiée par Roboam. Là elle est mentionnée entre Socho et Geth.

Enfin, dans le livre d'Esdras, Adullam est citée parmi les villes réhabitées au retour de la captivité, entre Zanoa et Lachis (II, XI v. 30).

Adullam ou **Odollam (la caverne d')**. Elle est citée dans les Rois (I, XXII v. 1), comme ayant servi de refuge à David. Elle était sans doute près de la ville de Juda, nommée Odollam. Voyez ce nom. Elle est citée encore dans les Rois (II, XXIII v. 13) et dans les Paralipomènes (I, XI v. 15). Voyez Adullam.

Bornons-nous à mentionner la grotte spacieuse connue sous le nom de grotte de Khareitoun (*St. Chariton*) ou d'Adoullam, voisine d'Herodium (*Djebel-Foureïdis*), et la tribu des Bédouins nommés Adoullam qui vivent au Sud de la tribu de Juda, dans le voisinage des Arabes Djahalin. Ces deux dénominations n'ont rien de commun que le son avec l'Adullam biblique.

M^r. Clermont-Ganneau, Drogman du Consulat de France à Jérusalem m'a annoncé qu'il avait retrouvé l'Adullam Biblique dans une localité nommée aujourd'hui *Aadoullamyeh;* mais il ne m'en a pas précisé la situation.

Aën, עין v. 1. Cette ville était située au midi de la tribu de Juda (Josué XV v. 32). On ignore quel est son emplacement. Il est bon de faire observer que ce nom signifie simplement une source.

2. Une ville du même nom est citée dans les Nombres (XXXIV v. 11), comme se trouvant à l'Ouest de Reblatha. Cette localité a été retrouvée par Robinson, qui toutefois ne présente cette identification qu'avec réserve, parce que, dit il, le passage Biblique en question peut concerner en réalité la source de l'Oronte. — St. Jérôme l'appelle dans la vulgate fons Daphnim, ce qui semble justifier l'idée émise par Robinson, puisque Daphné était pour ainsi dire un faubourg d'Antioche sur l'Oronte.

Aenon ou Aennon. C'est le nom du lieu où Jean baptisait et qui était proche de la ville de Salim (St. Jean III v. 23). Eusèbe nous apprend que Aenon était a 8 milles de Scythopolis *(Beysan)* près de Salim et du Jourdain. Ce lieu était remarquable par l'abondance de ses eaux. Cette localité illustre est représentée aujourd'hui par un Oualy Musulman, nommé *Scheikh-Salim*, situé près de deux localités ruinées nommées *Kharbet-Ridgah* et *Kharbet-Berdela*, sur le flanc droit de l'*Ouad-Khazneh* et à 3 fortes lieues au sud de Scythopolis *(Beysan)*, dans la plaine du Jourdain. Un grand puits antique y existe encore de nos jours.

Afka, voyez **Apheca.**

Agaréniens, הגראים. Dans les Paralipomènes (des Septante I, v v. 10) il est dit que les Agaréniens furent chassés de leur pays, et que les Israëlites occupèrent leurs campements, du côté oriental du pays de Gilead. De plus les Agaréniens sont joints aux Ituréens et aux Naphiséens (Paralip. I, v v. 19) et il est ajouté que la demi tribu de Manassé occupa leur territoire.

Agarénien, הגרי. Ethnique de Iaziz, le préposé aux brebis du roi David (Paral. I, XXVII v. 31). Peut-être s'agit-il d'un Agarite ou Ismaëlite descendant d'Agar. S'il s'agit d'un ethnique proprement dit, je ne sais à quelle localité il correspondrait.

Ahalab, אחלב. C'était une ville de la tribu d'Aser (Juges I v. 31), dont les Hébreux ne réussirent pas à chasser les habitans. On ignore encore la situation de cette ville Biblique.

Ahava (Rivière d'), אהוא. C'est cette rivière au bord

de laquelle campa trois jours Zorobabel, avant de se mettre définitivement en route pour Jérusalem. Le nom de cette rivière lui est donné à cause de la ville d'Ahava, qu'elle arrose (Ezra VIII v. 15, 21 et 31). Gesenius pense que le mot Ahava peut être un nom Persan de l'Euphrate.

Ahion, עיון **(Ayoun, les sources).** Ville envahie par Ben-adad, roi de Damas (Rois III, xv v. 20 et Paral. II. XVI v. 3). Josèphe la nomme Jôannon. C'est aujourd'hui la ruine située au *Tell-Dibbin*, ainsi que l'a le premier pensé Robinson. Ce Tell est à 3 heures de marche au Sud-Ouest d'*Hasbeya*.

Ahohite, אחחי. Est-ce un ethnique appliqué à l'un des héros de David, Eléazar fils de Dodo, l'Ahohite? (Rois II, xxiii v. 9). Ici le texte hébraïque porte: Eléazar fils de Dodo fils d'Ahohi.

Si c'est réellement un ethnique j'ignore à quelle ville il a trait.

Au même chapitre (v. 28) un autre héros de David nommé Salmon est également désigné comme Ahohite. Ici, pas de doute; il s'agit bien d'un ethnique.

Aï, עי. Cette ville célèbre était à l'Orient de Bethel (Genèse XII v. 8) et voisine de Beth-aven (Josué VII v. 2). Elle est encore citée plusieurs fois dans Josué (VIII v. 9, VIII v. 11, XII v. 9). Les Septante la nomment Aggaï, et Josèphe Aïna. La version Samaritaine du Pentateuque (Genèse XII v. 8) la nomme également Aïna; mais dans un autre passage (Genèse XIII v. 3) la même version l'appelle Caphra. Elle fut dévastée par Josué et sa population fut passée au fil de l'épée.

Il est à peu près démontré que la position de cette ville antique doit être fixée au point nommé aujourd'hui

Kharbet-el-Koudeïreh à une lieue au S. E. de *Beïtin* (Bethel).
Remarquons toutefois qu'à moins d'une demi-lieue à
l'Orient de Bethel sont des ruines nommées *Kharbet-el-
Djaieh* et *Kharbet-Tell-Hadjar* qui peuvent également
revendiquer l'honneur de représenter l'emplacement d'Aï.

Aïlath, אילת **et Aïloth,** אילות**.** Ville d'Idumée citée
dans les Rois (IV, XVI v. 6). Elle était au fond d'un
golfe de la Mer Rouge et voisine d'Asion-Gaber. (Voyez
ce mot) Dans l'antiquité elle fut un port célèbre et devint, sous l'empire Romain, le siége d'une Légion.

Eusèbe nous apprend qu' Aïlath était à 10 milles à
l'Orient de Petra, ce qui n'est exact qu' approximativement.
C'est aujourd'hui une misérable bourgade, avec un fort
ruiné placé sur un îlot. Elle se nomme toujours Aïlath.
Les Grecs et les Romains l'appelaient Aïla.

David et Salomon s'emparèrent d'Aïlath sur les Iduméens
(Rois II, VIII v. 14; Chron. II, VIII v. 17). Reprise
par ses anciens maîtres, Aïlath fut conquise de nouveau
par Azarias (Rois II, XIV v. 23) et devint définitivement la proie de Rasin, roi de Syrie (Rois II, XVI v. 6).
A 3 jours de marche à l'Orient était la place de Faran
par laquelle passèrent les Hébreux, pendant leur séjour
dans le désert.

Ain, עין**.** Ville à l'Orient de laquelle se trouvait Reblatha qui était sur la limite septentrionale de la terre
promise (Nombres XXXIV v. 11).

A une journée de marche au S. O. de Riblah et à
une petite heure de distance l'une de l'autre, se trouvent deux localités nommées *El-ayn*, dont la plus orientale est placée sur la voie antique du Bâalbek à Riblah.
L'une des deux est très-probablement notre Ain Biblique.

St. Jérôme traduit: In Reblatha contra fontem Daphnim.

Aïnata, voyez Bethanath.

Aialon, אילון. 1°. Ville de la tribu de Dan (Josué
XIX v. 42; XXI v. 24) nommée Helom par Josèphe et
Ailom par Eusèbe. St. Jérôme nous apprend que c'était
un village voisin de Nicopolis *(Amouas)* et situé au 2e.
mille sur la route de Jérusalem. C'est certainement
aujourd'hui le village de *Yâloun* placé à 5 kilomètres à
l'Est d'*El-Koubab* et dans le voisinage d'*Amouas*. Elle
est citée encore dans Josué (X v. 12) et dans les Chroniques (II, XXVIII v. 18).

2°. Eusèbe cite une ville de ce nom à l'Orient
de Bethel, et à la distance de 3 milles de cette ville.
Cette localité n'est pas encore retrouvée.

Ajath, עית. Ville mentionnée dans Isaie (X v. 28).
Voici la traduction littérale du texte: v. 28: „Il (le roi
d'Assyrie) vient sur Ajath, passe par Magron, à Machmas il laisse ses bagages. v. 29: Ils passent le défilé;
Gaba est leur gîte; Rama tremble; Gebaath de Saul prend
la fuite." C'est probablement la même ville que l'Hai
citée dans Nehemie (XI v. 31) et qui n'est elle même
que Aï, qui existait du temps des patriarches et qui fut
détruite par Josué, mais reconstruite plus tard.

Akhzib, voyez Achziba, Ecdippa et Acsaph.

Akir, voyez Accaron.

Akka, voyez Acco-Ptolemaïs.

Akrabeh, voyez Acrabatène.

Alia, voyez Chali.

Allon-Bachuth, אלון בכות. Ce nom signifie le chêne
des pleurs. Il fut donné au chêne sous lequel fut en-
terrée Deborah, nourrice de Rebekah. C'était à Beth-El
(*Beïtin*) (Genèse XXXV v. 8). La vulgate traduit par
quercus fletus.

Almath, עלמת. Ville de refuge située dans le territoire de Benjamin (Paralip. I, VI v. 60). Dans le texte
hébraïque le verset où cette ville est citée porte le N°, 45.
C'est certainement la même ville qui est mentionnée sous
le nom d'Almon dans Josué (XXI v. 18). Voyez Almon.

Almit (Kharbet), voyez **Almon**.

Almon, עלמון. Ville de la tribu de Benjamin citée
par Josué (XXI v. 18). Dans les Paralipomènes (I, VI
v. 60) elle est nommée Almath. C'est aujourd'hui *Khar-
bet-Almit*, placée au N. N. E. en face d'*Anatha* (Anathoth de l'Ecriture Sainte) qui est à une lieue et demie
au N. E. de Jérusalem.

Amaad, עמעד. Ville de la tribu d'Aser, citée par
Josué (XIX v. 26). Le site en est inconnu.

Amalec (Monts d'), הר העמלקי. Cités dans les Juges
(XII v. 15); voyez Amalécites. A petite distance au
N. E. de Jérusalem du coté d'*Anatha* on voit de nos
jours cinq monuments consistant en parallélipipèdes for-
més de très grosses pierres non taillées et qui portent
le nom de *Qbour-el-Amalika*, tombeaux des Amalécites.
On ignore l'origine de ces étranges monuments, qui mé-
riteraient d'être explorés avec soin.

Amalécites. Amalec עמלק qui a donné son nom à
un pays et à une nation, était petit fils d'Esau et fils

2

d'Eliphaz (Genèse XXXVI v. 12 et Paralip. I, 1 v. 36).
Ce pays ne devait donc pas être éloigné du pays d'Edom.
Dans les Paralipomènes (I, XVIII v. 11) les Amalécites
sont distincts des fils d'Edom; ils furent vaincus par les
Israélites (Exod. XVII v. 13). Du récit de la campagne
du roi Kedor-Laomer (Genèse XIV v. 5 et suivants) il
résulte clairement que le pays des Amalécites s'étendait
entre Cadesch et Engaddi.

Lorsque les Israélites, après la sortie d'Egypte, erraient
dans le désert, les premiers ennemis qui s'opposèrent à
leur passage furent les Amalécites (Exode XVII v. 8),
et lorsque les espions envoyés en Canaan par Moïse
(Nombres XIII v. 30) vinrent rendre compte de leurs
observations, ils dirent que les Amalécites habitaient le
Midi et le Hethéen, le Jebuséen et l'Amorrhéen dans
les montagnes. Les Amalécites habitaient à la fois le
pays montueux et la plaine voisine de la mer, puisqu'
ils furent chassés des montagnes par les Siméonites qui
prirent leur place (Paralip I, IV v. 43).

Après l'occupation de la terre de Canaan par les Israélites, les Amalécites s'établirent sur les limites méridionales d'où ils attaquèrent souvent les conquérants.
Ainsi ils brulèrent la ville de Siceleg (Voyez ce mot)
(Rois I, XXX v. 1), puis unis aux Moabites et aux
Ammonites, ils prirent Engaddi (Juges III v. 13) et ra-
vagèrent le pays jusqu'à la route de Gaza (Juges VI v. 4).
Saül défit les Amalécites depuis Hevila jusqu'à Sur, qui
sont en face de l'Egypte; ces deux villes sont citées
dans la Genèse (XXV v. 18) comme les villes de l'ex-
trème frontière des Ismaélites.

Dans les Rois (I, XXVII v. 8) nous lisons que David battit
les Amalécites, lorsqu'il habitait les plaines des Philistins. Josèphe (A. J.) nous dit que le pays des Amalécites s'étendait depuis Péluse jusqu'à la Mer Rouge, et
qu'ils habitaient Petra.

Amosa ou **Mosa**, מצה. Ville de la tribu de Benjamin (Josué XVIII v. 26). Le Talmud dit que c'était
dans un lieu de ce nom, placé au dessous de Jérusalem,
qu'on allait cueillir les branches de saule pour célébrer
la fête des tabernacles. Dans le texte de Josué elle est
citée après Mesphé (*Naby-Samouïl*) et Caphara (*Kefirah*).
A égale distance à très peu près de *Naby-Samouïl* et de
Kefirah, mais un peu au Sud de ces deux localités se
trouvent des ruines nommées *Kharbet-Beit-Mizeh* et qui
indiquent l'existence d'une localité importante. J'y vois
l'Amosa Biblique, dont le nom, abstraction faite des
points massorétiques, dont je ne fais aucun cas, pouvait
parfaitement se prononcer Miseh.

Amouas, voyez **Emmaüs**.

Amorrhéens, אמרי. Ils étaient les descendants du
3e fils de Canaan (Genèse X v. 15).

Leur pays avait pour frontières, selon Josèphe, à
l'Occident le Jourdain, au Midi l'Arnon et au Nord le
Iabok.

Les Moabites avaient antérieurement occupé les plaines situées au Nord de l'Arnon; mais Sihon, roi des
Amorrhéens s'empara de toutes les terres des Moabites
jusqu'à l'Arnon (Nombres XXI v. 26). Ces plaines con-
tinuèrent cependant à s'appeler terre de Moab (Deutér.
XXIX v. 1 et XXXII v. 49), car il est dit que le mont
Nebo était dans la terre de Moab. Tout ce pays et cette
montagne furent enlevés au royaume de Sihon par les
Israélites, qui ne prirent aucune portion de la Moabitide proprement dite (Deutéron. II v. 9; Juges XI v. 15),
et là tournèrent par l'Orient pour venir attaquer le roi
Sihon. Cela est rendu très clair dans les Juges (XI v. 20)
et dans les Paralipomènes (II, xx v. 10). Dans les
Juges (XI v. 24) il est dit, que les Israélites possédè-

rent toute la terre des Amorrhéens, de l'Arnon au Iabók, et dans les Nombres (XXI v. 13), que l'Arnon séparait les Moabites des Amorrhéens.

Une partie des Amorrhéens habitait de ce coté-ci du |Jourdain à Asason-Thamar (Engaddi) (Genèse XIV v. 7) et autour d'Hébron (Ibid. v. 13) dans la vallée d'Escol (Deutér. I v. 19 et 24) (Vallis-botri de St.-Jérôme). Dans les Nombres (XIII v. 29) les espions de Moïse rapportent que les Amorrhéens vivent dans les montagnes avec les Hethéens et les Jébuséens. Les Gibéonites étaient des Amorrhéens (Rois II, xxi v. 2).

Ammonites, עמוני. Ce peuple prit son nom de Benammi, fils de Loth et de sa seconde fille. Jamais dans l'Ecriture Sainte le nom d'Ammon n'est donné à ce fils de l'inceste.

Eusèbe dit que Philadelphie qui succéda à Rabbath-Ammon, capitale des Ammonites, fut possédée par la tribu de Gad; mais cela est en contradiction flagrante avec l'interdiction de rien prendre des possessions des Ammonites (Deutéron. II v. 19). Les Israélites ne possédèrent jamais une partie de l'Ammonitide qu'à titre de représailles (Juges XI v. 15). Ainsi David les subjugua (Rois II, xii v. 31); mais les Ammonites prirent leur revanche et s'emparèrent de villes appartenant aux Israélites (Juges X v. 9 et Jérémie XLIX v. 1). Ils furent à leur tour anéantis par les peuples de l'Orient (Ezéchiel XV v. 4 et 10).

Dans le Deutéronome (III v. 16) il est dit que le Iabok est la limite de l'Ammonitide, et que les fils de Ruben et de Gad possédèrent jusqu'à cette rivière. Ce qui est certain c'est que Philadelphie, capitale des Ammonites, est bâtie sur les deux rives du Iabok, qui se nomme là *Nahr-Zerka*. Quant aux ruines de Philadelphie elles sont splendides, temples, théâtres, amphithéâtres, thermes, etc., rien n'y manque et elles se nomment aujourd'hui *Ammân*.

Ces ruines sont dominées par une ville haute, également en ruines, qui se nomment *El-Qaláah*, la forteresse. Comme dans la ville basse on y trouve des temples et un édifice des plus curieux nommé *El-qasr*, et bâti peu de temps avant l'invasion de l'Islamisme.

Amka, voyez **Beth-Emec.**

Amma, עמה. Ville de la tribu d'Aser (Josué XIX v. 30). Elle est citée avec Aphec et Rohob, mais n'a pas encore été retrouvée.

Ammân, voyez **Rabba** et **Rabbath-Ammon.**

Amathus, Amathitis. Place fortifiée, située au delà du Jourdain, qui a donné son nom à la contrée nommée Amathitis (Macchabées I, XII v. 25). Elle était, dit Eusèbe, située à 21 milles au Sud de Pella. Elle fut détruite par le roi Alexandre Jannée. Elle a été le chef-lieu de l'un des cinq Synhédrins établis ensuite en Judée, et dont les quatres autres étaient Jérusalém, Jéricho, Gadara et Sepphoris. Les ruines d'Amathus se nomment aujourd'hui *Amateh* et se voient sur le flanc nord de l'*Ouad-Radjib* qui va déboucher sur la plaine du Jourdain.

Amana, (le sommet d'), אמנה. Mentionné dans le Cantique des Cantiques (IV v. 8). On ne sait où il faut le chercher.

Amateh, voyez **Amathus.**

Amam, אמם. Ville de la tribu de Juda, placée au

Sud de son territoire (Josué XV v. 26). C'est très probablement le village actuel d'*Hamameh*, au N. E. d'Ascalon, et au Sud d'*Esdoud* (Azotus), à la même distance
de ces deux villes. On a proposé également de reconnaître dans *Hamameh* la ville de Kariathamaoum citée
par Epiphanius comme étant la patrie du prophète Jonas.
Il faut remarquer cependant que d'autres manuscrits
d'Epiphanius portent Kariathiarim au lieu de Kariathamaoum.

Amthar, מחאר. Ville située sur la frontière de
Zabulon (Josué XIX v. 13). Le texte hébraïque
semble réunir ce nom au précédent Remmon-Methoar.
St. Jérôme en fait deux localités distinctes. Voyez
Remmon.

Anab, ענב. Ville située dans la partie montueuse de
la tribu de Juda (Josué XI v. 21).

A 20 kilomètres au S. O. d'Hébron sont deux loca-
lités ruinées, séparées par une vallée et nommées *Kharbet-
Anab-el-Kebir* (*Anab* la grande) et *Kharbet-Anab-el-Serhir*
(*Anàb* la petite). Elles représentent sans doute la ville
Biblique d'Anab.

Eusèbe appelle cette ville Anam et St. Jérôme Anea.
Celui-ci parle de deux Anea voisines l'une de l'autre, et
dont celle placée à l'Orient était exclusivement habitée
par des Chrétiens.

Ce sont probablement les deux *Anab* actuelles, qui pourtant sont situées sur une ligne Nord-Sud à peu près.

Anab-el-Kebir (Kharbet-),
Anab-el-Serhir (Kharbet-), voyez **Anab** et **Anim.**

Anaharath, אנחרת. Ville de la tribu d'Issakhar (Josué

XIX v. 19) mentionnée avec Sunem (*Soulèm*) et Ene-
gannim (*Djenin*). C'est probablement aujourd'hui *Ennaourah* sur le flanc nord du *Djebil-Dahy* à une lieue au
Sud d'Endor *(Ayn-Dour)* et à une lieue à l'Est de Naïn
(Neïn).

Anania, ענניה. Ville de la tribu de Benjamin citée
dans le livre de Néhémie (XI v. 32). Le village actuel
de *Beit-Hanina*, situé sur une des routes de Jérusalem
à Jaffa, à petite distance à l'Est de *Naby-Samouïl*, a
pris la place de l'Anania Biblique.

Anata, voyez Anathoth.

Anathoth, ענתות. Ville de la tribu de Benjamin (Josué
XXI v. 18) citée plusieurs fois par Jérémie (XXIX v.
27 etc.) et dans Esdras (II v. 23). Eusèbe nous apprend
que cette ville était distante de moins de 3 milles de
Jérusalem. Effectivement nous trouvons au N. E. de Jérusalem et à la distance d'une bonne lieue, le village
d'*Anata* qui a certainement pris la place de l'Anathoth
Biblique.

Anathothite, ענתותי. Ethnique appliqué à Abiézer,
l'un des héros de David (Paral. I, XI v. 28). Dans les
Rois (II, XXIII v. 27) il est appelé Abiézer de Anathoth.
Voyez Anathoth.

Anea, voyez Anab.

Anem, ענם. Ville de la tribu d'Issakhar (Paralip. I.
VI v. 72). Dans Josué (XXI v. 29) elle est citée sous
le nom d'Engannim. Voyez ce mot.

Aner, ענר. Ville de la tribu de Manassé, donnée

aux Lévites (Paralip. I, VI v. 70). C'est tout ce qu' on sait de cette localité.

Anim, עַנִים. Ville de la région montueuse de la tribu de Juda, citée dans le livre de Josué (XV v. 50). Eusèbe l'appelle Anaia et dit qu'elle est proche d'une autre Anea, grande bourgade, habitée exclusivement par des Juifs et située à neuf milles d'Hébron, vers le midi. C'est probablement le *Kharbet-Anab-el-Kebir* de nos jours. Voyez Anab.

Antipatris. Ville citée dans les Actes des Apôtres (XXIII v. 31). Il y est dit que St. Paul se rendant à Jérusalem vint à Antipatris. Cette ville s'appelait auparavant Caphar-Saba, et elle reçut son nouveau nom d'Hérode, en honneur de son père Antipater. Elle a repris son nom antique et s'appelle toujours *Kafr-Saba*. Elle se trouve au N. N. E. de Jaffa, à peu près à mi-chemin de *Kakoun* et à environ deux lieues de la mer.

Antiliban, voyez **Liban.**

Apadno, אַפַּדְנוֹ. Localité citée dans Daniel (XI v. 45). St. Jérôme dans son commentaire du chapitre XI de Daniel dit qu' Apedno était près de Nicopolis qui s'appelait d'abord *Emmaüs,* au point où les montagnes de Judée commencent à s'élever. On ignore absolument le site actuel de cette localité.

Aphar (Lac). Dans le livre des Macchabées (I, IX v. 33) nous lisons que Jonathan s'enfuit dans le désert de Thecua, et alla s'établir sur les bords du Lac Aphar. Il s'agit évidemment du Lac Asphaltite. (Voyez Mer Morte).

Aphara, פרה. 1. Ville de la tribu de Benjamin (Josué XVIII v. 23 et Rois I, XIII v. 17). Eusèbe dit que cette bourgade est éloignée de 5 milles de Bethel, vers l'Orient. Plusieurs personnes admettent que Aphara, qu'elles confondent avec Ephraïm, n'est autre chose, que le village moderne nommé *Thayebeh*, qui est à la distance voulue de *Beïtin* (Bethel) mais au N. E. et non à l'Est. Dans le passage sus-indiqué des Rois, la ville nommée est Ephra, aliàs Ephraim, mais il peut très-bien se faire que Aphara ne soit pas du tout identique avec Ephraïm. M. Guérin a retrouvé à 2 lieues au N. E. de Jérusalem des ruines nommées *Kharbet-Tell-el-Farah*, qu'il regarde, probablement avec raison, comme celles de l'Aphara Biblique.

2. Il y avait une seconde ville de ce nom dans la tribu de Manassé (Juges VIII v. 27). Josèphe l'appelle Ephra, comme St. Jérôme. C'est la ville de Gédéon. On conclut l'existence de cette ville dans la tribu de Manassé, de ce qu'elle appartenait à Joas de la famille d'Abi-Eser qui était de la famille de Manassé. Cette ville n'a pas encore été identifiée. Peut-être en définitive n'est ce que la précédente.

Aphec ou **Apheca,** אפק , אפקה. 1. Ville de la tribu d'Aser (Josué XIX v. 30; Juges I v. 31) nommée aussi Apheca (Josué XIII v. 4) dans un passage où il est dit qu'elle est voisine de Sidon. Son emplacement actuel est inconnu. Quelques auteurs cependant pensent que c'est la même ville que l'Aphaca du Liban, située sur le fleuve Adonis et où était un temple célèbre de Vénus. Cette Aphaca se nomme aujourd'hui *Afka*, se trouve à la source du *Nahr-Ibrahim* (Adonis), et est beaucoup trop éloignée de Sidon pour pouvoir être identifiée avec l'Aphec de Josué.

2. Ville située près de Jezrahel (Rois I, XXIX v. 1) et dont il est encore question dans le livre des Rois

III, xx v. 26). Josèphe (A. J. VIII, XIV, 4) nous apprend qu'elle était dans le Mega-Pedion, c'est à dire dans la grande plaine d'Esdrelon, et il cite la tour d'Aphecos en Samarie (B. J. II, XIX, 1). Peut-être faut il reconnaître cette localité Biblique dans la forteresse ruinée d'*El-Fouleh*, le chateau de la fève, des croisades.

3. Eusèbe cite enfin une Apheca, qui était voisine d'Hippon. C'est actuellement le bourg de *Fik*, placé directement à l'Est de Tibériade, sur le plateau qui domine la rive orientale de la Mer de Galilée ou Lac de Gennézareth.

Aphærema. C'est une des trois toparchies qui furent enlevées à la Samarie, pour être attribuées à la Judée (Macchabées I, xi v. 34, texte Grec.). On ignore ce que peut être ce canton, si toutefois c'est bien là le nom d'un canton; car aphærema signifie l'action de retrancher, d'enlever à, de prendre à.

Ar, ou **Ariel Moâb,** ou **Areopolis,** אריאל מואב, ער. Cette ville était nécessairement au Midi de l'Arnon, car elle fut donnée par Dieu aux Moabites, descendants de Loth, et ne devait pas être prise par les Hébreux (Deutér. II v. 9) dont les possessions s'étendaient jusqu'à l'Arnon seulement.

Théodoret dans son commentaire d'Isaïe (ad cap. XV et XVI) nomme cette ville Ariel.

Ariel Moab est citée dans les Paralipomènes (I, xi v. 22). St. Jérôme traduit: duos ariel (leones) Moab. Cette ville était la métropole de la Moabitide et reçut le nom d'Areopolis, après s'être longtemps appelée Rabbath-Môba. Le nom d'Areopolis est un nom hybride formé de l'hébreu Ar, ville et du grec Polis, qui a la même signification.

Elle fut renversée par un violent tremblement de terre

en 315. Ses ruines sont très considérables et très intéressantes. Je les ai visitées en 1850, et elles portent
toujours parmi les Arabes le nom d'*Er-Rabbah*. Elles
sont à deux lieues environ au Sud de l'Arnon (*Ouad-
el-Moudjeb* de nos jours).

Arab, ארב. Ville de la tribu de Juda (Josué XV v.
52). Nous ne connaissons que le nom de cette localité.

Araba, ערבה. 1. Ville de la tribu de Benjamin (Josué
XVIII v. 18). On ne connait pas l'emplacement de
cette ville Biblique.

2. Eusèbe cite une ville du même nom dans les environs de Diocæsarea *(Safourieh)*. C'est aujourd'hui *Arrabeh*, à une lieue au N. E. de *Kana-el-Djelil*.

3. Enfin Eusèbe cite une troisième ville nommé *Araba*
ou *Arava*, qui était située à 3 milles à l'Occident de
Scythopolis *(Beysan)*. C'est très probablement *Araboneh*,
situé à une lieue au N. N. E. de *Djenin* et dans le
pâté du mont *Djelboun* (Mont Gelboa de l'Ecriture).

Arabie, **Arabes**, ערב, ערבים. Les Rois d'Arabie, tributaires de Salomon, sont cités dans les Paralipomènes
(II, IX v. 14) et les Arabes dans le même livre (XVII
v. 11 et XXVI v. 7).

Araboneh, voyez **Araba** 3.

Arachite, ארכי. C'est l'ethnique de Chusai que David, fuyant devant Absalom, rencontra sur le Mont des
Oliviers (Rois II, XV v. 32 et XVII v. 5). Il était probablement de la ville d'Archi appartenant à la demi-
tribu de Manassé, établie sur la rive orientale du Jourdain (Jos. XVI v. 2). Voyez Archi.

Arad, ערד. Ville de Judée au Sud de laquelle commençait le Désert de Juda (Juges I v. 16). Le roi d'Arad habitait le midi de la terre de Canaan (Nombres XXXIII v. 40). Eusèbe nous apprend que cette ville était voisine du désert de Cades, distante de 4 milles de Malatha, et de 20 milles d'Hébron. C'est la même ville que l'Arad mentionnée dans le livre des Nombres (XXI v. 1). *Tell-Arad* nous représente aujourd'hui l'Arad Biblique; cette localité est à 25 kilomètres au Sud d'Hébron, et à 7 kilomètres à l'Est de *Tell-el-Melah* qui est Malatha. Ces distances sont parfaitement d'accord avec celles fournies par Eusèbe et St. Jérôme.

Eusèbe cite une Arama distante de 4 milles de Malatha, et dont St. Jérôme écrit le nom Arath (par un theta). C'est toujours d'Arad qu'il s'agit.

Arad (Tell-) voyez **Arad.**

Aradim, Aradus, ארוד. Nous trouvons ce nom cité dans Ezéchiel (XXVII v. 8 et 11). Il s'agit très probablement des habitants de l'île d'Aradus, placée sur la côte de Phénicie, aujourd'hui *Arouad.* Il est dit au verset 8: Les habitans de Sidon et d'Aradus étaient tes matelots.

Araïr, voyez **Aroër** 1.

Aram, ארם. 1. C'est le nom hébreu générique de la Syrie. Nous trouvons mentionnée dans le livre des Rois (II, VII, v. 6) l'Aram Dimechk (Syria Damasci) que David réunit à la terre Israélite par droit de conquête.

2. Il y a aussi l'Aram-Soba (Rois II, X v. 6 et 8), dont le roi Hadarezer fut vaincu par David et qui était probablement le même pays que l'Emath-Suba dans laquelle Salomon fonda Tadmor (Palmyre) (Paralip. II,

VIII v. 3); ce pays s'étend entre l'Euphrate et la terre d'Israël. C'est Chalcis (*Kennesryn* de nos jours) ville placée entre Alep et *Homs* (Emèse), qui s'appela Soba dans l'antiquité.

3. Il y a l'Aram-Naharaïm, la Syrie des deux fleuves (la Mésopotamie) qui est le pays compris entre le Tigre et l'Euphrate.

4. Enfin il y a l'Aram-Mâacha (Syria Maacha) (Paralip. I, XIX v. 6), pays situé entre Aram-Naharaïm et Aram-Soba.

Arama, הרמה. Ville de la tribu de Nephtali (Jos. XIX v. 36). C'est aujourd'hui *Rameh* à 3 heures de marche au S. O. de *Safed* et à une heure et demie au N. O. de *Tell-Hazour*. Arama est en effet citée avant Asor dans le verset ci dessus indiqué.

Aramatha. Voyez Ramoth et Rabbath-Ammon. C'est la ville nommée Ramoth-Galaad dans le livre des Rois (III, XXII v. 3) qui est appelée Aramatha par Josèphe, aussi bien que Rabbath, capitale des Ammonites; il appelle celle-ci une seule fois Aramatha, et d'ordinaire Rabatha.

Aramite, ארמי. Ethnique du pays d'Aram, employé dans les Paralipomènes (I, VII v. 14). St. Jérôme le rend naturellement par Syrus, Syra.

Ararah, voyez Aroër.

Arari, Arori (d'où **Ararites**), הררי. Ce nom signifie le montagnard. C'est l'ethnique appliqué à Samma, le fils d'Agé de Arari (Rois II, XXIII v. 11). Au verset 33 du même chapitre ce qualificatif est appliqué à Samma et à Ahiam le fils de Sorar l'Ararite; seulement dans le

texte hébraïque ce mot est écrit les deux premières fois
תרי et la dernière הארדי. J'ignore à quelle localité
il appartient.

Arbathite, ערבתי. Ethnique appliqué à Abi-Albon,
l'un des héros de David (Rois II, xxiii v. 31). Peut-
être s'agit-il de Kiriath-Arba nom primitif d'Hébron ;
mais je n'oserais par l'affirmer.

Arbela, ארבאל. Nous trouvons mentionné dans Osée
(X v. 14) un Beth-Arbel qui n'est probablement que la
localité ou se trouvaient les fameuses grottes d'Arbela,
prises d'assaut par Hérode, et fortifiées plus tard par
Josèphe. C'est aujourd'hui *Erbil* sur la hauteur qui
domine Magdala, au bord du lac de Gennézareth ; en
face d'*Erbil* sont les fameuses grottes, mentionnées par
Josèphe. *Erbil* est sur le flanc méridional et les grottes sur le flanc septentrional de l'*Ouad-el-Ammam*.

Arbite, d'Arbi, ארבי. Ethnique appliqué à l'un des
héros de David, nommé Pharaï (Rois II, xxiii v. 35).
Peut-être est ce le même qualificatif que Arbathite employé dans le même chapitre (v. 31).

Arce. Ville de la tribu d'Aser, qui reçut plus tard
le nom d'Actipon, ou d'Ecdippa, ou d'Aczib. Voyez ce
dernier nom.

Archi, ארכי. La frontière du territoire de Benjamin va
de Beth-El à Louza, passe par la limite d'Archi à Ataroth (Josué XVI v. 2). Beth-El, Louza et Ataroth ont
des positions bien déterminées à *Beïtin*, à *Louza* et à
Atarah. Quant à Archi on n'est pas bien certain que
ce ne soit pas le nom d'une petite peuplade Cananéenne.
Dans tous les cas Archite était un ethnique que nous

trouvons appliqué à Husha1 que David fuyant devant
Absalom, rencontra sur le mont des Oliviers (Rois II,
XV v. 32 et XVII v. 5).

Arebba, תרבה. Ville de la tribu de Juda (Josué XV
v. 60) et qui était dans la montagne; elle est citée après
Cariath-Iarim (*Abou-Gosch*). C'est peut-être *Rafat* à un
peu moins de deux lieues au N. E. d'*Abou-Gosch* (Cariath-Iarim).

Il est bon de noter que St. Jérôme parle d'une Rebbo
placée dans le pays d'Eleutheropolis (*Beit-Djibrin*) à
l'Orient. Evidemment cette Rebbo n'a rien de commun
avec une ville vraiment voisine de Cariath-Iarim (*Abou-
Gosch*).

Arecon (Parfum), הרקון. Ville de la tribu de Dan
(Josué XIX v. 46). Elle est citée comme étant dans le
voisinage de Joppe (Jaffa) après Meaiarcon (les eaux
jaunâtres). Ce dernier nom pourrait bien désigner le
Nahr-el-Aoudjeh qui se jette à la mer un peu au Nord
de Jaffa. Sur les deux rives de cette rivière se trouvent, au Nord, *Sheikh-Amouny*, au Sud, *Abd-en-Nabi*,
noms essentiellement modernes et qui peuvent parfaitement avoir remplacé un nom antique oublié.

Argob (pays d'), ארגב. Dans le Deutéronome (III v. 4)
le pays d'Argob est appelé le royaume d'Og en Bashan.

Tout le pays d'Argob fut donné à la demi-tribu de
Manassé (Deutér. III v. 13). „Jaïr fils de Manassé
prit toute le contrée d'Argob jusqu' aux frontières du
Gessuri et du Machati. Il les appela d'après son nom
Bashan-Havoth-Jaïr, jusqu'à ce jour" (Deutér. III v. 14).
Voyez Havoth-Jaïr.

Arimathæa, Arimathée. Patrie de Joseph qui ensevelit le corps de Notre Seigneur et l'enferma dans un sépulcre neuf qu'il avait fait excaver pour lui-même (St. Luc XXIII v. 51). Il ne parait pas douteux que l'Arimathée de l'Evangile a été remplacée par la moderne *Ramleh*. Cette hypothèse s'accorde à merveille avec le témoignage de St. Jérôme (Epit. Paulæ) qui dit que Arimathée, village de Joseph, est voisine de Diospolis ou Lydda. Les deux villes d'*El-Loud* et de *Ramleh* sont effectivement très voisines l'une de l'autre.

Arisch (Ouad-el), voyez **Nahal-Mitzraïm.**

Arnon, ארנון. C'est le fleuve qui servait de frontière septentrionale à la Moabitide proprement dite (Nombres XXI v. 14). C'est à vrai dire une rivière peu considérable qui coule encaissée au fond d'une vallée très abrupte, nommée de nos jours *Ouad-el-Moudjeb*. L'Arnon dont les bords sont plantés de palmiers et verdoyants, se jette dans la Mer Morte.

Aroër, ערער. Ville de la tribu de Juda (Rois I, xxx v. 28). Le nom Adâda cité dans Josué (XV v. 22) a été rendu Aroël par les Septante. Il y a eu très certainement une Arârah au Nord de Juda, car Van de Velde a retrouvé cette ville d'*Arârah*, à 4 heures de marche au S. E. de *Bir-es-Sebâa*.

Aroër, ערער. 1. Ville bâtie sur les bords de l'Arnon par la tribu de Gad (Nombres XXXII v. 34 et Deutér. II v. 36; III v. 12). Elle était à la frontière méridionale des possessions des Hébreux au delà du Jourdain (Josué XII v. 2; Deutér. IV v. 48 et Rois II, xxiv v. 5). Dans ce dernier passage l'Arnon reçoit le nom de fleuve de Gad.

Cette ville est encore citée comme habitée par les

Hébreux dans le livre des Juges (XI v. 26). Eusèbe dit qu' Aroër est sur le sommet d'une montagne et cela est parfaitement vrai par rapport au fond de la vallée de l'Arnon (*Ouad-el-Moudjeb*). Dans Josué (XIII v. 25) il est dit avec toute raison qu' Aroër est en face de Rabba. *Araïr* qui représente aujourd'hui Aroër est sur la voie Romaine qui traverse l'Arnon, en partant de Rabbah, et sur le plateau élevé qui domine au Nord la large et profonde vallée de l'Arnon.

2. Il y avait une seconde Aroër dans le territoire de la tribu de Juda (Rois I, xxx v. 28). Les Septante écrivent son nom Aroël. C'est aujourd'hui, à ce que pense M. Guérin l'ensemble de deux localités ruinées nommées *Rhoueïn-ech-Charkieh* et *Rhoueïn-el-Rharbieh*. M. Van de Velde mentionne sur sa carte un peu au S. O. de *Tell-Melah* (Malathah ou Maladah) une *Ararah*, qu' il identifie avec l'Aroër de Juda. M. Guérin n'ayant pas poussé ses investigations jusqu'à Ararah, je donne sans hésiter la préférence à l'identification proposée par M. Van de Velde.

Arorite, ערערי. Parmi les héros de David (Paral. I, xi v. 44) sont cités Samma et Jehiel fils de Hotham, l'Arorite. Cet ethnique correspond, soit à l'Aroër sur l'Arnon, soit à l'Aroër de la tribu de Juda. Voyez Aroër.

Arorite, הרורי. C'est l'ethnique désignant Sammoth, l'un des héros de David (Paralip. I, xi v. 27). Dans les Rois (II, xxiii v. 25) le même personnage est appelé Samma de Harod. Voyez Harod.

Arouad, voyez Aradus.

Arrabeh, voyez Araba 2.

Arubboth, ארבות. Ville de la tribu de Juda. Elle n'est citée qu' une fois dans le livre des Rois (III, ɪv v. ɪo). Les Septante écrivent ce nom Araboth et ils ont probablement raison. Ce doit être la même ville qu' Arab, citée par Josué (XV v. 52).

Asan, עשן. Ville de la tribu de Juda, qu' Eusèbe appelle Bethasa et qu'il dit être située à 15 milles de Jérusalem. On ignore le site moderne de cette localité (Jos XV v. 42 et XIX v. 7).

Asasah (Ouad-), voyez **Asason-Thamar** et **Engaddi**.

Asason-Thamar, חצצון תמר. C'est le nom primitif d'Engaddi (Paral. II, xx v. 2). Ce même nom se trouve employé dans la Genèse (XIV v. 7). Le souvenir de ce nom antique est resté dans le nom d'une vallée voisine d'*Ayn-Djedi* et que j'ai signalée et retrouvée le premier: c'est l'*Ouad-Hassassah*. (Voyez Engaddi.)

Ascalon, אשקלון. C'était une des cinq villes royales des Philistins (Josué XIII v. 3); elle était néanmoins située dans le territoire assigné à la tribu de Juda. Elle n'est pas comprise dans l'énumération des villes de Juda (Jos. XV), mais dans le livre des Juges (I v. 18) il est dit que la tribu de Juda s'empara d'Ascalon, de Gaza et d'Ekron; mais cette possession fut de courte durée. Il est question d'Ascalon dans le livre de Judith (III v. 2) et dans le livre des Macchabées (I, xɪ v. 6o).

Etienne de Byzance dit qu' Ascalon dut son nom au fait que ce fut là que naquit pour la première fois l'oignon nommé échalotte, oignon que les Grecs Alexandrins appellent Ascalonæa. De son côté Suidas prétend que la ville a pris le nom du frère de Tantale. A notre avis ces deux étymologies n'ont pas plus de valeur l'une que l'autre.

La population d'Ascalon fut une des plus opiniâtres
à se maintenir dans le paganisme. Elle possédait cinq
temples très célèbres parmi les gentils, entr' autres celui
de Derceto, mère de Sémiramis. Derceto fut changée
en poisson à tête de femme et Sémiramis fut nourrie
par des colombes; de là le respect des Ascalonites pour
les poissons et les colombes, dont ils s'abstenaient de
manger la chair.

Le port d'Ascalon se nommait Mayoumas, comme
ceux de Gaza et de Jamnia. Ascalon, dont on ne voit
plus guère aujourd'hui au dessus du sable que l'enceinte
militaire du moyen-âge, n'est plus habité ni habitable,
cette enceinte ne contenant plus que des jardins cultivés
par les habitans du village voisin, nommé *Djourah*.
Quant à la ville, les Arabes la connaissent toujours sous
le nom d'*Askoulân*.

Aschkib (Kharbet-), voyez **Achzib**.

Aschoua, Aschtoua, voyez **Esthaol**.

Asedoth-Phasga, אשרת פסגה. Les Rubenites eurent
dans leur lot la plaine, le Jourdain, et la limite depuis
Cenereth jusqu'à la Mer de la plaine, la Mer Salée, sous
Asedoth-Phasga, vers l'Orient (Deutér. III v. 17). Ce nom
signifie simplement les pentes, les flancs du Phasgah, qui
n'est autre que le mont Abarim ou mont Nebo. St. Jérôme traduit par: ad radices montis Phasga.

Asem, (ou **Esem** ou **Asom**), עצם. Ville de la tribu
de Siméon (Josué XIX v. 3), citée également sous le
nom d'Esem, dans Josué (XV v. 29) et, dans les Paralipomènes (I, IV v. 29), sous celui d'Asom; la position
de cette ville n'a pas encore été reconnue.

Asemona, עצמן. Ville citée dans les Nombres (XXXIV v. 5) et dans Josué (XV v. 4). C'était une ville située à la frontière méridionale du pays de Canaan, et à la source du fleuve d'Egypte (*Nahr-el-arich*). Sa position ne m'est pas connue.

Asena, אשנה. 1°. Ville de la tribu de Juda, et située dans la plaine. (Josué XV v. 33). On pense que c'est aujourd'hui *Deir-Esneid*, à 2 lieues et demie au Sud d'Askalon, sur la rive droite du *Nahr Askoulân*.

2°. Josué (XV. v. 43) cite une ville nommé Asan dans la tribu de Juda, et une seconde nommée Esna. Comme les deux villes en question étaient dans la plaine de Juda ou Sephelah, *Deir-Esneïd* peut tout aussi bien représenter celle-ci que la précédente. Le site de l'une des deux reste donc à retrouver.

Aser-michmathath, אשר מכמתת. Ville mentionnée dans le livre de Josué (XVII v. 7) comme placée devant Sichem. Eusèbe dit qu'elle était voisine de Neapolis (*Naplouse*) et sur la route de Scythopolis (*Beysan*). Effectivement à mi-route entre ces deux villes, et sur la voie antique qui les reliait, se trouve le village de *Yasir* qui a pris la place d'Aser. Quant à Mikhmathath, c'est une localité distincte de Aser, et le verset 7 du chapitre XVI de Josué dit nettement que la limite de Manassé fut d'Aser à Mikhmathath, qui est près de Sichem, etc.

Asion-gaber, עציון־גבר. Port situé sur la Mer Rouge et en dehors de la Terre Sainte. Il fut possédé par Salomon (Rois III, IX v. 26) qui y avait une flotte. Il était près d'Ailath dans le pays d'Edom. Voyez Ailath.

Asion-gaber est encore cité dans les Paralipomènes (II, XX v. 36).

Asiyeh (el-), voyez **Hosa**.

Askoulân, voyez **Ascalon**.

Asom ou Asem, עשם. Ville de la tribu de Siméon
(Paralip. I, IV v. 29) et citée dans Josué (XIX v. 3). Elle
est mentionnée entre Molada (*Tell-el-maleh*) et Bethul
(*Kharbet-Beit-oula*). Peut-être est ce *Kharbet-Bézem*, à
deux lieues au Sud de *Kharbet-Doura*. (Adoraïm).

Asor, חצור. 1. Ville de la tribu de Nephtali (Jos. XI
v. 1). C'était la capitale du roi Iabin, le plus puissant
des Rois du Pays (Jos. XI v. 10); elle fut ruinée par
Barak, d'après les conseils de Debora. Asor fut prise
après Kadès par Tiglath-Phalasar, roi d'Assyrie (Rois
IV, xv v. 29). Josèphe la nomme Asôros et nous apprend qu'elle était située au dessus du lac Semochonite.
Elle est encore citée dans les Juges (IV v. 2 et 17). Là
il est dit que Iabin, roi de Canaan régnait à Asor, et
que le chef de son armée se nommait Sisera. Il demeurait à Haroschet-he-goim (littéralement la tête ou capitale des gentils). C'est sans aucun doute de Asor
qu'il s'agit, sous ce nom, dans les Rois (III, IX v. 15).
Il est dit que Salomon fit bâtir Asor. Est-ce la Asor,
capitale de Iabin, qui fut brûlée par Josué, après la
défaite de son Roi, nommé aussi Iabin? Cela n'est
pas démontré, mais probable. Dans l'énumération des
villes fortes de Nephtali (Jos. XIX v. 36 et 37) nous
retrouvons Asor et En-Asor; dans Jérémie (XLIX v. 33)
nous lisons: Asor deviendra le repaire des chakals, une
solitude pour toujours; personne n'y demeurera et aucun
homme n'y séjournera. Enfin dans le livre des Macchabées (I, XI v. 67) il est dit que Jonathan Macchabée
campa sur le lac de Gennezareth et se trouva porté au
point du jour dans la plaine d'Asor. J'ai depuis bien

des années proposé de retrouver le site d'Asor dans les
ruines immenses, voisines d'*Es-souq*, au Nord] du lac
Semochonite, ruines où j'ai levé le plan d'un édifice
religieux nommé aujourd'hui *el-Khan*, construit en blocs
énormes de basalte, non taillés. Je persiste plus que
jamais à maintenir cette identification.

Le nom d'Asor était porté par plusieurs villes bien
différentes. Ainsi nous avons une *Hazour* située à deux
lieues à l'Ouest de *Bent-Djebel*, et qui, tout en étant
du territoire de Nephtali, se trouve si bien au milieu
des montagnes, qu'il n'y a pas moyen de l'identifier
avec la Asor dont la plaine fut le théâtre de la victoire
remportée par Jonathan Macchabée.

De même nous avons, toujours dans les montagnes de
Nephtali, un *Ayn-hazour* et un *Tell-hazour*, assez voisins l'un de l'autre, et dont le dernier est assimilé par
Van de Velde avec l'Asor Biblique. La même raison
alléguée ci-dessus, m'empêche d'y reconnaitre la capitale
du roi Iabin. Ces deux localités sont, l'une à droite
et l'autre à gauche de la voie antique d'Akka (Ptolémaïs) à Banias (Caesarea Philippi) à quatre heures de
marche à l'Ouest du *Khan-Youbb-Yousef*, et voisines de
Kefr-Anan.

Nous avons encore un *Hazour* et un *Ayn-hazour*,
entre Banias et le lac *Phiala* (*Birket-er-Ram*). Ces deux
là non plus, n'ont rien de commun avec la Asor de
Iabin.

Enfin ou trouve un *Tell-hazour* à deux lieues à l'Est
de *Djifneh*. Mr. Guérin y retrouve avec raison la Asor
située près d'Ephraïm (*Taïyebeh*) du verset 33 du Chap.
XI, du 2me livre d'Esdras.

2. Ville de la partie méridionale de la tribu de Juda
(Jos. XV v. 23). Elle est mentionnée entre Cedès et
Iethnan. Les Septante font à tort un seul nom de Asor-
Iethnan, puisque dans le texte hébraïque, ces deux noms

sont séparés par la conjonction *et*. Cette ville n'a pas encore été retrouvée, elle était certainement voisine du Cedès-Barné.

3. Ville de la tribu de Juda, située dans la partie méridionale. Elle est nommée Asor-Hadatha, Asor la neuve. Eusèbe la nomme aussi Asor la nouvelle (Jos. XV v. 25). Elle est citée entre Baloth et Carioth-Hesron, qui est Asor, dit le texte. Eusèbe et St.-Jérôme disent que cette ville qu'ils nomment Asor, est à l'Orient d'Ascalon. C'est aujourd'hui *Yasour*, à l'Est quelques degrés Nord d'*Esdoud*, au N. N. E. d'Ascalon, et non à l'Orient. Ce village est à près de 3 lieues d'*Esdoud*, et à 7 ou 8 lieues d'Ascalon.

4. Ville de Juda, mentionnée au verset 25 du XVe chapitre de Josué, comme s'appelant aussi Carioth-Hesron. Eusèbe nous apprend qu'elle était voisine du désert.

Asor (Plaine d'). Cette plaine était en Galilée (Macch. I, XI v. 67). C'est la plaine qui couvre au Nord l'*Ardh-el-houleh*, et où se trouve le *Souq-el-Khan*, ruine située un peu à gauche de la route de *Safed* à Banias, avant de passer le *Nahr-hasbayah*, sur le *Djesr-el-Rhadjar*.

Asphaltite (Lac), voyez **Mer Morte**.

Assaremoth. Dans le livre des Macchabées (I, IV v. 15) nous lisons que les Syriens, battus à Emmaüs, s'enfuirent jusqu'à Assaremoth et jusqu'aux plaines de l'Idumée. St. Jérôme lit Gezèrôn, et pense par conséquent qu'il s'agit de Gazara.

Assedim הצרים. L'une des villes fortes de la tribu de Nephtali (Jos. XIX v. 35). On ne l'a pas encore retrouvée.

Astaroth, עשתרת. Ville du pays de Basan, attribuée postérieurement à la demi-tribu de Manassé (Josué IX v. 10, LXIII v. 31 et Paralip. I, VI v. 71). Il paraît probable que c'est la même ville qui porte le nom d'Astaroth-Carnaïm dans la Genèse hébraïque (XIV v. 5). Eusèbe dit qu' Astaroth était située à 6 milles d'Adraa, distante elle même de 25 milles de *Bostra*: nous avons effectivement au Nord de Bostra, mais à une distance plus grande que six milles romains, un *Tell-Ashtoret* qui représente certainement l'Astaroth de la Bible. Dans le livre des Macchabées (I, v. v. 26) elle est appelée Carnaïn et citée comme appartenant au pays de Galaad (*Djaoulan*), ce qui est exact; dans le 2ᵐᵉ livre (XII v. 26), elle est appelée Carnion.

Astarothite, עשתרתי. Ethnique d'Oziah, l'un des héros de David (Paral. I, XI v. 44). Il s'agit probablement d'un homme né à Astaroth. (Voyez ce mot).

Atad, אטד. Ville (ou personnage?) citée dans la Genèse (L v. 10) et dont il n'est pas possible de fixer la position. Il s'agit dans ce verset de l'Aire d'Atad, et athad est le nom d'une espèce de chardon.

Atarah et **Kharbet Atarah,** voyez Ataroth 2 et 3.

Atargation, voyez **Carnion** ou **Carnaim**. Le livre des Macchabées (II. XII. v. 26) nous apprend que Judas Macchabée partit pour Carnion et le temple qui s'y trouvait et que le texte grec nomme Atargation. La présence de l'article devant ce nom autorise à croire qu'il s'agit du temple de la déesse Atargatis, dans lequel l'ennemi s'était refugié. (Macch. I v. 43).

Ataroth, עטרות. 1°. Ville de la tribu de Gad

(Nombres XXXII v. 3), c'est-à-dire sur la rive orientale du Jourdain. Très-probablement le nom de *Djebel-Attarous* est dû au voisinage de cette ville Biblique et effectivement au pied occidental de cette montagne, la plus haute du pays, se trouve une ville ruinée, nommée *Attarous*.

2 et 3. Ville de la tribu d'Ephraïm (Josué XVI v. 7), citée entre Ianoe et Jéricho. Eusèbe mentionne une Ataroth de la tribu de Benjamin et déclare que, de son temps, il y avait deux Ataroth dans les environs de Jérusalem. Celle de la tribu d'Ephraïm doit être identifiée avec *Atarah*, située à mi-route de Jérusalem à *Naplouse*, et à une lieue à l'Ouest de *Sinâjil.* L'autre de la tribu de Benjamin, est placée à *Kharbet-Atarah*, à une petite lieue au Nord-Ouest de *Khouraïb-er-Ram*, à gauche de la route de *Naplouse*, et à près de deux lieues à l'Est de *Beit-hour-el-fouqah* (Bethorou-supérieure).

Ataroth-Addar, עטרות אדר**.** Ville de la tribu d'Ephraïm, située entre Bethel et la côte (Josué XVI v. 5; LXVIII v. 13). C'est la même que l'Ataroth d'Ephraïm.

Ataroth-Sophan, עטרת שופן**.** Ville de la tribu de Gad (Nombres XXXII v. 35). Dans la vulgate de St.-Jérôme nous lisons: 34 Igitur extruxerunt filii Gad Dibon et Ataroth et Aroër, 35 et Roth et Sophan et Iazar et Iegbêa.

Le texte hébraïque donne positivement Ataroth Sophan, réuni en un seul nom.

Athach, עתך**.** Le nom de cette ville n'est cité qu'une seule fois dans la Bible. (Rois I. xxx. v. 30). A en juger par le contexte, elle devait être dans le Sud de la tribu de Juda. C'est tout ce qu'il est actuellement possible d'en dire.

Athar, עֶתֶר. Ville de la tribu de Siméon (Josué XIX v. 7). Eusèbe nous apprend que c'était une bourgade située dans la Darôma, près de Malatha. Malatha c'est aujourd'hui *Tell-el-melah*, à une dizaine de lieues au Sud d'*El-Khalil* (Hébron). Or à trois lieues et demie au Nord de *Tell-el-melah*, se trouve un village ruiné, nommé *Kharbet-Attir*, qui me parait représenter indubitablement l'Athar Biblique.

Remarquons que dans les montagnes de Juda le livre de Josué (XV v. 48) cite une ville de Iether, qui fut donnée aux Lévites (Josué XXI v. 14 et Paral. I. VI. v. 58). Eusèbe la nomme Iethira et la place à 20 milles de *Beit-Djibrin* (Eleutheropolis) et près de Malatha. Mr Guérin, d'accord avec Van de Velde, voit la Iethir en question dans *Kharbet-Attir*. J'y vois à la fois l'Athar et la Iéther Bibliques, et je crois que sous ces deux noms différents, il est question d'une seule et même ville. Athar en effet fut prise à la tribu de Juda pour être donnée à celle de Siméon, et il n'en serait pas question dans l'énumération des villes de la tribu de Juda, tandis que nous y trouvons Iether.

Athlit, voyez Magdal-El.

Athroth-Sophan, עטרתשׁופן. Dans le texte hébraïque les deux noms semblent n'en former qu'un seul. Les Septante lisent Sophar, qu'ils distinguent d'Athroth. Probablement ces deux noms doivent être réunis parcequ'ils ne sont pas, dans le texte hébraïque, séparés par la conjonction *ou* (et) (Nombres XXXII v. 35).

Il est bon de remarquer que dans la traduction de St.-Jérôme nous lisons: 34 Igitur extruxerunt filii Gad, Dibon et Ataroth et Aroër, 35 et Roth et Sophan etc. Ce dernier *et* ainsi que nous venons de le dire n'existe pas dans le texte hébraïque. Voyez Ataroth Sophan.

Atleh, voyez Hethelon.

Atouf, voyez Taphua 1.

Attarous (Djebel), voyez Ataroth 1.

Attir (Kharbet), voyez Athar et Iether.

Auith, ou Avith, עוית, עוית. Nom de la ville natale d'Adad, fils de Badad, roi d'Edom, citée dans la Genèse (XXXVI v. 35). Le même fait est reproduit dans les Paralipomènes (I. 1. v. 46). Ici le nom de cette capitale est écrit Avith. Les Septante écrivent Gethaïm. C'est un lieu entièrement inconnu.

Auranite, Iturée. On regarde généralement les noms d'Iturée et d'Auranite comme désignant le même pays. En effet le tétrarque Philippe possédait l'Iturée (St. Luc. III v. 1) et la Trachonite. Josèphe décrivant la tétrarchie de ce prince, dit qu'il possédait la Batanée, la Trachonite et l'Auranite, avec une portion des états de Zénodore. Il faut remarquer cependant que de nos jours le *Haouran* qui représente bien l'Auranite des anciens, est limitrophe, au N.-O. du *Djedour* qui est très-probablement l'Iturée, à l'Ouest du *Djaoulan* qui est la Gaulanite et à l'Est du *Ledjah* qui est certainement la Trachonite. Il est donc très probable qu'il faut distinguer l'Iturée de l'Auranite proprement dite.

Les Ituréens tiraient leur nom de Iétur fils d'Ismaël (Paral. I, 1 v. 31); dans les Septante (Paral. I v. 19) il est dit que les Ituréens eurent la guerre avec les tribus de Ruben, de Gad et de Manassé.

Il est bon de noter que Pline (Lib. V. Cap. 23) place l'Iturée vers le Nord, ce qui s'accorde bien avec la situation du *Djédour*.

Le Tétrarque Ptolémée, fils de Mennæus (Tétrarque de Chalcis) possédait la portion montueuse de l'Iturée.

On pense |que l'Auranite a reçu son nom de la ville de Auran, située non loin de Damas (Ezéchiel XLVII v. 16—18). St.-Jérôme et les Septante s'accordent pour établir ce fait. Le premier dit que Auran est une forteresse de Damas dans le désert.

Ayn (el-), voyez **Aïn**.

Ayn-adjlah, voyez **Beth-hagla** et **Enagallim**.

Ayn-Athan, voyez **Etham**.

Ayn-Djedi, voyez **Engaddi** et **Asason-Tamar**.

Ayn-Dour, voyez **Endor**.

Ayn-Karim, voyez **Karom**.

Ayn-el-Lehi, voyez **En-hakkoré** et **Lechi**.

Ayn-esch-schems, voyez **Beth-sames** i et **Hir-Sems**.

Ayn-es-soulthan, voyez **Elisée** (fontaine d').

Ayn-et-Tyn, voyez l'**Corozayn**.

Ayn-Tamarah, voyez **Thamara**.

Azanoth-Thabor, אזנות תבור. (Les oreilles ou les pointes du Thabor). Localité de la tribu de Nephtali (Jos. XIX v. 34). Est-ce-bien une ville? Ne sont-ce pas plutôt des contreforts du mont Thabor?

Azarieh (el-), voyez **Bahurim** et **Bethania**.

Azéca, עזקה. Ville de la plaine de Juda ou Sephela (Jos. XV v. 35). Nous lisons dans les Rois (I. XVII. v. 1) que les Philistins étaient campés entre Socho et Azéca. Dans Josué nous lisons encore que Josué après avoir mis en fuite les cinq rois des Amorrhéens, les poursuivit au delà de Bethoron, jusqu'à Azéca et Macéda. Eusèbe place cette ville, qu'il appelle Ezèka, entre Eleuthéropolis *(Beit-Djibrin)* et Aelia (Jérusalem). On ne connait pas le site de cette localité biblique.

Azel, אצל. Localité mentionnée dans Zacharie (XIV v. 5). St.-Jérôme traduit: „usque ad proximum" par ce que le mot hébreu Azel signifie: près. C'est peut-être la même localité qui, dans Micha (I v. 11), est appelée Beth-Ezel et que St.-Jérôme traduit par: in domo pulveris. S'il s'agit réellement d'un nom de localité, celle-ci est tout-à-fait inconnue.

Azmaveth, עזמות. (Azmouth) ou **Beth-Azmaveth**. Le livre d'Esdras (I. II. v. 24) mentionne les hommes d'Azmaveth, avec ceux d'Anathoth. Dans le livre de Nehémie (XII v. 29) Azmaveth est encore citée avec Geba. Or entre *Djebâ* (l'antique Geba) et *Anata* (l'ancien Anathoth) se trouve aujourd'hui le village de *Hazmeh*, qu'il est tout-à-fait naturel d'identifier avec l'Azmaveth Biblique. Van de Velde appelle à tort ce village *Hizmeh;* c'est *Hazmeh* qui est son vrai nom; il est à deux lieues au N. N. E. de Jérusalem.

Azotiens, עשדורים. Ethnique des habitans d'Azotus, aujourd'hui *Esdoud* (Nehém. IV v. 7). Voyez Azotus.

Azotus, אשדור. Le nom hébraïque de cette ville antique est Asdod ou Esdod (Rois. I, vi v. 17). Elle fut assignée à la tribu de Juda (Josué XV v. 47), mais les Philistins en restèrent longtemps maîtres. C'était une des cinq villes royales des Philistins. Elle fut prise par Tarthan, général du Roi d'Assyrie Sargon (Isaie XX). Dans le premier livre des Macchabées, il est dit que les Syriens s'enfuirent jusqu'à Azotus (V v. 68). Apollonius marchait par la plaine sur Azotus (Macch. I. x. v. 77). Jonathan le défit, le poursuivit, et prit Azotus (Macch. I, x. v. 77). Gazara était dans le pays d'Azotus. (Macch. 1, xiv v. 34).

Hérodote (Lib. II. Cap. 157) raconte qu' Azotus fut assiégée pendant 29 ans par Psammetik, roi d'Egypte, avant d'être prise. Il y avait deux Azotus distinctes, l'une dans les terres et l'autre du littoral, c'est-à-dire qu' Azotus avait un port, un Mayoumas, comme d'autres villes du même pays. C'est aujourd'hui *Esdoud*, située sur la voie antique de Gaza à Jaffa, entre Ascalon et *Iabneh* (Iamnia).

B.

Baal, בעל. La comparaison des textes qui nous donnent les noms des villes appartenant aux Siméonites (Jos. XIX), et des villes de Juda (Jos. XV v. 28—30), semble prouver que Bala et Baala sont une seule et même ville; quant à la Baal, dont il est ici question (Paralip. I. iv. v. 33), comme elle appartient aussi à la tribu de Siméon, c'est probablement encore la même localité. En résumé Baal, Baala, et Bala, ne font qu'une seule ville.

Baala, בעלה. 1°. Ville de la tribu de Juda, nommée aussi Cariat-Iârim (la ville des forêts) (Josué XV v. 9; Paralip. I, xiii. v. 6). C'est aujourd'hui *Kiriat-el-enab*, plus vulgairement connue sous le nom d'*Abou-Goch*, placée sur la nouvelle route de Jaffa à Jérusalem, à 3 heures de marche de la ville sainte. Dans Josué (IX v. 17) il est dit que Cariath-Iarim appartenait aux Gabaonites.

Eusèbe nous apprend qu'elle portait aussi le nom de Kariath-Bâal.

L'arche d'alliance resta 20 ans à Cariath-Iarim dans la maison d'Abinadab (Rois I, VII v. 2), à son retour de chez les Philistins.

2°. Il est question dans Josué (XV v. 29) d'une Bâala située au Midi du territoire de Juda. Ce ne peut évidemment être la même que Cariath-Iarim ; mais parmi les villes des Siméonites, prises dans les villes de Juda, pour leur être attribuées, se trouve une Bala (Josué XIX v. 3), qui doit être celle dont il s'agit ici. C'est encore cette seconde Bâala (écrite Bala) qui est citée dans les Paralipomènes (I, IV v. 28). On ignore sa position précise.

3°. Il est aussi question dans Josué (XV v. 11) d'une montagne de Bâala qui était dans la tribu de Juda. Eusèbe qui du nom Hor-Hebâalah a fait Arbèla, nous dit que c'était la limite orientale de la Judée, et qu'il y avait de son temps un bourg de ce nom. Le fait le plus probable est qu'il s'agit de la montagne de Cariath-Iarim.

Bâalath, בעלת. Nous lisons dans les Rois (III, IX v. 18) que Salomon bâtit: Baalath et Palmyram in terra solitudinis.

On a pensé que Baalath représentait ici Bâalbek (Heliopolis); mais cela est fort douteux; car Bâalbek, au lieu d'être dans le désert, est placé dans la Bekaah, la plus belle et la plus fertile des vallées.

Bâalbek, voyez **Bâalath**.

Bâali-Juda, בעלי יהורה. Ce nom mentionné dans les Rois (II, VI v. 2) appartient à Baala, autrement appelée Cariat-Iarim. Voyez Bâala. St.-Jérôme traduit: de viris Juda, à tort probablement.

Bâal-Gad, בעל גד. Ville située au pied du mont Hermon (Josué XI v. 17 et XIII v. 5). Elle est mentionnée comme étant dans la plaine du Liban (Josué XII v. 7). Robinson a proposé, probablement avec raison de retrouver Bâal-Gad à Banias.

Bâal-Hasor, בעל חצור. Ville située près d'Ephraïm, (aujourd'hui *Taïyebeh*) (Rois II, XIII v. 23). C'est là qu' Absalom faisait opérer la tonte de ses troupeaux. C'est aujourd'hui *Tell-Azour* à une heure de marche au Nord, quelques degrés Ouest, de *Taïyebeh*.

Bâal-Méon, בעל מעון. Ville de la tribu de Ruben, nommée aussi Beth-Bâal-Méon (Nombres XXXII v. 38 et Paral. I v. 8), occupée plus tard par les Moabites (Ezéchiel XXV v. 9). C'est aujourd'hui *Tell-Maïn*, à un peu plus de quatre lieues au Sud-Ouest de *Hesbân* (voyez Béon).

Bâal-Pharasim, בעל פרצים. Lieu situé dans la plaine de Réphaïm près de Jérusalem, où David défit les Philistins (Rois II, v v. 20; Paral. I, XIV v. 11). Ce fut à la suite de cette victoire, que le lieu en question reçut son nom qui signifie: Bâal-des-divisions, par ce que les Philistins y furent divisés, mis en pièces.

Bâal-Salisa, בעל שלשה. Ville mentionnée dans les Rois (IV, IV v. 42). Elle était dans la région, nommée Terra Salisa (Rois I, IX v. 4). Eusèbe et St.-Jérôme qui donnent à ce nom la forme Beth-Salisa, disent que c'était un village situé à 15 milles, vers le Nord, de Diospolis *(El-Loud)* et dans la contrée Thamnitique.

On ignore encore sa position réelle.

Bâal-Thamar, בעל תמר. Lieu près de Gabaa, dans la tribu de Benjamin, où les Israélites combattirent les Benjaminites (Juges XX v. 33).

Cette localité a totalement disparu ainsi que son nom même. Il y a bien entre *Beit-lehm* et le *Djebel-Foureïdis* (Herodium) un village certainement très antique, nommé *Beit-Tamar;* mais il est beaucoup trop loin de Gabaa, pour avoir rien de commun avec la localité Biblique, dont il est question.

Baether. Ville de la tribu de Juda (Josué XV v. 60). En grec Baéthir. C'est évidemment la Bethir où se dénoua le drame sanglant de l'insurrection des Juifs, sous les ordres de Barchochebas. C'est aujourd'hui *Bettir* sur la route antique de Jérusalem à Eleutheropolis *(Beit-Djibrin)*. Il n'y a guère qu'une heure et demie de marche de Jérusalem à *Bettir.* C'est là qu'on trouve le plus fréquemment les monnaies Judaïques frappées pendant cette insurrection qui fut comprimée par les Romains, en 135, sous le règne de l'Empereur Hadrien. Ce nom qui manque dans le texte hébreu ne se trouve au verset indiqué, que dans la version des Septante.

Bahurim, בחורים. Village situé aux environs de Jérusalem (Rois II, XVI v. 5; XVII v. 18), et très probablement sur le mont des oliviers. On n'a pas encore identifié cette localité. Peut-être Bahurim n'est-il que le nom primitif de Béthanie (aujourd'hui *El-Azarieh*).

Mr Victor Guérin propose d'identifier Bahurim avec le village moderne d'*Aboudis;* mais comme celui-ci domine la route du Jourdain et de Jéricho, au Sud et à une

4

assez grande distance, je ne puis admettre que David fuyant de Jérusalem, devant la tentative criminelle de son fils Absalom, ait passé par *Aboudis*, ce qui l'eut notablement écarté de la route directe qu'il avait tout intérêt à suivre promptement.

Baithogabra. Ville citée par Ptolémée, nommée Betogabri dans la table de Peutinger, et de nos jours *Beit-Djibrin* (la maison de Gabriel, ou des forts). Elle a reçu à l'époque Romaine le nom d'Eleutheropolis, et pendant les Croisades celui de Gibelin. Cette ville n'est pas nommée dans l'Ecriture Sainte; mais elle est si importante pour l'histoire géographique de la Palestine, que je n'ai pas pensé devoir la passer sous silence.

Bala, בלע. C'est le nom qui fut donné à Ségor (Genèse XIV v. 2 et 8). St. Jérôme dit qu'elle fut appelée Bala, c'est-à-dire: absorbée, parce que, suivant la tradition Juive, elle fut renversée à la 3mo secousse de tremblement de terre. Il ajoute: on la nomme aujourd'hui Zoara (St.-Jérôme ad Jesaiam XV). Eusèbe dit que de son temps elle avait une garnison Romaine, qu'elle dominait la Mer Morte, et qu'elle était sur la limite orientale du territoire de Juda; tout cela convient à merveille à la moderne *Zouera-et-Tahtah*. Voyez Segor.

Bala, בלע. Ville de la tribu de Siméon (Josué XIX v. 3). On pourrait soupçonner que c'est la même ville que Bâalath-Ber. Nous avons cependant une localité ruinée, nommée *Deir-el-Belah*, à droite de la voie antique de Gaza à Raphia, et au Nord de *Khan-Younès*, qui pourrait revendiquer l'honneur de représenter la Bala Biblique.

Bala, בלה. Ville de la tribu de Siméon (Paral. I, IV v. 29; Josué XIX v. 3). Les textes grecs donnent Bôla et Balaa. Il existe à une heure de marche de *Dikrin*, un petit village placé sur un monticule et nommé *Belaïn*. C'est peut-être notre antique Bala.

Bâlaam, בלעם. Ville des Lévites, située dans le territoire appartenant à la demi-tribu cis-jordane de Manassé (Paral. I, VI v. 55). Peut-être faut-il chercher son emplacement vers le point où se trouve aujourd'hui l'*Oualy* nommé *Naby-Belân*, à une grande heure de marche à l'E. N. E. de *Naplouse*, et dominant l'*Ouad-Bidân*.

Balaath, בעלת. Ville de la tribu de Dan (Josué XIX v. 44), que Josèphe appelle Balèth et dit située non loin de Gazara.

C'est aujourd'hui une localité ruinée, placée entre l'*Ouad-Keráoua*, et l'*Ouad-Belât*, ravins que longent de petits ruisseaux allant se perdre dans le *Nahr-el-Aoudjeh*, rivière qui se jette dans la mer, au Nord de Jaffa.

Balaath Ber, בעלעת באר. Ville mentionnée par Josué (XIX v. 8). Sur les confins du territoire de Siméon était une ville, nommée Ramath, avec laquelle on a proposé d'identifier Balaath-Ber, qui dans les Paralipomènes (I, IV v. 33) parait être appelée simplement Baal.

Je propose de voir l'emplacement de Balaath-Ber dans une ville ruinée, signalée par Mr Victor Guérin, sous le nom de *Kharbet-el-Bireh*, placée à 3 lieues au S. O. de *Doura*, l'ancienne Adoraïm. Je n'admets pas l'identification de cette ville avec la Ramath de Siméon. C'est peut-être la même ville qui est nommée Baloth dans Josué (XV v. 24). St.-Jérôme fait deux localités distinctes de Balaath et de Ber. Peut-être a-t-il raison.

Baloth, בעלות. Ville de la tribu de Juda, située dans la partie méridionale de son territoire (Josué XV v. 24). Nous devons faire remarquer cependant que dans l'énumération des villes situées au Midi de la tribu de Juda, nous trouvons au 12ᵐᵉ rang Baloth et au 25ᵐᵉ Bâala. C'étaient donc très certainement deux villes distinctes qui portaient ces noms. On ignore ce qu'est aujourd'hui Baloth.

Baloth, בעלות. Nom de pays qui ne se trouve mentionné qu'une fois dans la Bible (Rois III, IV v. 16). Il est dit que Bâana, fils de Husi était préposé par Salomon sur Aser et sur Baloth.

La contrée en question devrait donc être voisine du territoire d'Aser. Elle est aujourd'hui inconnue.

Du reste il y a là probablement une faute de traduction et Bâana était préposé sur Aser et sur Aloth; tel est le sens manifeste des expressions employées par l'écrivain sacré.

Bamoth, כמות. Campement des Israélites, établi après celui de Nahaliel (Nombres XXI v. 19) et immédiatement avant d'arriver au pied du mont Phasga. Bamoth signifie les hauts lieux. Il est fort probable que cette Bamoth n'est que la Bamoth-Baal qui fut donnée aux Rubenites, avec Hesebon, Dibon et Beth-Bâal-Mêon (Josué XIII v. 17). Voyez Bamoth-Bâal.

Bamoth-Bâal, במות בעל. Dans Josué (XIII v. 17) cette ville est citée avec Hesebon, Dibon, Beth-Baal-Mêon, comme ayant été donnée aux Rubenites. On ignore encore la position actuelle de cette ville, que l'expédition Américaine sur la rive orientale du Jourdain et sur la Mer Morte, retrouvera sans doute.

Banè, בני. Nous lisons dans la traduction de la vulgate du Livre de Josué, l'énumération des villes de la
tribu de Dan. Le verset 45 (XIX) est ainsi conçu: et
Iud, et Banè, et Barac, et Geth-Remmon. Banè serait
donc une ville distincte et les traductions qui de Banè-
Barac, que fournit le texte hébraïque, ont fait une seule
localité, auraient commis une erreur. Malheureusement
c'est tout ce que nous pourrions dire de Banè qui n'a
pas été encore identifiée, si nous ne connaissions l'existence de ruines antiques placées à une heure au Sud de
Iebnah (Iamnia) à côté d'un *Khan*, qui se nomme *Khan-
Ebneh*. Pour nous c'est là qu' était Banè du livre de
Josué. Remarquons d'ailleurs que ce n'est guère qu'à
une lieue au Nord de *Barka*, le Barac cité immédiatement après Banè. — Voyez Barac.

Banias, voyez Bâal-Gad et Panias.

Barac, ברק. Ville de la tribu de Dan (Josué XIX
v. 45). Eusèbe parle d'un petit village, situé de son
temps dans le voisinage d'Azotus (*Esdoud*) et nommé
Barèka. Ce doit être le même. Aujourd'hui le premier
village que l'on rencontre à une lieue au N. E. d'*Esdoud*,
sur la voie antique qui joint cette ville avec Ramleh, c'est
Barka. C'est la Barac Biblique. Remarquons que, dans
le texte hébraïque du livre de Josué, les mots Banè-Barac
forment le nom d'une seule localité, tandis que dans la
Vulgate, Banè et Barac sont deux localités distinctes.
Dans le texte grec des Septante il n'y a, comme en Hébreu, qu'une localité, nommée Banebarka.

En tout cas, quel que soit le nom réel de cette ville
Biblique, elle était située où est maintenant *Barka*.

Baradah (Nahr), voyez Abana.

Barbar (Nahr), voyez **Pharphar**.

Barbarah, voyez **Sarabatha**.

Barkah, voyez **Barac**.

Basan, בשן. C'est la partie du territoire placé à l'Orient du Jourdain, qui fut donné à la demi-tribu de Manassé: elle était au Nord du territoire de Ruben et de Gad (Josué XXII v. 7 et XXI v. 6). Josué (XIII v. 30) fait commencer le pays de Basan à Manaïm (Mahanaïm) qui était sur la limite du territoire de Gad (Jos. XIII v. 26). Enfin dans les Paralipomènes (I, v v. 23) il est dit que la demi-tribu de Manassé s'étendait depuis Basan jusqu'au mont Hermon.

Les pays de Basan contenait la région d'Argob où se trouvaient les 60 villes dites Havoth-Jaïr (*id est villas Jair*) (Deutéron. III v. 4 et 14; Rois III, IV v. 13). Le pays de Basan était renommé pour ses pâturages et ses forêts de chênes. Dans le dernier passage cité, le nom est écrit Avoth-Jair. Le nom de ce pays se changea plus tard en celui de Batanée.

Bascama. Ville du pays de Giléad, où Jonathan Macchabée fut enterré (Macchab. I, XII v. 23). Elle est aujourd'hui inconnue.

Bascath ou **Besecath**, בצקת. Ville de la tribu de Juda (Josué XV v. 39 et Rois IV, XXII v. 1). On a pensé que c'était la même ville qui est désignée sous le nom de Bascama dans le livre des Macchabées (I, XIII v. 23); mais Reland repousse avec toute raison cette identification. Josèphe appelle cette ville Bosketh.

Comme elle est citée entre Lachis et Eglon (aujourd'hui *Oumm-Lakhis* et *Adjloun*), à peu près à mi-chemin entre

Bet-Djibrin et Gaza, on doit supposer que Bascath était dans cette même région. On n'en connait pas l'emplacement.

Batneh, voyez Betonim.

Bauramite, בחרומי. Ethnique appliqué à Azmaveth, l'un des héros de David (Paral. I, xi v. 33). Dans le passage parallèle du livre des Rois (II, xxiii v. 31) il se présente sous la forme Beromite (de Beromi).

Baziothia, בזיותיה. Ville située au Midi de la tribu de Juda (Josué XV v. 28) et absolument inconnue de nos jours.

Bêastera, בעשתרה. Ville donnée aux Lévites dans le territoire de la demi-tribu de Manassé trans-jordane (Josué XXI v. 27). La Vulgate transcrit ce nom: Bosra et le texte grec: Bostra. Ce nom s'est peut-être formé de la contraction des mots Beit-Astaroth (temple d'Astarté). Dans le passage des Chroniques (I, vi v. 71) parallèle à celui de Josué, on trouve le nom Astaroth au lieu du nom Bêastera. Voyez Bostra, ou Bosra.

Beel-Phegor, בעל פעור. Ce nom qui se trouve employé dans le Deutéronome (IV, 3) n'est pas un nom de lieu, mais bien un nom d'Idole. — „Vos yeux ont vu tout ce que l'Eternel a fait contre Beel-Phegor." Dans les Nombres (XXV v. 3 et 5), il s'agit des débauches commises par les Israélites avec les filles de Moab, pendant leur séjour à Sétim qui était au bas du temple de Baal sur le mont Phogor. Il n'y a donc pas d'incertitude possible; il s'agit d'une divinité topique, c'est-à-dire du Baal, adoré sur le mont Phogor.

Beer-Elim, באר אלים. Ce nom signifie: le puits des forts, ou des térébinthes. On croit que c'est le même endroit que Beer, dont il est question dans le livre des Nombres (XXI, v. 16 et 18), et dont le puits fut creusé par des princes St.-Jérôme traduit ce nom: puteus quem foderunt Principes.

Dans les Juges (IX v. 21) nous trouvons mentionnée une localité nommée Beer באר, où Jotham se réfugia en crainte de son frère Abimélech.

Beerothite, בארתי. C'est l'Ethnique de Beroth, aujourd'hui *El-Bireh*, sur la route de Jérusalem à *Naplouse* (Rois II, IV v. 2 et 3). Voyez Beroth.

Begabar. Patrie de prophète Nahoum suivant Epiphanius. C'est certainement la localité nommée dans l'Ecriture Sainte Beth-Abara. Voyez ce mot.

Beit-Amra (Kharbet), voyez **Horma**.

Beit-Anoun, voyez **Bethanin**.

Beit-Dedjân, voyez **Beth-Dagon**.

Beit-Djala, voyez **Gilo**.

Beit-Djibrin, voyez **Baithogabra**, et **Eleutheropolis**.

Beit-el-Djemal, voyez **Engannim**

Beit-Faghour (Kharbet), voyez **Phogor**.

Beit-Hanina, voyez **Anania**.

Beit-Hour (el Fouquah et et-tahtah), voyez **Bethoron**.

Beit-Ilfa, voyez Bethulia.

Beitin, voyez Bethel.

Beit-Kad, voyez Cedès et Beth-Eked.

Beit-Lahm, voyez Bethlehem et Chaphratha.

Beit-Mizeh (Kharbet), voyez Mosa, Amosa.

Beit-Nesib (Kharbet), voyez Nésib.

Beit-Nettif, voyez Netupha.

Beit-Nouba, voyez Nobé.

Beit-Oula (Kharbet), voyez Bethul et Bathuel.

Beit-Tamar, voyez Baal-Thamar.

Beit-Zakaria, voyez Beth-Zachara.

Beit-Zeta (Kharbet), voyez Beth-Zetho.

Bekâah, בקעה. (Vallée). C'était une large vallée entre deux chaines de montagnes. Aussi nous trouvons dans l'Ecriture Sainte:

1°. Bekâat-Megiddo, Campus Mageddo ou Mageddon (el-Ledjoûn) (Paralip. II, xxxv v. 22; Zach. XII v. 11).

2°. Dans Néhémie (VI v. 2) Bekâat-ono, la Plaine d'Ono, Campus Ono.

3°. Bekâat-Libnoun, la Plaine du Liban, grande vallée qui court entre le Liban et l'Antiliban, et se nomme encore de nos jours la *Bekâah*.

Dans les Psaumes (CIV v. 8) les montagnes et les Bekaout (les Vallées) sont citées ensemble.

4°. Bekâat-Masphé, Plaine de Masphé (Josué XI v. 8).

5°. Enfin Bekâat-Jéricho, Campus Jericho. (Deutér. XXXIV v. 3). Cette dernière plaine est aussi nommée Kikar-he-iordan, Plaine ou Vallée du Jourdain (Genèse XIII v. 10). Cette plaine est aussi nommée le Mega-Pedion, la grande plaine (Macchab. I, v. 53). Son nom grec le plus fréquemment employé est: Aulôn. C'est pour les Arabes de nos jours, *le Rhôr*.

Il faut noter que le même nom de Mega-Pedion, Campus magnus, grande plaine, est très souvent donné aussi à la plaine de Jesraël ou d'Esdrelon, qui dans le livre de Judith (I v. 8) est nommée Campus magnus Esdrelon. Le Mega-Pedion est aussi mentionné dans le livre des Macchabées (I, XII v. 49).

Belaïa, voyez **Bala.**

Belma. Ville mentionnée dans le livre de Judith (VII v. 3) comme voisine de Dothaim. C'est probablement la même que Belemoth d'Issakhar, patrie du prophète Osée (voyez Belemoth). Cette localité a été identifiée par Mr Victor Guérin avec la ruine nommée *Kharbet Belameh* située à un quart d'heure de marche au Sud de *Djenin*.

Belsephou. Ville de la tribu d'Ephraïm, dans laquelle Absalom s'était rendu pour opérer la tonte de ses brebis (Josèphe). Dans le livre des Rois (II, XIII v. 23) cette ville est désignée sous le nom de Baal-Hasor. C'est là qu' Amnon, fils de David, fut tué par Absalom. C'est très probablement à *Tell-Azour*, à moins d'une heure du Nord de *Taïyebeh*, qu'il faut voir la Baal-Hasor du livre des Rois.

Bennamarim. Village situé au Nord de Segor, et cité par Eusèbe et St.-Jérôme qui le nomme Bena- marium. Ce doit être une Beitnimrin (maison des ti- gres) quelconque. En effet l'*Ouad* qui couvre au Nord la haute montagne de *Sebbeh*, sur le sommet de laquelle se voient les ruines de *Massada*, se nomme l'*Ouad- en-Nemrieh* (la vallée des Tigres). C'est à cet *Ouad* très probablement qu' appartenait la localité qui nous occupe.

Bêon, בען. Ville située au delà du Jourdain (Nom- bres XXXII v. 3) et attribuée à la tribu de Ruben. Je ne doute pas que ce nom Bêon ne soit le même que Mêon, et qu'il ne s'agisse encore de la Mêon dont les ruines sont au *Tell-Maïn*. (Voyez Bâal-Mêon).

Bera, בארה. Ville citée dans les Juges (IX v. 21). C'est probablement la même que Beroth. (Voyez ce mot.)

Bera, בארה. Nous lisons dans la bible, (Juges IX v. 21) Jotham prit la fuite, s'échappa et alla à Bera, où il demeura à cause de son frère Abimelech. C'est sans doute d'*El- Bireh* qu'il s'agit, ville située sur la route de Jérusalem à Sichem.

Berean. Ville citée dans les Macchabées (I, IX v. 4) nommée par d'autres Bèzer.
Dans le même livre (I, VII v. 19) il est question d'une ville nommée Beth-Zecha. Peut-être ces trois noms s'appliquent-ils par suite d'altérations successives à une seule et même localité, dont on ne sait rien de plus.

Besimôth. Josèphe cite Abila, Julias et Besimôth, villes situées au delà du Jourdain et qui se rendirent aux Romains (B. J. IV, VII v. 6). C'est probablement une forme contractée du nom Beth-Iésimôth. (Voyez ce nom.)

Béromite, ברחמי. Azmaveth, l'un des héros de David, est qualifié par cet Ethnique, que je ne sais à quelle localité attribuer (Rois II, XXIII v. 31). St.-Jérôme écrit: Azmaveth de Beromi.

Beroth, בארות. Ville des Gibéonites (Josué IX v. 17) devenue ville des Benjaminites (Rois II, IV v. 2). Elle est nommée dans Néhémie (VII v. 29). C'est aujourd'hui sans aucune doute, *El-Bireh*, placée à trois ou quatre lieues au Nord de Jérusalem, sur la route de *Naplouse*. On y voit les restes de magnifiques citernes Judaïques, et d'une église chrétienne. Cette localité est située à moins d'une lieue au Sud de *Beitin* (Bethel).

Beroth, ברותי. Ville appartenant à Adarezer ou Hadadézer, roi de Syrie, et de laquelle David enleva une grande quantité d'airain (Rois II, VIII v. 8). Dans le passage des Paralipomènes (I, XVIII v. 8), ces deux noms Bete et Beroth, sont remplacés par ceux de Tebath et de Chun. Peut-être Beroth n'est-elle autre que la *Beyrouth* moderne. Bochart a émis l'opinion insoutenable que Beroth était la même ville que *Barathéna*, ville de l'Arabie déserte.

Berotha, ברותה. Ville citée dans Ezéchiel (XLVII v. 16). C'est probablement la même que la Beroth du livre des Rois (II, VIII v. 8), d'où David enleva une grande quantité d'airain. Voyez Beroth.

Bersabée, באר שבע. C'est entre Dan et Bersabée que l'Ecriture Sainte place la terre d'Israël (Rois II, XVII v. 11). Plus tard après la division en deux Royaumes,

de Juda et d'Israël, Bersabée devint la limite méridionale
du royaume de Juda, qui se terminait au Nord aux montagnes d'Ephraïm (Paralip. II, XIX v. 14). C'était une
ville de Juda, qui fut attribuée aux Siméonites (Josué
XV v. 28 et XIX v. 2). Elle est pourtant appelée Ber-
sabée de Juda dans les Rois (III, xix v. 3), parceque la
division entre les deux Royaumes était alors un fait
accompli.

On retrouve aujourd'hui l'emplacement de cette ville
illustre aux ruines nommées *Bradj-es-Sebá*, et *Kharbet-
omm-el-Barghout* sur les bords de l'*Ouad-es-Sebá* qui n'est
que le prolongement de l'*Ouad-el-Khálil*. Il y a bien
trente kilomètres de Hébron à *Bir-es-Sebáa*, comptés dans
la direction de Sud-Ouest.

Le nom antique de cette ville signifie: Puits du Lion
ou des Sept, et le nom de l'*Ouad-omm-el-Barghout*, vallée mère des puces.

Ber-sabée, באר שבע. Ce nom signifie Puits des Sept;
il lui fut donné à cause des sept brebis qu' Abraham
y offrit à Abimélech, roi de Gérar (Genèse XXI v. 31).
Il signifie aussi puits du Serment, parce qu' Isaac y fit
à son tour un pacte avec Abimélech (Genèse XXVI v.
31 et 33). Enfin de nos jours les Arabes affirment que
ce nom veut dire: puits du Lion. *(Bir-es-Sebáa)*.

Bèsira. Josèphe appelle ainsi une localité distante de
20 Stades de Hébron (Ant. J. VII, 1 v. 5), et qui est
nommé Bour-hesira dans le livre des Rois (II, iii v. 26).
Ce nom est traduit: „la citerne de Sira," dans la vulgate.
On ignore encore le point où il faut chercher cette localité.

Besor (Torrent de), בשור. Ce torrent est cité dans
le Livre des Rois (I, xxx v. 9, 10 et 21). David avait

à le passer avec sa troupe, en revenant de son expédition contre les Amalécites qui avaient brûlé Siceleg. Ce torrent devait très probablement se jeter dans la mer au Sud de Siceleg et de Gaza: on ne l'a pas encore identifié.

Bete, בטה. Ville de Syrie appartenant au Roi Adarezer, que David vainquit. Il enleva de cette ville une grande quantité d'airain, comme de Beroth (Rois II, VIII v. 8). Dans le passage parallèle des Paralipomènes (I, XVIII v. 8) les noms de ces deux villes sont remplacés par Tebath et Chun. Malheureusement ces noms ne sont pas plus connus aujourd'hui les uns que les autres.

Beth, בית. Nous lisons dans le texte hébreu d'Isaie (XV v. 2) on monte (ou bien, Moab monte) à He-Beth et à Dibon: ce qui veut dire littéralement, à la maison, au temple. Peut-être donc ce mot au lieu d'être un nom de ville, n'est-il que la désignation du temple principal des Moabites.

Bethabara. Ville placée au delà du Jourdain (St.-Jean I, 28). Ce nom signifie maison du passage, et rappelle probablement le passage du Jourdain par les Hébreux, sous les ordres de Josué. Dans le même évangile (X v. 40), il est dit: et il dit cela de nouveau de l'autre coté du Jourdain. Cela semble bien confirmer qu'il s'agit de Bèthabara et non de Bethania. Le texte ordinaire de l'Evangile de St. Jean porte Béthania; mais déjà Origène a fait remarquer la nécessité d'opérer cette correction de Bethania en Bèthabara. Chrysostôme et Epiphanius ont été du même avis. On n'a pas encore signalé la position de Bethabara.

Bethacarem, בית הכרם. Localité, citée dans Jérémie (VI v. 1). Elle était, nous apprend St-Jérôme, dans son commentaire de Jérémie, dans le pays montueux entre Jérusalem et Thecua. Il en est également question dans Néhémie (III v. 14). Ici le nom est écrit Beth-Acharam. On a jusqu'à présent identifié Bethacarem avec le *djebel-Foureïdis* (Herodium). Cela est possible, mais douteux. Remarquons cependant que si Josèphe et St.-Jérôme ne disent pas un mot qui justifie cette identification, on peut être tenté de rapprocher les noms de *Djebel-Foureïdis* (Montagne du petit jardin) et de *Beit-el-Kerm* (Maison de la vigne).

Bethakhamar. Patrie du Prophète Abdias, suivant Epiphanius. Village voisin de Sichem. Cette ville n'a pas encore été identifiée.

Beth-anath, בית-ענת. Ville de la tribu de Nephtali (Josué XIX v. 38; Juges I v. 33). Ce sont les ruines nommées aujourd'hui *Aïnata* et qui se trouvent à deux lieues à l'Ouest de Kedès.

Bethania. Village distant de 15 Stades de Jérusalem, (St.-Jean XI v. 18) et où eut lieu le miracle de la résurrection de Lazare. Il était placé contre le mont des Oliviers (St.-Marc. XI v. 1 et St.-Luc. XIX v. 29), et sur la route de Jérusalem à Jéricho. Suivant St.-Luc. (XXIV v. 50) c'est à Bethanie que notre Seigneur, après avoir béni ses disciples, monta au ciel. (Comparez Actes. I, x v. 12). Le lieu de l'ascension que l'on visite aujourd'hui, n'est donc probablement qu'un sanctuaire apocryphe. Ce village existe toujours et porte le nom d'*El-âzarieh*, nom qui parait provenir de celui de Lazare, plutôt que du mot arabe qui signifie fleur.

Bethanin. Eusèbe et St.-Jérôme nous citent une Bethanin, ou Bethennim, ville de la tribu de Juda, attribuée aux Lévites, et qui a remplacé Aïn; elle est, disent-ils, à moins de deux milles du Térébinthe, c'est-à-dire du lieu où fut la tente d'Abraham, et à 4 milles d'Hébron. De là ressort clairement que la ville d'Ain, citée dans Josué (XXI v. 16) parmi les villes sacerdotales de la tribu de Juda, donnée plus tard aux Siméonites, n'est que la Bethanin dont il s'agit. A deux lieues environ au Nord de Hébron, nous trouvons une ville ruinée nommée *Beit-Anoun* qui correspond parfaitement à celle qui nous occupe.

Beth-Araba, בית הערבה Ville de la tribu de Juda (Josué XV v. 6 et 61) placée dans le Midbar, le désert (Josué XVIII v. 22). La limite Nord de la tribu de Juda partait du Jourdain, passait à Beth-Hogla, de là à Beth-Araba et montait à la pierre de Boën. Or Beth-Hogla c'est l'*Ayn-Adjlah;* la pierre de Boën, c'est la pierre nommée aujourd'hui *El-hadjer-Lasbah*, que j'ai eu le bonheur de retrouver le premier. Beth-Araba devait donc se trouver très-vraisemblablement entre ces deux points connus. Jusqu'à présent il n'a pas été reconnu.

Beth-Aram, בית הרם. Ville de la tribu de Gad (Josué XIII v. 27). C'est la même que la Beth-Aran du livre des Nombres (XXXII v. 36). Eusèbe et St.-Jérôme la placent près du Jourdain et nous apprennent que les Syriens l'appellent Beth-Ramphta. Ils ajoutent qu'elle fut remplacée par la ville de Livias, fondée et ainsi nommée par Hérode, en l'honneur de Livie. J'ai visité les ruines de cette ville. Elles sont placées effectivement sur la rive orientale du Jourdain, entre les ruines de *Souëimeh*, et la *Makhadet-el-Rhoranieh* (le grand gué du

Jourdain), à une petite heure de marche à l'E.-S.-E. de ce gué. Elles se nomment *Kharbet-er-Ram*.

Beth-Aven, בית און. Ville située à l'Orient de Bethel et citée dans Josué (VII v. 2). Elle était proche de Aï, et Machmas était à l'Orient de Beth-Aven. (Rois I, XIII v. 5). La solitude ou midbar de Beth-Aven est mentionnée dans Josué (XVIII v. 12). On a souvent confondu à tort, Beth-Aven avec Beth-El. Enfin Beth-Aven est citée avec Gabaa et Rama dans Osée (V v. 8). Cette localité n'a pu être encore identifiée.

Beth-Azmaveth, voyez **Azmaveth**.

Beth-Baal-Méon, בית בעל מעון. Ville des Rubénites (Josué XIII v. 17). C'est la même ville que Bâal-Meon (Nombres XXXII v. 37). Voyez **Méon**.

Beth-Bera, בית ברה. Lieu voisin du Jourdain (Juges VII v. 24). Ce passage nous apprend que Gédéon, après la défaite des Madianites, envoya des messagers sur toute la montagne d'Ephraïm, en disant: descendez contre Madian et prenez leur les eaux, jusqu'à Beth-Bera et le Jourdain.

Beth-Bera doit être très probablement la même localité que Beth-Abara, la maison de passage, citée dans le Nouveau Testament, où le nom Beth-Abara est par erreur remplacé par le nom de Bethania (St.-Jean I v. 28).

Beth-Berai, בית בראי. Ville des Siméonites (Paral. I, IV v. 31). On ne connait pas son emplacement.

Beth-Bessen. Localité mentionnée dans les Macchabées (I, IX v. 62, 64) et qui était dans le désert. Josèphe la nomme Bethalagôn. Elle n'a pu êtrè identifiée encore.

Elle fut fortifiée par Jonathan et Simon Macchabée.

Beth-Char, בית כר. Ville citée dans les Rois (I, VII v. 11) et que Josèphe appelle Korræi. On a pensé que cette ville appartenait aux Philistins et était voisine de Geth. Peut-être sont-ce les ruines, nommées *Kèratieh*, placées à 10 kilomètres à l'Ouest de *Kharbet-Dikrin* (Gath), vers Ascalon.

Le passage des Rois (I, VII v. 11) dit que les Israélites, sortis de Masphath sous le commandement de Samuel, battirent les Philistins et les poursuivirent jusque sous Beth-Char. Est-ce un nom de lieu? כר signifie un champ labouré.

Beth-Dagon, בית דגון. 1°. Ville de la tribu de Juda (Josué XV v. 41). Eusèbe nous apprend qu'il y avait un village, nommé Caphar-Dagon, entre Iamnia et Diospolis (*El-Loud*). Il y à là probablement erreur de la part d'Eusèbe, et le village de *Beit-Dedjân* placé à mi-chemin entre Jaffa et *El-Loud*, représente sûrement la Beth-Dagon Biblique.

2°. Ville de la tribu d'Aser (Josué XIX v. 27). Il existe un *Beit-Dedjân* sur la hauteur qui domine à l'Est la plaine de la *Makhna* au Nord d'*Aouertah*. Cette localité, signalée d'abord par moi, et retrouvée peu après par Robinson, ne figure pas sur la carte de Van de Velde. Cette localité, qui est certainement une Beth-Dagon, dont les livres saints n'ont pas fait mention, est bien loin de la tribu d'Aser. On ne peut donc l'identifier avec la ville citée par Josué. Quant à celle de la tribu d'Aser, on n'en connait pas la situation actuelle.

3°. Le texte hébreu semble désigner une localité, nommée Beth-Dagon, pour le lieu où la tête de Saül, tué sur le mont Gilboë, fut exposée (Paralip. I, x v. 10). S'il en était ainsi, il faudrait retrouver cette localité dans la *Beit-Dedjân*, placée sur les hauteurs dominant à l'Est la plaine de la *Makhna*, lorsque sorti de la vallée de Sichem ou de *Naplouse*, on longe le pied du mont Garizim, pour suivre la route de Jérusalem. St.-Jérôme traduit par Templum Dagon.

Beth-Deblathaim, בית דבלתים. (La maison des deux gâteaux de figues sèches). Ville de Moab, citée dans Jérémie (XLVIII v. 22). Dans les Nombres (XXXIII v. 46), elle est appelée simplement Deblathaim. Comme elle est mentionnée entre Dibon et Nebo, elle devait être, comme ces deux villes, au Nord de l'Arnon. Elle n'a pas encore été retrouvée. Dans les Nombres, au passage sus-indiqué, St.-Jérôme traduit: castra metati sunt in Helmon-Deblathaim.

Beth-Eked, בית עקר. Lieu voisin de Samarie (Rois IV, x v. 12 et 14). Suivant Eusèbe il était situé dans la plaine d'Esdrelon et à 15 milles de Legio (*el-Ledjoun*, Megiddo). C'est probablement le village moderne de *Beit-Kad*, placé dans la plaine au bas de *Djelboun* (Gilboë) à une lieue a l'E. N. E. de *Djenin*. St.-Jérôme traduit ce nom par: Camera Pastorum.

Beth-El, בית־אל. Lieu illustre entre tous, cité dans la Genèse (XXXI v. 13). Il était à l'Occident d'Aï (Genèse XII v. 5). La frontière Nord de Benjamin passait à Bethel (Josué XVIII v. 13) et la frontière méridionale d'Ephraïm passait assez près de cette ville. Abias, roi de Juda enleva Bethel à Jéroboam, roi d'Israël. (Paral. II, XIII v. 19). Les Benjaminites, de retour de la cap-

tivité de Babylone, habitèrent Bethel (Néhémie XI v. 33).
Entre Rama et Bethel s'étendaient les montagnes d'Ephraim
(Juges IV v. 5) et la montagne de Bethel est mentionnée
dans les Rois (I, XIII v. 2) et dans Josué (XVI v. 1).
Dans le livre des Macchabées (I, IX v. 50) cette ville
est appelée Baithèl. C'est Jacob qui, après son songe
divin, donna le nom de Bethel à la ville qui jusqu'a-
lors s'était nommée Luza (Genèse XXVIII v. 19 et
et XLVIII v. 3; Josué XVI v. 2). Après la séparation
du Royaume d'Israël, Jéroboam établit un de ses deux
veaux d'or à Bethel (Rois III, XII v. 29) et l'autre à Dan.

Hesychius donne déjà à Bethel le nom de Baithin et
c'est le nom qu'elle porte encore de nos jours.

Beitin est sur la route de Jérusalem à *Naplouse*, à 5
lieues environ au Nord de la première de ces deux
villes.

Bethelia. Bourgade des Gazéens décrite par Sozomène (Hist. eccles. lib. V, Cap. 15), comme remplie de
temples, parmi lesquels était un Panthéon dominant
toute la ville. C'est certainement la Bethuel de l'Ecriture Sainte. (Voyez ce nom.)

Bethémec. בית העמק. Lieu situé sur la frontière du
territoire d'Aser (Josué XIX v. 27). On a cherché à
identifier cette localité Biblique avec le village moderne
d'*Amka*; mais Robinson se prononce contre cette opinion.
Si Bethémec n'est pas *Amka*, on ignore sa situation:
Amka est à 3 heures de marche au Nord-Est d'Akka
(St. Jean d'Acre) au pied des montagnes, ce qui s'accorde effectivement assez mal avec la position supposée
de Bethémec.

Bethen, בטן. Ville de la tribu d'Aser (Josué XIX
v. 25). Eusèbe place à 8 milles de Ptolémaïs, à l'Orient

une ville qu'il nomme Bebeten. C'est très probablement la même. Elle n'a pas encore été identifiée.

Bether. C'est la ville très fréquemment nommée dans le Talmud, où les Juifs révoltés furent définitivement écrasés par les armées Romaines, sous le règne d'Adrien, en l'an 135.

C'est incontestablement la *Bettir* qui se trouve au Sud-Ouest de Jérusalem, à deux lieues environ, sur la route antique conduisant de Jérusalem à Eleutheropolis (*Beit-Djibrin*); on y retrouve en effet les ruines d'une vaste enceinte fortifiée.

Bether (Monts) (aliàs **Beth-el**), בתר. Ces montagnes ne sont citées qu'une seule fois dans l'Ecriture Sainte (Cant. II v. 17). Peut-être s'agit-il de la fameuse Bether, dernier foyer de l'insurrection de Barcochebas, étouffée dans le sang, sous le règne d'Hadrien. S'il en était ainsi il faudrait chercher ces montagnes, autour de *Bettir*, à deux lieues environ au Sud-Ouest de Jérusalem.

Bethesda (aliàs **Bethsaida**) (**Piscine de**). C'est le nom hébreu de la Piscine Probatique qui était située près de la porte des Brebis (St.-Jean V v. 2). On regarde généralement la porte des Brebis, comme étant remplacée aujourd'hui par le *Bab-Setty-Maryam* et la Piscine Probatique ou de Bethesda, par le *Birket Israël*. Mais cela n'est pas exact. Les fouilles entreprises par Mr. Mauss autour de l'église de St.-Anne, ont amené la découverte d'une piscine qui était ornée de colonnades et qui par conséquent doit être la Bethesda ou Bethsaida de l'Evangile.

Beth-Ezel, בית האצל. Localité citée dans Michée

(I v. 11) mais aujourd'hui inconnue. St.-Jérôme traduit ce nom: domus vicina.

Il est encore fait mention dans Zacharie (XIV v. 5) d'une Ezel, dont le nom est rendu de même par St.-Jérôme: ad proximum. S'il s'agit d'un nom de lieu, c'est probablement le même.

Beth-Gamul (maison de l'adulte), בית נמול. Ville de Moab citée dans Jérémie (XLVIII v. 23). Mais comme elle est mentionnée avant Beit-Maôn, et après Dibon, il est certain que c'était une ville placée au Nord de l'Arnon, et que les Moabites avaient enlevée aux Ammonites. Elle n'a pas encore été retrouvée.

Beth-Hagla, בית־חגלה. Ville de la tribu de Benjamin (Josué XVIII v. 21) sur la frontière de la tribu de Juda: car la limite Nord du territoire de Juda, partant du Jourdain, montait à Beth-Hagla (Josué XV v. 6) et la limite méridionale de Benjamin passait au Nord de Beth-Hagla (Josué XVIII v. 19). C'est sans aucun doute la Beth-Hagla, que St.-Jérôme place à 2 milles du Jourdain et à 3 milles de Jéricho (au mot area atad). C'est aujourd'hui à l'*Ayn-Adjlah*, et près du couvent ruiné nommé *Qasr-adjlah*, qu'il faut placer la Beth-Hagla Biblique. Les distances de ces ruines au Jourdain et à Jéricho, sont parfaitement d'accord avec le témoignage de St.-Jérôme.

Beth-Horon, בית חרון. Ville double, l'une supérieure, l'autre inférieure, placée sur les confins d'Ephraïm et de Benjamin (Josué XVI v. 5; Paral. II, xxv v. 13 et I, VII v. 24). Les Ephraïmites donnèrent Beth-Horon aux Lévites (Josué XXI v. 22). La limite septentrionale de Benjamin partait du Jourdain, passait de Bethel à Ataroth-Addar, contre la montagne qui était au Midi de Beth-

Horon inférieure (Josué XVIII v. 13). La même chose est dite à propos de la limite méridionale d'Ephraïm (Josué XVI v. 3).

Dans les livres des Macchabées nous trouvons très fréquemment la mention de Beth-Horon. Cette ville y est appelée Baithorôn (Macch. I, VII v. 39; IX v. 50; III v. 16 et 24). De Beth-Horon à Gazera il y avait une journée de marche (Macch. I, VII v. 45).

Les deux villages actuels de *Beit-Hour-el-Fouqah* et de *Beit-hour-et-tahtah*, représentent à merveille les deux Beit-Horon Bibliques. Ces deux villages sont placés à petite distance l'un de l'autre, sur la voie antique de Jérusalem à Lydda (*El-Loud*, Diospolis). Ils sont à 3 bonnes heures de Jérusalem, au N. N. O.

Bithron. Beth-Horon, בתרון. Localité mentionnée dans le livre des Rois (II, II v. 29), et qui devait être de l'autre côté du Jourdain (rive orientale). En effet Abner poursuivi par Joab traversa le Jourdain, passa par tout le Beth-Horon et vint à Mahanaïm (ad Castra, dit St.-Jérôme). Il semble que Beth-Horon ne soit pas ici le nom d'une ville, mais bien celui d'une contrée. La Bible protestante, comprenant qu'il ne peut-être question de la Beth-Horon de Judée, a ici Bithron.

Beth-Hashetah, בית השטה. C'est le nom hébraïque du lieu jusqu'où les Madianites furent poursuivis par Gédéon (Juges VII v. 23). On lit dans la vulgate Beth-Seca ou Beth-Seta. Mr Victor Guérin place cette ville au village moderne de *Chouttah* situé à un peu moins de deux heures de marche, au Nord-Ouest de *Beysan*.

Beth-Jesimoth, בית ישמות. Ville de la tribu de Ruben (Josué XIII v. 20). Situé sur les rives du Jourdain et non de loin la Mer Morte (Josué XII v. 3 et XIII v. 20;

Nombres XXXIII v. 49). Les Hébreux y séjournèrent avant de passer le Jourdain. Elle fut prise plus tard par les Moabites, et c'est une des villes de ce peuple dont Ezéchiel prédit la destruction (XXV v. 9). Eusèbe dit qu'elle était située à dix milles de Jéricho, et il la nomme Beth-Asimouth.

L'emplacement de cette ville, où j'ai campé, se nomme aujourd'hui *Soueïmeh*. On y voit des arrasements d'habitations, parmi lesquels on ramasse beaucoup de monnaies antiques, rongées par la nature saline du terrain, et les restes d'un aqueduc d'une très haute antiquité.

Beth-Lebaoth, בית לבאות. Ville de la tribu de Siméon (Josué XIX v. 6). Son nom est écrit Beth-Beraï (dans la série parallèle des villes de Siméon empruntée aux Paralipomènes (I, IV v. 31) et simplement Lebaoth dans le chapitre XV (v. 32) de Josué. Ce lieu Biblique n'a pas été identifié.

Beth-Lehem, בית לחם. 1°. Lieu de la naissance de notre Seigneur. C'était une ville de la tribu de Juda (Juges XVII v. 7). Elle s'appelait autrefois Ephrata (Genèse XLVIII v. 7 ; Michée V v. 1). De là le nom d'Ephrathites appliqué aux Bethléhémites (Ruth I v. 2 et Samuel I, XVII v. 12). On s'étonne de ne pas voir le nom de Bethlehem mentionné par Josué (XV), dans son énumération de villes de la tribu de Juda.

Beth-lehem porte toujours le même nom et s'appelle aujourd'hul *Beit-lehm*. Elle est située a deux lieues au Sud de Jérusalem. C'est un des Sanctuaires les plus vénérables du monde entier.

Un peu au Nord de *Beit-lehm* sont des citernes antiques, connues sous le nom de *Biar-Daoud* (Puits de David), autour desquels on ramasse nombre de petits cubes de mosaïque. Il est à croire que c'est de l'eau

de ces puits que David désirait tant boire et que trois
de ses guerriers allèrent lui chercher, au péril de leur
vie (Rois II, XXXIII v. 15). Il serait trop long et oiseux
de signaler tous les passages de l'ancien et du nouveau
testament, où il est question de Beth-lehem.

2°. Ville de la tribu de Zabulon (Josué XIX v. 15).
C'est aujourd'hui *Beit-lehm*, à deux heures de marche
au Sud de *Schéfa-Amar* et à deux heures à l'O. N. O.
de Nazareth.

Beth-Lehem-Juda, בית לחם יהודה. Beth-Lehem, où est
né notre Seigneur, est ainsi appelée parce qu'elle appartenait au territoire de Juda. (Juges XVII v. 7, 8 et 9;
XIX v. 1, 2 et 18 et Ruth I v. 1. (Voyez Beth-Lehem).

Beth-Mâon, בית מעון. Ville de la tribu de Ruben,
citée dans Jérémie (XLVIII v. 23). C'est la même ville
que Baal-Mâon ou Beth-Baal-Mâon. (Voyez ce nom.)

Beth-Marchaboth, בית מרכבת. Ville de la tribu de
Siméon (Josué XIX v. 5). La forme vraie de ce nom
est Beit-he-Markabout, maison des chariots. Ce nom
dans la version grecque est étrangement altéré en Baith-
Marimoth (Paral. I, IV) et en Baith Makherèb (Josué
XIX). Cette localité Biblique a été reconnue par Van
de Velde dans une ville ruinée, nommée *Merkeb*, qui se
trouve à une dizaine de lieues dans le haut pays et directement à l'Ouest de la pointe Nord du *Djebel-Sdoum*,
ou montagne de sel.

Beth-mello (Maison de Mello), בית מלא. 1. Localité
tenant à Jérusalem (Rois IV, XII v. 20). Ce lieu était
au bas de la descente de Sella (Rois loc. cit.) qui est
probablement la descente des degrés, se dirigeant vers
Siloé.

2°. Localité mentionnée dans les Juges (IX v. 6).

Beth-Nabris. Village situé à 5 milles au Nord de Livias suivant le témoignage d'Eusèbe. Le Talmud nous apprend que cette ville fut postérieurement nommée Beth-Nimra. Tout cela nous prouve que la *Nemrin* de nos jours, placée directement au Nord et à la distance voulue des ruines de *Tell-er-Ram*, ou *Haram* (Livias) représente bien Beth-Nimra. (Voyez ce nom.)

Beth-Nimra, בית נמרה. Ville de la tribu de Gad (Nombres XXXII v. 36). C'est la Beth-Nabris d'Eusèbe, et la *Nemrin* de nos jours. (Voyez Beth-Nabris). Il est question dans Jérémie (XLVIII v. 54) des eaux de Nemrin qui devinrent la possession des Moabites. Il s'agit certainement encore de *Nemrin* et du cours d'eau qui onge l'*Ouad-Nemrin* et va se jeter dans le Jourdain, à deux lieues environ au Sud-Ouest de *Nemrin*.

Bethom. Epiphanius donne ce nom à la patrie du prophète Joël, et ajoute que ce lieu appartenait à la tribu de Ruben. Un manuscrit portant Theboran, pour Bethoran peut-être, on pourrait soupçonner qu'il s'agit de Beth-Aram, devenu Livias, si Josué (XIII v. 27) ne nous disait formellement que cette localité appartenait à la tribu de Gad. Il est vrai qu'Epiphanius a pu se tromper.

Beth-Phage. Hameau placé sur le mont des Oliviers, dans le voisinage immédiat de Béthanie (St. Matth. XXI v. 1). C'est en arrivant à Beth-Phage et à Béthanie que notre Seigneur envoya ses disciples chercher l'ânesse, sur laquelle il fit son entrée triomphale à Jérusalem (St. Luc. XIX v. 29). Origène (in Matth. Cap. XX) dit que la signification du nom Beth-Phage, est: maison des mâ-

choires. C'était un hameau sacerdotal, ainsi nommé par
ce que les mâchoires des victimes restaient aux Prêtres.
L'emplacement de ce hameau ou de cette maison fait
probablement partie aujourd'hui du village d'*El-Azarieh.*

Beth-Pheses, פצץ בית. Ville de la tribu d'Issachar
(Jos. XIX v. 21). On n'a pas encore pu identifier cette
localité Biblique.

Beth-Phelet ou **Phalet,** פלט בית. Ville située au Midi
de la tribu de Juda (Josué XV v. 27; Néhémie XI v.
26) et non identifiée jusqu' ici.

Beth-Phogor, פעור בית. Ville de la Moabitide, voi-
sine du Jourdain (Deutér. IV v. 46). Elle fut donnée
aux Rubénites (Josué XIII v. 20). Suivant Eusèbe elle
était en face de Jéricho et à 6 milles au-dessus de Livias.
Cette indication nous ramène au Mont Phogor ou Nebo,
et très-probablement aux ruines signalées par le duc de
Luynes.
St.-Jérôme traduit ce nom en Fanum Phogor dans le
Deutéronome, et écrit Beth-Phogor dans le livre de
Josué
Nous lisons dans le Deutéronome (III v. 29): nous
demeurâmes dans la vallée, en face du temple de
Phogor, "contra Fanum Phogor". Plus loin (XXXIV v. 6)
il est dit que Moïse, le serviteur de Dieu, fut enterré
par Josué dans une vallée du pays de Moab, en face
de Phogor. L'Hébreu Beth-Phogor signifie exactement
la maison, ou le temple de Phogor, qui était le nom
du Baal adoré sur le sommet du mont Nébo, ou
mont Phogor, ou mont Phasga. Là était situé le
temple, nommé Beth-Phogor, dont le duc de Luynes a certainement retrouvé et photographié les
ruines.

Bethsaïda. C'était une ville (St.-Jean. I v. 45 ; St.-Luc. IX v. 10 et St.-Matth. XI v. 20 et 21). Ce n'était qu'une bourgade selon St.-Marc (VIII v. 22). Son nom signifiait : maison de la pêche. Elle était située en Galilée au bord du lac de Gennézareth, (St.-Jean. XII v. 21 ; St.-Marc. VI v. 45 et VIII v. 22) et vers la rive orientale. Ptolémée place Julias, qui n'est que Bethsaïda, en Galilée. Plusieurs auteurs admettent qu'une partie de la Gaulanite était sur la rive occidentale du Jourdain, et ils ont probablement raison. Cette ville devint le séjour favori du tétrarque Philippe, qui lui donna le nom de Julias, et y fit construire à grands frais un sépulcre pour lui et les siens.

C'est aujourd'hui *Tell-Houm*, que l'on a confondu à tort avec Capharnaûm.

Beth-Samite, בית־השמשי. Ethnique dérivé probablement de Beth-Sames. (Rois I, VI v. 14 et 18). En ce cas, il est mal formé et devrait être Beth-Samesite. Voyez Beth-Sames.

Beth-Sames, בית־שמש. 1°. Ville Sacerdotale de la tribu de Juda. (Josué XXI v. 16 ; Rois IV, XIV v. 11 ; Rois I, VI v. 12 ; Paralip. I, VI v. 59). Il n'en est pas fait mention dans l'énumeration des villes de Juda (Josué XV). Suivant Eusèbe elle était à 10 milles à l'Orient d'Eleutheropolis *(Beil-Djibrin)* sur la route de Nicopolis *(Amouas)*. Elle était située dans la plaine ou Sephela (Paral. II, XXVIII v. 18). Cette ville était placée où sont aujourd'hui les ruines, nommées *Kharbet-Ayn-Ech-Chems-* (Ruines de la source du Soleil), et qui sont bien exactement dans la position indiquée par Eusèbe.

2°. Ville de la tribu de Nephtali (Juges I v. 33 et Josué XIX v. 38). J'ignore où peut être placée cette ville Biblique et je me contenterai, pour mémoire, de

citer ici le village nommé *Medjdel-ech-Chems*, qui se trouve
à peu près à mi-chemin entre Banias et *Beit-Djenn*, sur
la grande route de Damas. Il n'est guère possible en
effet que les Nephtalites, aient rien possédé de ce coté.

Beth-San, בית־שאן. Ville appartenant à la demi-tribu
de Manassé cis-Jordane (Juges I v. 27; Paral. I, VII
v. 29) et située cependant sur le territoire d'Issachar.
(Josué XVII v. 11). Elle reçut plus tard le nom de Scy-
thopolis (Septante, Juges I v. 27). Les uns attribuent ce
nom à l'invasion des Scythes, racontée par Hérodote,
(Lib. I); les autres au voisinage de la ville de Succoth.
Dans les Macchabées (I, v v. 52) elle est appelée Baithsan.
Elle était distante de Jérusalem de 600 Stades (Macch.
II, XII v. 29). Dans le livre de Judith elle est appelée
Skythôn-polis.

Cette ville fut aussi nommée Nysa ou Nyssa, du nom
de la nourrice de Bacchus. Le double nom de Nysa-
Scythopolis se trouve sur les monnaies impériales frappées
dans cette ville. Elle a repris aujourd'hui son nom antique et s'appelle *Beysan;* elle est située dans la plaine
du Jourdain, au point où celle-ci est dominée par le
mont *Djeilboun* ou Gelboë. Elle est enfin à 6 ou 7 lieues
au Sud de *Thabarieh*. (Tibériade). Elle offre aux rares
voyageurs qui la visitent, de belles ruines Romaines.

Beth-Seta (alias **Seca**), בית השטה. Epouvantée par
l'attaque de Gédéon, l'armée des Madianites s'enfuit de
divers côtés, jusqu'à Beth-Seta, vers Zerérath, jusqu'à
la frontière d'Abel-Mehula, près Tabbath (aliàs Thebbath)
(Juges VII v. 22). Je ne connais pas d'identification de
Beth-Seta avec une localité moderne. Il y a bien une
belle vallée nommée *Ouad-ech-Shetah*, à l'Ouest d'*Ammân*
(Rabbath-Ammon); mais elle n'a rien de commun sans
doute avec notre *Beth-Seta*.

Beth-Sur, בית־צור. Ville de la tribu de Juda (Josué
XV v. 58). Eusèbe nous dit qu'elle était située au
20ᵐᵉ mille à partir de Jérusalem, sur la route d'Hébron. Dans les Macchabées (I, VI v. 7 et 26: IV v.
29) elle est appellée Baith-Soura. C'était une place forte.
Il en est trop fréquemment question dans les livres des
Macchabées, pour qu'il soit possible d'indiquer tous les
passages où cette ville est mentionnée.

En face et à l'Ouest de l'*Ayn-ed-Diroueh*, qui est la
fontaine où fut baptisé l'eunuque de la reine Candace,
se dresse une montagne couronnée par des ruines, que
domine une tour. Au pied de ces ruines sont de nom-
breux tombeaux, creusés dans le rocher; ces ruines sont
nommées *Bordj-Sour*. Elles sont juste à la distance indiquée par Eusèbe, et elles représentent sans aucun
doute l'antique Beth-Sur.

Beth-Thaphua, בית־תפוח. Ville de la tribu de Juda
(Josué XV v. 53). Eusèbe dit que c'est un village situé
à 14 milles au-delà de Raphia, sur la route d'Egypte,
et qu'elle est à l'extrême limite de la Judée. Il écrit
son nom Beth-Taphou. Mr Victor Guérin a reconnu
l'emplacement de cette localité aux ruines, nommées
Kharbet-el-Bordj, aux deux tiers de la distance de *Khar-
bet-Bir-er-Refáa* (Raphia) à *El-Arich* (Rhinocolura),
comptée à partir de l'emplacement de Raphia. Cette
ville était sur le bord de la mer.

Bethul, ou **Bathuel**, בתול. Villes des Siméonites
(Josué XIX v. 4 et Paralip. I, IV v. 30). C'est aujour-
d'hui: *Kharbet-Beit-Oula* à 3 lieues environ au N. N. O.
d'Hébron.

Dans le livre de Josué (XV v. 30) au passage parallèle où l'on s'attendrait à retrouver le nom Bethul, c'est
celui de Cesil, qui se présente. Evidemment il y a là

une faute de copiste, faute qui n'a pu être commise qu' en présence d'un texte conçu en hébreu carré.

Bethulia. Ville voisine de Jezrahel et de Dothaïm (Judith. IV v. 5 et VII v. 3). Elle était située sur une montagne au pied de laquelle il y avait une source (Judith VI v. 13 et 16.)

Feu Schulz, consul de Prusse à Jérusalem, avait proposé de reconnaître Bethulia dans le village de *Beit-Ilfa*, placé à mi-chemin sur la route de *Zerayn* (Jezrahel) a *Beysan* (Scythopolis). Cette identification ne me parait pas satisfaisante, et j'aime mieux voir Bethulia dans le bourg fortifié de *Sanour* qui est réellement une des clés de la Judée, et qui est à une heure et demie seulement au Sud de *Tell-Dothan*, où sont les ruines de Dothaïm. A petite distance à l'Est de *Sanour* est une vallée et un *Khan*, nommée *Meitheloun*, et qui pourraient bien avoir conservé un reflet du nom de Bethulia.

Beth-Zachara. Localité peu éloignée de Beth-Sur, et du côté de Jérusalem. (Macch. I, VI v. 33). C'était la patrie du prophète Habacuc, au dire d'Epiphanius qui donne à cette ville le nom de Beth-Zakhèr. C'est là qu'eut lieu la grande bataille entre Judas Macchabée et le roi Antiochus V Eupator. Cette bourgade se nomme toujours *Beit-Zakaria* et en suivant la route de Jérusalem à Hébron, après avoir passé les Vasques de Salomon et gravi la hauteur d'où l'on aperçoit dans un ravin à gauche la ruine nommée *Deïr-el-Benat*, on longe des ruines, nommées *Beit-Faghour* et un peu plus loin encore, mais plus à l'Ouest *Beit-Zakaria*.

Beth-Zetho. Josèphe appelle ainsi la bourgade où vint camper Bacchides, après avoir quitté Jérusalem. Dans le livre des Macchabées (I, VII v. 19) elle est nommée Beth-Zecha. Cette localité n'a pas été identifiée encore. C'est très probablement un village ruiné signalé par Mr Victor Guérin, sous le nom de *Kharbet-Beit-Zeta*, tout à côté de *Kharbet-Koufin* et à une lieue au Nord de l'*Ayn-ed-Diroueh*, qui est sur la route de Hébron.

D'un autre côté à 6 kilomètres à l'Ouest de *Beit-Djibrin* se trouve un village nommé *Zita* qui peut également revendiquer l'honneur de représenter Beth-Zetho.

Bétonim, בטנים. Ville de la tribu de Gad (Josué XIII v. 26). Comme le pays des Gadites s'étendait de Hesbon *(Hesbân)* jusqu'à Bétonim, il s'en suit que cette ville devait être sur les confins du territoire de Gad, et de la demi-tribu de Manassé. Elle portait encore le même nom du temps d'Eusèbe qui la nomme Bathnia. On identifie cette ville Biblique avec le village de *Batneh*, placé à deux heures et demie de marche à l'Ouest d'*Es-Salt*, et sur la crête des montagnes dominant la plaine du Jourdain.

Bettir, voyez **Bether**.

Beysan, voyez **Nysa**, **Scythopolis** et **Beth-San**.

Bezec, בזק. Ville dont le souverain est nommé Adoni-Bezec. (Juges I v. 4 et 5). Eusèbe mentionne deux villages contigus du même nom, situés au 7me mille, à partir de Neapolis (*Naplouse*), sur la route de Scythopolis (*Beysan*). Ces villages n'ont pas encore été signalés de nos jours; leurs ruines se retrouveront sans doute lorsque cette route sera explorée avec soin.

Bezem (Kharbet-), voyez **Asom**, **Asem**.

Bir-Eyoub, voyez **En-Schemes.**

Bireh (Kharbet-el-), voyez **Balaath-Beer.**

Bireh (el-), voyez **Beroth.**

Birket-Mamillah, voyez **Gihon.**

Bochim, בכים. Nous lisons dans les Juges (II v. 1): Un ange de l'Eternel monta de Galgala à Bochim "locus flentium", dit St.-Jérôme. Dans le texte hébreu ce nom signifie en effet: les pleurants, et il fut donné à la place, où les paroles de l'ange firent pleurer les enfants d'Israël (Juges II v. 5). Evidemment il serait bien difficile de retrouver une localité de ce genre.

Bordj (Kharbet-el), voyez **Beth-Thaphua.**

Bordj-Sour, voyez **Beth-Sur.**

Boses, בוצץ. Nom d'un rocher (Rois I, xiv v. 4). Jonathan, fils de Saül, dans l'expédition qu'il tenta, seul avec son serviteur, contre les Philistins, avait à passer un défilé, resserré entre deux rochers, nommés Boses et Séne; le premier était au Nord vers Machmas, le second au Midi vers Gabaa (Rois I, xiv v. 5). (Voyez Séne). Comme les rochers ne disparaissent pas, il est certain que tôt ou tard on reconnaîtra le défilé dont il est ici question.

Il n'est pas douteux que la Gabaa, mentionnée ici ne soit *Djebad*, qui n'est qu'à une demi-heure de chemin au Nord-Est de Rama.

Machmas en effet est à la même distance au Nord-Est de *Djebad*. C'est entre ces deux points qu'on retrouvera infailliblement les deux rochers Boses et Séne.

6

Bosor, בצר. Ville du territoire de Ruben, donnée aux Lévites. (Paral. I, VI v. 78 et dans l'Hébreu 63). C'est la ville citée dans le Deutéronome (IV v. 43) et qui est devenue Bostra, la métropole de l'Arabie Romaine. (Voyez Bostra).

Elle était placée à l'Orient de Jéricho, suivant Eusèbe, qui nous apprend de plus que cette ville devint plus tard Bostra.

Reland a combattu cette identification et a prétendu que le nom de Bostra provenait de Bêastera, ville qui était située dans la demi-tribu de Manassé trans-jordane (Josué XXI v. 27) et qui est nommée Bosran, par St.-Jérôme. Je n'en crois pas moins que Bosor, Bêastera et Bostra sont une seule et même ville. *Bosrah* est aujourd'hui le nom de cette ville dont les ruines sont magnifiques. Bien loin d'être placée à l'Orient de Jéricho, elle l'est directement à l'Orient de *Beysan* (Scythopolis). (Voyez Bostra.)

Bosor, dans le désert, dans la contrée du plat pays, de la tribu de Ruben, fut désignée par Moïse comme devant être une des villes de refuge pour les meurtriers. (Deutér. IV v. 43) avec Ramath en Galaad, et Golan en Basan. C'est certainement la même que Bosra. (Voyez ce mot.)

Bosor. Ville forte du pays de Galaad (Macch. I, v v. 26 et 28), qui fut prise par Judas Macchabée. C'est toujours la Bostra romaine, *Bosrah* de nos jours, qui est désignée ainsi.

Bosra, בצרה. Jobab, fils de Zaré, de Bosra, fut roi d'Edom, après Bela (Genèse XXXVI v. 33 et Paralip. I, I v. 44). C'est sans doute de Bostra qu'il s'agit, c'est-à-dire de la ville importante, qui devint la métropole de l'Arabie Romaine. (Voyez Bostra.)

Bosra, (forteresse), בצרה. Ville de Moab, citée dans Jérémie (XLVIII v. 24). Il est bien douteux pour moi que ce soit là un nom propre de ville. Dans tous les cas elle n'aurait rien de commun avec la ville illustre, devenue, sous le nom de Bostra, la métropole de l'Arabie Romaine.

Bosra, voyez **Bosor** et **Beastera.**

Bostra. Métropole de l'Arabie sous les Romains. On possède un assez grand nombre de monnaies antiques, frappées dans cette ville, qui devint une colonie militaire. Ayant été embellie par les soins de l'Empereur Trajan, elle prit le surnom de Nea Trajanè Bostra. Le Dieu arabe Dusarès (assimilé à Bacchus) y était en grande vénération. C'est aujourd'hui *Bosrah* et les ruines de la ville antique sont splendides.

Buz, בוז. Contrée citée avec celles de Dedan et de Thema, dans Jérémie (XXV v. 23). Buz qui a donné son nom à ce pays, était un des fils de Nachor, frère d'Abraham. (Genèse XXII v. 21).

Buzite, בוזי. Ethnique, appliqué à l'un des amis de Job, (Job XXXII v. 2 et 6), Eliu, fils de Barachel.
Les Buzites habitaient l'Arabie déserte, car Buz était le second fils de Nachor, frère d'Abraham, et de Melcha, soeur de Sarah. (Genèse XXII v. 21).

C.

Cabseel, קבצאל. Ville de la partie méridionale de la tribu de Juda (Josué XV v. 21 et Néhémie XI v. 25). L'emplacement de cette ville antique n'est pas connu.

Cabul, כבול. Ville placée sur la frontière occidentale du territoire d'Aser (Josué XIX v. 27) et qui porte toujours le même nom. Elle se trouve à l'E. S. E. de St. Jean d'Acre, sur la route de *Sakhnin* (la Sogané de Josèphe) et à une lieue à l'Est du village d'*Ed-Damoun*. Ne serait-ce pas une des villes données à Hiram par Salomon? Josèphe la nomme Chabôlo ou Chabalô, ou enfin Chabalôn.

Cades, קדש. C'est le nom d'une ville située à l'extrémité du pays d'Edom. Les Israélites y étant parvenus demandèrent au roi d'Edom le libre passage sur ses terres, et leur requête fut rejetée (Nombres XX v. 16). Le pays des Edomites s'étendait donc entre la ville de Cades et la terre de Canaan. C'est auprès de cette ville que Moïse fit jaillir d'un rocher la source miraculeuse, nommée Ayn-Misphat (la fontaine du jugement) (Genèse XIV v. 7). Dans les Nombres (XXVII v. 14) elle est appelée Cades du désert de Sin, où le peuple avait réclamé à grands cris de l'eau à boire. Dans les Nombres (XXXIII v. 36) il est encore dit: dans le désert de Sin, c'est-à-dire Cades.

Tout bien considéré Cades doit être une ville et Cades-Barné une région.

Cades-Barné, קדש ברנע. Lieu situé à onze jours de marche du mont Horeb (Deutér. I v. 2 et 19). C'est de là que furent expédiés en Canaan les explorateurs chargés d'étudier le pays (Nombres XXXII v. 8 — Josué XIV v. 7).

Cades-Barné est mentionnée comme étant sur la limite méridionale de la terre de Canaan (Nombres XXXIV v. 4 et Josué XV v. 3).

C'était un pays et non une ville. Eusèbe appelle Kaddès Barnè un désert.

Une grande partie de ce désert était habitée par les Edomites ou Iduméens, et se nommait Seir (Deutér. I v. 19 et 43). Il s'y trouvait une ville de Cades, où les Israélites séjournèrent longtemps, après avoir été repoussés par les Amorrhéens, lorsqu'ils essayèrent de pénétrer en Canaan (Deutér. II v. 14).

Cadytis. Ville illustre citée par Hérodote (Lib. II 159 et III 5). C'est très probablement Gaza. Quelques savants y ont vu Jérusalem ou Gath; mais c'est à tort, à notre avis.

Caesarée. Ville et port bâtis par Hérode sur l'emplacement de la tour de Straton (Stratonos Pyrgos).

Il est question de Caesarée dans les Actes des Apôtres (IX v. 30), où il est dit que Paul se rendit de Jérusalem à Caesarée, pour gagner Tarse. Pierre parti de Joppé débarqua à Caesarée le second jour (Act. XII v. 19) et il vint, par mer, d'Ephèse à Caesarée (Act. XVIII v. 22), etc.

Le port de Caesarée reçut le nom de Sebastos Limen.

Cette ville devint colonie Romaine sous le règne de Vespasien, et métropole de la Palestine.

Les ruines encore importantes de Caesarée portent aujourd'hui le nom de *Kaïsarieh* ét servent pour ainsi dire de carrière économique à tous ceux qui veulent construire des maisons soit à St. Jean d'Acre, soit à Jaffa.

Caleb, כלב. Localité voisine de Siceleg à en juger d'après le livre des Rois (I, xxx v. 14). Le texte grec porte Kheloub, ou Gelbouë, ou Khaleb ou Kheileb. Malheureusement nous ne connaissons pas mieux la position de Siceleg que celle de Caleb.

Caleb-Ephratha, כלב אפרתה; Lieu ou mourut Hesron,

père de Caleb. Ce Caleb devenu veuf de sa première femme Azuba, épousa Ephratha (Paral. I, II v. 18 et 19). Le nom Caleb-Ephratha est donc un nom composé de ceux de Caleb et de sa seconde femme (Paral. I, II v. 24).

Hesron était fils de Phares, fils de Juda.

Cette ville est très probablement la même qu' Ephratah, nommée depuis Beth-Lehem.

Dans les Paralipomènes (I, IV v. 4) nous lisons en effet: tels sont les fils de Hur, le premier né d'Ephratha, le père de Beth-Lehem. C'est de Hur qu'il s'agit, puisque Ephrath ou Ephratah était la femme de Caleb, père de Hur.

Camon, קמון. Ville de Manassé (Juges X v. 5). C'était très probablement une ville trans-jordane et qu'il faut identifier avec la Kamoun que Polybe (Hist. lib. V) cite avec Pella et Gephron, comme ayant été prise par Antiochus. Josèphe lui-même cite Camôn comme une ville de Galaad (A. J. V, VII, 6). On ignore sa situation précise. C'est à Camon que Jaïr fut enterré (l. c.).

Cana. 1. Lieu où notre Seigneur accomplit son premier miracle; il était en Galilée (St.-Jean IV v. 46) et on descendait pour aller de Cana à Capharnaüm (St. Jean IV v. 48). La tradition locale place le théâtre de ce miracle à *Kafr-Kenna*, sur la route de Nazareth à *Thabarieh*, à une heure et demie de marche au N. N. E. de Nazareth (Confér St.-Jean II v. 1 et 12).

2. Une seconde Cana nommée aujourd'hui *Kana-el-Djelil* (Kana de Galilée) se trouve sur la lisière Nord de la plaine nommée *Merdj-el-Battouf*, à 2 heures et demie de marche au Nord de *Sefourieh* (Sepphoris). Celle-là aussi revendique, probablement avec raison, l'honneur d'avoir été le théâtre du miracle de notre

Seigneur. Il faut convenir cependant que Jésus se rendant de Nazareth à Tibériade, passait directement par *Kafr-Kenna* et devait faire un très grand détour vers le Nord, pour passer à *Kana-el-Djelil.* Mais l'évangile place en réalité le miracle à Kana de Galilée et Jésus, invité aux noces où s'opéra le miracle, a pu se détourner de la route directe.

3. Enfin il y a une troisième Cana de la tribu d'Aser, citée par St.-Jérôme d'après Josué (XIX v. 28) et qui n'est très certainement que le gros bourg de *Kana* situé à 3 heures de marche au Sud-Est de Tyr.

Canaan, כנען. La terre de Canaan est la désignation de la terre assignée aux tribus d'Israël par Moïse et Josué, au nom de Jehovah (Exode VI v. 4; Lévitique XXV v. 38; Psaumes CV v. 11). Mais ce nom ne doit pas s'appliquer aux territoires occupés par les tribus de Ruben, de Gad et par la demi-tribu de Manassé, restées sur la rive orientale du Jourdain (Nombres XXXIII v. 51 et Josué XXII v. 11). Celles-là étaient établies dans la terre de Galaad (Josué XXII v. 9). Du reste les limites de la terre de Canaan, fixés dans la Genèse (X v. 19) et dans Ezechiel (XLVII) excluent tout ce qui est à l'Orient du Jourdain. Parfois dans l'Ecriture Sainte le nom de terre de Canaan s'applique spécialement à la terre des Philistins, où se trouvaient Ascalon, Gaza, Asdod, Ekron et Gath; d'autres fois encore les Phéniciens de Tyr, de Sidon, etc. sont appelés Cananéens (St.-Matth. XV v. 22); comme, dans la traduction des Septante, l'hébreu: les rois de Canaan, est rendu par: les rois de la Phénicie. Le nom de cette terre vient du nom d'un des fils de Cham.

Dans Josué (XI v. 17 et XII v. 7) et dans les Nombres (XXXIV v. 3) nous lisons qu'au Nord le mont

Liban et au Sud le mont Seïr étaient les limites de la terre de Canaan.

Le pays de Canaan était habité par sept peuples avant la venue des Israélites (Deutér. VII v. 1; Josué III v. 10; Actes XIII v. 16): les Hethéens, les Girgazéens, les Amorrhéens, les Cananéens, les Pherizéens, les Hevéens et les Jebuséens (Voyez ces mots).

Tous combattirent Josué, lorsqu'il eut passé le Jourdain (Josué XXIV v. 11).

Dans la Genèse (XV v. 19 et suivants) ces peuples sont au nombre de dix. Les noms de peuples de plus cités dans ce passage, sont les Cénéens, les Cénézéens, les Cedmonéens et les Rephaïm (Voyez ces mots). Dans l'Exode au contraire (III v. 8 et XIII v. 5) il n'y en a plus que cinq.

Cananéens, כנעני. Ce nom de peuple n'embrasse pas toute la descendance de Canaan, puisqu'il est cité à part des Jébuséens ee des Hethéens. Les espions de Moïse lui rapportèrent que les Cananéens habitaient le rivage de la mer et les bords du Jourdain (Nombres XIII v. 29), et dans Josué (XI v. 3) nous lisons qu'ils habitaient à l'Orient et à l'Occident; „de la terre de Canaan" parait sous-entendu.

Canath, קנת. Ville trans-jordane citée dans les Nombres (XXXII v. 42). Il ne faut pas confondre cette Canath qui était au Sud de Hesbon, avec la Kanatha de Josèphe et des Romains, ville de la Trachonite, du côté de *Bosrah* (aujourd'hui *Kenaouat* dans le *Djebel-Haouran*).

Canath, קנת. Ville de la demi-tribu trans-jordane de Manassé (Nombres XXXII v. 42). Eusèbe nous apprend que c'est Kanatha, qui de son temps était dans la

Trachonite et voisine de Bostra. C'est aujourd'hui *Kanaouat* à une grande journée de marche au Nord de *Bosra*, dans la région volcanique du *Haouran*.

Caphara, Caphira, כפירה. Ville des Gabaonites, qui appartint plus tard à la tribu de Benjamin (Josué IX v. 17 et XVIII v. 26). C'est aujourd'hui *Kharbet-Kefi-rah*, qui se trouve à un peu plus d'une heure à l'Ouest de *Koubeibeh*, plus au Nord que *Kataneh*, et sur le flanc Nord de l'*Ouak-Mansour*.

Caphar-Barikha. Localité citée par St.-Jérôme, qui vraisemblablement a reçu son nom de la proximité de la Vallée de la Bénédiction (Paralip. II, xx v. 26), car ce nom signifie Village de la Bénédiction. C'est là qu' Abraham eut une conversation avec le Seigneur. St.-Jérôme, dans la vie de Paula, dit que cette sainte femme montée au dessus de Caphar-Barikha, contempla de là les terres de Sodome, de Gomorrhe, d'Adama et de Seboïm et les vignobles de Baumier, d'Engaddi et de Ségor. Effectivement la Vallée de la Bénédiction n'est pas loin d'Engaddi (Paralip. II, xx v. 1)· C'est aujourd'hui *Kefr-Bereik* à une lieue à l'Est d'*El-Khalil* (Hébron).

Caphar-Hemona, כפר העמוני. Ville de la tribu de Benjamin (Josué XVIII v. 24). Elle est citée avant Ophni (qui est *Djifneh*) et après Ophera (qui est *Thaï-yebeh*).

On ne connait en cette région aucune ruine qui puisse nous représenter la ville Biblique en question, à moins que ce ne soit celle qui porte le nom de *Kharbet-Kefr-Ana*, qui est précisement à la même distance et un peu au Nord des deux villes entre lesquelles elle est placée dans le texte de Josué.

Caphar-Iamah. Ville de la tribu de Nephtali, nommée antérieurement Iebnaël (Josué XIX v. 33) suivant le Talmud (Voyez Iebnaël).

Capharnaüm. Ce nom signifie village de Nahum. Village illustre par le séjour prolongé de notre Seigneur. Il était en Galilée (St.-Luc. IV v. 31), sur la limite des territoires de Zabulon et de Nephtali (St.-Matth. IV v. 13) et sur le bord du lac de Tibériade (St.-Jean VI v. 17). Il renfermait une synagogue (St.-Jean VI v. 59) et fut habité assez longtemps par notre Seigneur (St.-Marc. II v. 1), pour que le nom de sa ville propre (idia polis) lui ait été donné dans l'évangile (St.-Matth. IX v. 1). C'était une ville florissante (St. Matth XI v. 23) que Jésus vint habiter, après avoir abandonné Nazareth (St.-Matth. IV v. 13). On descendait en y venant de Cana (St.-Jean II v. 12 et IV v. 46), comme en y venant de Nazareth (St. Luc. IV v. 31). Elle était destinée à être entièrement rasée (St.-Matth. XI v. 23).

Josèphe appelle cette bourgade Kepharnômé et la place entre Julias et Tarichées, et comme il mentionne une fontaine abondante située dans la jolie plaine de Gennezareth et qu'il nomme Kaparnaom, il s'en suit forcément que la Capharnaüm évangélique était voisine de cette fontaine qui se nomme aujourd'hui *Ayn-el-Madaouarah* (la fontaine ronde). Tout le voisinage de cette belle fontaine est jonché de débris, seuls indices actuels de la situation de Capharnaüm, dont il ne reste pas plus d'autres traces, que pour nombre de villes célèbres, mentionnées dans l'Ecriture Sainte.

On a prétendu à tort placer Capharnaüm à *Tell-Houm*; c'est une grande erreur. *Tell-Houm* a pris la place de la Julias du tétrarque Philippe, qui elle même avait pris la place de Beth-Sayda.

Caphar-Salama (ou **Caphar-Sarama**). Ville citée dans les Macchabées (I, VII v. 31) et où Judas livra bataille à Nicanor et le défit. Elle devait être voisine de Jérusalem; mais on ignore sa position actuelle.

Caphar-Sorek. Village situé au Nord d'Eleutheropolis (*Beit-Djibrin*) suivant St.-Jérôme. On croit qu'il devait son nom à la rivière de Sorek, auprès duquel habitait Dalila, dont Samson fut épris (Juges XVI v. 4). On ignore la position de ce village.

Caphtorim, כפתרים. Peuple venu de Caphtor (Deutér. II v. 23) et qui après avoir détruit les Avim occupa leur territoire. Qu' étaient ces Caphtorim? à vrai dire, on n'en sait rien. Onkelos dit que ce sont les Cappadociens. Nous trouvons les Caphtorim mentionnés dans la Genèse (X v. 14) et personnifiant un fils de Mizraim, fils de Cush, fils de Cham. St.-Jérôme traduit également ment Caphtorim par Cappadoces, et Caphtor par Cappadocia (Deutér. 1. c.).

Carcaa, קרקעה. Localité située au Sud de la tribu de Juda (Josué XV v. 3). Il existe près de *Souafir- ech-Charkieh* un village ruiné nommé *Kharbet-Karkapha*. Serait-ce la Carcaa Bibliqne? C'est bien douteux.

Carchim, קרחים. Ethnique au pluriel employé dans les Paralipomènes (I, XII v. 6). J'ignore à quelle loca- lité il correspond. Il s'applique à cinq personnages, Eleana, Jesia, Azareel, Joezer et Jesbaam.

Cateth ou **Cetron**, קטרון, קטת. Ville de Zebulon (Jo- sué XIX v. 15) citée avec Naalol. Ces deux mêmes villes sont nommées Cetron et Naalon dans les Juges (I v. 30), où il est dit que les Zébulonites ne purent en expulser les Cananéens (Voyez Cetron). Dans le Talmud Cateth est nommée Catonith, et il faut ajouter que les Septante écrivent aussi Katanath. Il existe dans la plaine au bas de l'*Ouad-Feraëum* qui descend de *Safed* vers le *Bahr-el-Houleh*, une localité ruinée nommée *Katanah*. Mais cette région appartenait à la tribu de Nephtali et Cateth appartenait à Zabulon. Il n'y a donc pas possibilité de retrouver la Cateth Biblique dans Katanah. D'un autre côté d'ailleurs le texte hébreu porte (Josué) Kathat et (Juges) Kathroun.

Cariath, קרית. Ce nom qui signifie tout simplement petite ville se trouve dans Josué (XVIII v. 28). Est-ce un nom propre de localité? C'est douteux. Peut-être s'agit-il de Cariath-Iârim, ville par laquelle passait la frontière de Juda et de Benjamin.

En tout cas on n'a pas trouvé jusqu' ici de localité qui rappelle ce nom, dans la région où elle devrait être située.

Cariathaim et Chariathaïm, קריתים. Ce nom signifie les deux villes; il était porté par une localité de la tribu de Ruben (Nombres XXXII v. 37; Josué XIII v. 19). Elle fut prise plus tard par les Moabites et resta en leur possession (Ezech. XXV v. 9). Eusèbe nous apprend que de son temps elle se nommait Kariada et qu'elle était située à 10 milles à l'Occident de Medaba. Je n'ai pas retrouvé trace de Cariathaïm en parcourant ce pays et je ne crois pas que d'autres aient été plus favorisés que moi.

Il y a bien sur la carte de Van de Velde à l'Occident de Medaba une localité ruinée qui se nomme *El-teim*. Serait-ce par hasard notre ville Biblique dont le nom primitif Cariath-he-teïm aurait été contracté en Cariathaïm, pour perdre plus tard sa première partie

Cariath, qui signifie petite ville et ne garder que la
dernière et-teïm? C'est fort douteux. Je dois ajouter
néanmoins que cette localité ne m'a pas été signalée
lors de mon exploration de ce pays.

Cariathaim, קריתים. Ville Lévitique de la tribu de
Nephtali (Paral. I, VI v. 76 et dans l'hébreu 61). Cette
ville n'a pas encore été retrouvée. Elle fut donnée aux
Lévites.

Cariath-Arbee, קרית ארבע. C'est le nom primitif d'Hébron (Genèse XXIII v. 2) (Voyez Hébron). St.-Jérôme
traduit ce nom: civitas Arbee.

Cariath-Baal, קרית-בעל. C'est la même ville que Cariath-Iarim ou Baala (Josué XVIII v. 14). Voyez Baala
et Cariath-Iarim.

Cariathamaum. Patrie de Jonas, suivant Epiphanius qui dit que cette ville était voisine d'Azotus
(*Esdoud*) et de la mer. Le Dr Sepp a proposé de retrouver Cariathamaum dans *Hamameh*, village situé à
une heure et demie au Nord-Est d'Ascalon et à la
même distance au Midi d'*Esdoud*.

Cariath-Huzoth, קרית חצות. Ce nom ne se trouve
cité qu'une seule fois, dans les Nombres (XXII v. 39).
Le verset 41 qui suit prouve que cette ville devait être
proche de l'endroit appelé les Hauts Lieux de Baal (Bamoth-Baal, Excelsa Baal). Le commentateur juif Ben-
Ouziel dit que c'est une grande ville du royaume de
Sihon, nommée Berosha, ville que nous ne connaissons
pas mieux que Cariath-Hazoth.
St.-Jérôme traduit ainsi le verset ou cette ville est

citée: et venerunt in urbem quae in extremis regni ejus finibus erat.

Cariath-Iarim, קרית יערים. Ce nom de Cariath-Iarim, ville de la tribu de Juda, se trouve dans Esdras (II v. 25) et dans Néhémie (VII v. 29). Nous le trouvons également dans les Paralipomènes (I, XIII v. 6). C'est la même ville que Cariath-Baal (Josué XVIII v. 14) et que Baala. (Voyez ce mot.)

Cariath-Senna, קרית־סנה. Ville de la région montueuse de 'la tribu de Juda (Josué XV v. 49) et qui s'appelait aussi Dabir. Elle est citée entre Sochoth, Anab et Isthemo. (Voyez Dabir.)

Cariath-Sepher, קרית־ספר. C'est la même ville que Dabir (Josué XV v. 15) et par conséquence que Cariath-Senna. Senna signifie: loi, constitution; Sepher signifie: livre. Les deux noms semblent donc avoir la même origine. (Voyez Dabir.)

Carioth, קריות. Ville de la partie Sud de la tribu de Juda (Josué XV v. 25). Il est probable que Judas Iscarioth avait reçu son surnom parce qu'il était né dans cette ville. En effet Is-carioth signifie en hébreu: homme de Carioth.

C'est aujourd'hui *Kharbet-el-Keritein*, situé à une lieue à peine au Sud de *Djembeh* sur la route directe, qui de *Zouera* conduit à Hébron, et à une petite journée de marche en arrière et au Sud de cette dernière ville.

Carioth (les villes), קריות. Ville de Moab, citée dans Jérémie (XLVIII v. 41). Je ne crois pas que ce soit un nom propre. Je pense que c'est bien plutôt le pluriel de Cariath, ville; car le verset en question dit:

Les villes sont prises et les forteresses sont enlevées ......
Il est vrai que dans le verset 24 du même chapitre il
est dit: (Le châtiment est venu).... et sur Carioth et
sur Bosra; mais comme Bosra signifie forteresse il peut
encore être question des villes et des forteresses. Si du
reste c'était une ville nommée Carioth, on ne saurait où
la placer.

Nous trouvons encore une fois le nom Carioth dans
Amos (II v. 2), mais précédé de l'article *he*, *les*, dont
la présence justifie bien le sens: les villes.

Carith, כרית. C'est la rivière au bord de laquelle
vécut le prophète Elie (Rois III, XVII v. 3 et 5). Elle
est mentionnée comme étant devant le Jourdain et à
l'Orient de la Samarie. Ce renseignement est fort vague, mais il est admis par tout le monde aujourd'hui
que cette rivière n'est que le *Nahr-el-Kelt*, qui sort d'une
vallée profonde et abrupte, s'ouvrant à l'Ouest d'*er-Riha*
(Jéricho), passe près du *Bordj-er-Riha* et va se jeter
dans le Jourdain. Cette rivière est bien souvent à sec.

Carmel et Charmel, כרמל. Ville de la tribu de Juda
(Josué XV v. 55) située dans la montagne (Rois I,
XXV v. 5). C'était le village qu' habitait Nabal, mari
d'Abigaïl. Plus tard les Romains le nommèrent Cher-
mula. C'est une grande bourgade ruinée, nommée encore aujourd'hui *Karmel* et placée à 3 heures de marche
au Sud d'*el-Khalil* (Hébron).

Carmelite, כרמלית. Ethnique de Carmel (Rois I,
XXVII v. 3; XXX v. 5).

Carmel (Mont), כרמל. Cette montagne était la limite
méridionale du territoire d'Aser (Josué XIX v. 26) et
voisine du fleuve Cison (Rois III, XVIII v. 40 et 43).

Cette montagne qui couvre au Sud le golfe de St. Jean
d'Acre a conservé son nom de Carmel.

Carnaïm. C'est la même ville qu' Astaroth·Carnaïm
(Voyez Astaroth). Dans les Macchabées (I, v v. 26) il
est dit que cette ville était dans le pays de Galaad.
Eusèbe dit, qu'elle est dans la Batanée. Là était un
temple d'Astaroth, qui est nommé Carnion dans le 2ᵉ livre
des Macchabées (XII v. 21). Cette ville est quelquefois
nommée Carnea. La tradition place là la maison de Job,
et Judas Macchabée y défit Timothée et les Arabes.

Cartha, קרתה. Ville de la tribu de Zabulon (Josué
XXI v. 34). Elle fut donnée aux Lévites de la famille
de Merari avec ses pâturages. Peut-être est ce aujourd-
hui *el-Kireh* placée un peu au Sud de Iecnam (*el-
Kaïmoun*) qui fut également donnée à la même famille
de Lévites (Josué XXI v. 34).

Carthan, קרתן. Ville de la tribu de Nephtali (Josué
XXI v. 32) qui n'a pu être encore retrouvée. Cette
ville fut donnée aux Lévites, avec Cedès et Hammoth-
Dor, dans le territoire de la même tribu.

Casaloth, כסלת. Ville de la tribu d'Issachar, nommée
aussi he-Casaloth (Ksalout et he-Ksalout). Eusèbe et St.
Jérôme la placent près du mont Thabor, dans la plaine
et à 8 milles à l'Orient de Diocaesarée ou Sepphoris
(*Sefourieh*).

C'est aujourd'hui *Iksal* au pied des montagnes de Nazareth, à petite distance à gauche du chemin qui de
Nazareth descend dans la plaine d'Esdrelon, pour se
diriger sur *Djenin*.

Dans Josué (XIX v. 12) cette ville est nommée Cheseleth-Thabor.

Casis (Vallée de) (Emek-Kesis), עמק קציץ. Vallis-Casis, Emek-Kesis, est le nom d'une ville de la tribu de Benjamin (Josué XVIII v. 21) et non celui d'une vallée comme on serait porté à le supposer par la signification même de ce nom. Cette ville devait être voisine de Jéricho et de Beth-hogla, après lesquelles elle est immédiatement citée. Elle n'a pu être encore retrouvée.

Casón, קציר. Ce mot a été considéré comme un nom de lieu par les Septante (Rois II, XXIII v. 13). Le texte hébraïque porte en ce point Ketzir qui signifie: la moisson.

Casphia, כספיא. Localité voisine de l'Euphrate et où se trouvait comme chef des Juifs, Iddo (Esdras VIII v. 17). On ignore la situation de cette ville.

Casphor (Grec: Chaskor). Ville de Galaad prise par Judas Macchabée (I, v v. 26), nommée Casbon au verset 36. La version latine donne Casphar. On croit qu'il s'agit de Hesbon, aujourd'hui *Hesbân* et l'on a probablement raison. Josèphe donne le nom de Chosphoma à la même ville prise par Judas Macchabée.

Cedar, קדר. Peuple dont les tentes sont citées dans les Psaumes (CXX v. 5). Il s'agit d'un peuple nomade de l'Arabie, car Cedar est un fils d'Ismaël (Genèse XXV ·v. 13).
Les tentes de Cedar sont encore citées dans le Cantique des Cantiques (Shir-ha-Shirim) (I v. 5).

Cedaréniens, בני־קדר. Ils sont nommés fils de Cedar dans Isaïe (XXI v. 17) et tirent leur nom de Cedar fils d'Ismaël (Genèse XXV v. 13). Les tentes de Cedar sont

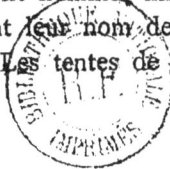

7

mentionnées dans le Psaume CXX (v. 5) et dans le Cantique des Cantiques (I v. 5). St.-Jérôme (ad Isaïam XLII) dit que Cedar est un pays inhabitable placé au delà de l'Arabie déserte des Saracéniens. Quant au désert des Saracéniens, Eusèbe dit qu'il est au delà de l'Arabie, au Midi et à l'Orient de la Mer Rouge.

Les Cedaréniens sont joints aux fils de l'Orient dans Jérémie XLIV v. 28) et dans Ezéchiel (XXVII v. 21).

Cedès, קרש. Ville d'Issachar (Paral. I, VI v. 72), donnée aux Lévites avec Dabereth, Bamoth et Anem. Peut-être est-ce le village actuel de *Beit-Kad* à une grande heure de marche à l'E. N. E. de *Djenin*, qui a pris la place de cette ville Biblique.

Cedès, קרש. Ville de la tribu de Juda (Josué XV v. 23). (Voyez Cades-Barné et Cadès).

Cedès, קדש. Ville de la tribu de Nephtali (Josué XIX v. 37) située en Galilée (Josué XX v. 7 et Macch. I, XI v. 63). C'est aujourd'hui *Kaděs* qui domine à l'Ouest l'*Ardh-el-Houleh*. C'était une ville de refuge (Josué XX v. 7) et elle fut donnée aux prêtres de la famille de Gerson (Josué XXI v. 32).

Cedes-Nephtali, קרש נפתלי. Ce nom est donné à la Cedes de Galilée, aujourd'hui *Kaděs*, dans les Juges (IV v. 6); elle est appelée simplement Cedès dans le même chapitre (v. 9, 10 et 11). Ce nom complexe vient de ce que cette ville appartenait à la tribu de Nephtali. (Voyez Cedès.)

Cedimoth, קדמת. Ville de la tribu de Ruben (Josué XIII v. 18). Elle devait être du côté d'Hesbon, et n'a pas encore été retrouvée.

Cedmonéens, קרמני. Ce nom signifie les Orientaux. Le texte grec les nommes Kedmônéens. C'est tout ce-qu'on en sait (Genèse XV v. 19).

Cedrôn. Ville citée dans le livre des Macchabées (I, XV v. 39 et XVI v. 9) et que Cendébée fut chargé de fortifier par le roi de Syrie, son maître. Elle devait être du côté de Iamnia à en juger par le contexte, mais ce nom qui est parfois remplacé par Gedor doit être évi-demment altéré par des copistes, qui avaient dans la mé-moire le nom du torrent de Cédron.

Cédron, קדרון. C'est un torrent, qui vers sa naissance longe le site de Jérusalem, en courant du Nord au Sud, s'infléchit plus loin pour courir à l'Est, dans une vallée qui prend alors le nom d'*Ouad-en-Nâr*, et va se jeter dans la Mer Morte, après avoir passé derrière le couvent de *Mâr-Saba*. Il en est trop souvent question dans l'Ecriture Sainte, pour qu'il y ait lieu de citer les pas-sages qui le concernent. (On les trouvera Rois II, III et IV, Paralipomènes II, Jérémie XXII et XXXI, Nom-bres XXIV, Juges IX, Job XI, Psaumes XXVIII, etc, Cantique V, Eccles. XXIV et L, Isaïe passim, Ezéchiel XVII et passim, Amos II, Zacharie XI, St.-Jean XVIII v. 1).
Il faut de très grosses pluies d'orage pourqu'il y ait, pendant quelques heures, de l'eau dans le torrent de Cé-dron, sous Jérusalem.

Ceila, קעילה. Ville de la tribu de Juda (Josué XV v. 44). Eusèbe nous dit que cette ville, qu'il appelle Kila, était à 8 milles à l'Orient d'Eleutheropolis (*Beit-Djibrin*). David sorti de Ceila alla se cacher dans les montagnes (Rois I, XXIII v. 19) nommée ha-Khila, c'est à dire de Ceila. Josèphe la nomme Killa. Cette ville est aujourd'hui représentée par les ruines nommées *Kharbet-Kila* qui sont à deux bonnes heures à l'Est de *Beit-Djibrin.*

Cénéens ou Cinæens, קני. Peuplade vivant au Sud de la tribu du Juda (Rois I, XXVII v. 10).

Les Cénéens habitaient au milieu des Amalécites (Rois I, xv v. 6).

Dans la version Chaldéenne de la Genèse (XV) et des Nombres (XXIV v. 21) les Cénéens sont remplacés par des Shalméens. Ce nom signifie Pacifiques, parceque, dit-on, ils ne se mirent pas en hostilité avec les Israé.lites. La version Samaritaine du Pentateuque nomme aussi les Shalméens, mais avant les Cénéens.

Cenereth ou Ceneroth, כנרת. Ville de la tribu de Nephtali (Josué XIX v. 35). Elle est aussi nommée Ceneroth (Josué XI v. 2). Au Sud de cette ville était une plaine (Josué XI v. 2 et XII v. 3) s'étendant jusqu'à la Mer Morte (Deutér. IV v. 49). Cette ville est déjà citée avec le même nom (Kennaratou) dans le tableau de Karnak des villes de la Syrie conquises par Thoutmès III. Elle avait donné son nom à la mer de Cenereth, qui est devenue la mer de Gennézareth, sans doute comme à la charmante petite plaine que Josèphe nomme Gennésar et qui a du se nommer aussi plaine de Cenereth.

L'emplacement de cette ville antique est occupé aujourd'hui par le village ruiné qui se nomme *Kharbet-Abou-Choucheh.* La plaine de Gennnézareth se nomme *el-Rhoueyr* (le petit *Rhor*, la petite plaine humide) et *Abou-Choucheh* domine exactement la pointe Nord de cette plaine. *Abou-Choucheh* est à une heure et demie de marche, au Nord de *Thabarieh* (Tibériade).

Ceneroth, כנרות. Ce nom est écrit ainsi dans Josué (XI v. 2).

Cenereth (Mer de) ou de Ceneroth, ים־כנרת. Ainsi nommé primitivement (Nombres XXXIV v. 11 et Josué XII v. 3), ce lac splendide s'est nommé successivement:

2. Lac de Genesar (Macchabées I, XI v. 67).
3. Mer de Galilée (St.-Matth. IV v. 18).
4. Mer de Tibériade (St.-Jean VI v. 1, etc.)
5. *Bahr-Thabarieh* de nos jours.

Son premier nom lui vint de la ville de Cenereth, qui appartenait à la tribu de Nephtali, et qu'il faut chercher au bord du Lac.

Le second vient probablement de la jolie plaine, que Josèphe appelle Gennésar, et qui est toujours charmante.

Le troisième, de la situation du Lac, dont toute la rive occidentale appartenait à la Galilée.

Le quatrième et le cinquième enfin de la présence, sur son bord, de la ville de Tibériade, fondée en l'honneur de Tibère, par Hérode Antipas.

Ce beau Lac a environ 6 lieues de longueur sur 3 à 4 de largeur; l'eau en est douce et excellente à boire. Il nourrit une multitude de poissons exquis. Il est traversé par le Jourdain.

Les Talmudistes disent que la Mer de Tibériade était dans le territoire de Nephtali. C'est une erreur puisque Capharnaüm qui était au bord du Lac était sur la frontière de Zabulon et de Nephtali (St.-Matth. IV v. 18),

Cenezéens, קנזי. Le texte grec les nomme Kénézæens. On ignore où ils habitaient.

Ils sont cités avec les Cinéens et les Cedmonéens (Genèse XV v. 19). Le mot Cenezéens ou Cenezæens est un ethnique employé dans les Nombres (XXXII v. 12) et dans Josué (XIV v. 6 et 14).

Cenezæen, קנזי. Ethnique caractérisant le nom de Jephone, père de Caleb (Nombres XXXII v. 12).

Cerethi, כרתי. Ce nom et toujours réuni à celui des Phelethi (voyez ce mot). C'était une troupe au service de David et des rois de sa descendance. Il ne faut pas y chercher, je crois, un nom géographique, et je m'en tiens à l'étymologie fort rationnelle proposée par Gesenius, qui dérive ce nom du radical *chereth*, qui signifie *couper*. C'étaient des exécuteurs des hautes oeuvres; d'autant plus que Benaias, fils de Ioïadas, le bourreau attitré de David, était à leur tête (Rois II, VIII v. 18; XV v. 18 et XX v. 7).

Cerethites, כרתי. Nom de peuplade citée dans le livre des Rois (I, xxx v. 14). Elle faisait partie de la nation des Philistins (Rois I. xxx v. 16).

Ils sont nommés Cerethim dans Ezéchiel (XXV v. 16); mais là St.-Jérôme remplace ce nom par Palesthini. Les Cerethites habitaient sur la côte de la Méditerranée (Sophonie II v. 5); là encore St.-Jérôme les appelle Philistins.

Les Septante les nomment Khelethi. Certains commentateurs voient en eux des Crétois qui, suivant une ancienne tradition, auraient envahi Gaza, sous la conduite de leur roi Minos. Ce qui est certain, c'est que sur des monnaies antiques de Gaza on voit l'image et le nom de Minos.

Cesil, כסיל. Ville située dans la portion méridionale du territoire du Juda, et citée entre Eltholad et Horma (Josué XV v. 30). Eusèbe la nomme Xil (Ksil). Elle n'a pas encore été retrouvée.

Cesion, קשיון. Ville de la tribu d'Issachar (Josué XIX v. 20 et XXI v. 18). Elle fut donnée aux Lévites avec ses pâturages. Cette ville n'a pas encore été retrouvée.

Cethlis, כתליש. Ville de la tribu de Juda (Josué XV v. 40) située dans la plaine. Elle est citée après Lachis, Bascath et Eglon, et avant Gideroth et Beth-Dagon. Lachis c'est aujourd'hui la ruine nommée *Omm-Lakhis* à mi-chemin sur la voie antique de Gaza à *Beit-Djibrin*. Eglon c'est la ruine nommée *Adjlân*, à une heure de marche à l'Est d'*Omm-Lakhis* et sur la même voie antique. Gideroth ou Giderah, c'est le village de *Gheterah* à 2 heures de marche au Sud-Est de *Iabneh* (Iamnia); enfin Beh-Dagon c'est *Beit-Dedjân*, sur la route de Jaffa à Ramleh. Cethlis devrait donc se retrouver entre *Gheterah* au Nord et *Omm-Lakhis* et *Adjlân* au Sud; mais cette ville n'a pu être encore identifiée.

Cetron, voyez **Careth**.

Chabul (terre de), ארץ כבול. C'est le nom que Hiram, roi de Tyr, donna au pays contenant les 20 villes qui lui furent offertes en présent par Salomon (Rois III, IX v. 12 et 13), pour le récompenser des services qu'il lui avait rendus pour la construction du temple.

On prétend que ce nom signifie: *comme rien* et Josèphe lui même dit qu'en phénicien ce nom signifie: *non agréable, qui ne plait pas*. J'ai peine à croire à cette étymologie que j'aime mieux rattacher au mot arabe *qaboul*, qui signifie: *générosité* ou *ornement*.

Châfat, voyez **Masepha**, 2.

Chali, חלי. Ville de la tribu d'Aser (Josué XIX v. 25). Elle est citée entre Halcath et Axaph. C'est probablement la localité ruinée nommée *Alia*, située à une petite journée de marche au Nord-Est de St. Jean d'Acre, et à très faible distance, au Nord, du village de *Tershîha*.

Cham, חם. Les hommes de la race de Cham avaient habité avant les Siméonites, à l'Orient de la vallée de Gador (Paral. I, IV v. 39 et 40). (Voyez Gador.) Qui étaient ces hommes de Cham? Très certainement les descendants de Cham, le 2ᵐᵉ fils de Noë.

Cham (ech-) voyez Damascus.

Chamaan, כמוהם. Nom d'une localité située près de Bethlehem, citée par Jérémie (XLI v. 17). Josèphe remplace ce nom par *Mandra*, qui signifie: caverne, parc, étable ou pressoir. Le texte hébraïque porte *gerouth Kimham*. Or *gerouth* signifie: *habitation* et *Kimham* est connu comme un nom propre d'homme; de sorte qu'il s'agit là peut-être tout simplement de l'habitation de Kimham et non d'une localité.

Chaphratha. Nom introduit à tort par les Septante dans le texte de la Genèse (XXXV v. 16), pour désigner le lieu où Rachel mourut, avant d'arriver à Ephrata qui a depuis porté le nom de Bethlehem. Il s'agit simplement du chemin d'Ephrata.

Charashim (vallée des), חרשים. Ce nom signifie vallée des artisans (Paral. I, IV v. 14). Quelle était cette vallée des artisans ou des Charashim? On l'ignore; tout ce qu'on en peut dire c'est qu'elle devait être dans le territoire de Juda. St.-Jérôme traduit ce nom: vallis artificum.

Chebbon, כבכ. Ville de la tribu de Juda (Josué XV v. 40). Elle était située dans la plaine et non loin de Lachis et d'Eglon qui la précèdent dans l'énumération des villes. On n'en connait pas l'emplacement, à moins

que ce ne soit *Koukabeh* à une lieue et demie au Nord
d'*Omm-Lakhis* (Lachis).

Chellous. Ville nommée avec Betam et Cades, comme
se trouvant dans la région méridionale de la terre d'Israël (Judith I v. 8). C'est probablement le lieu que St.-
Jérôme appelle Allous et qu'il dit voisine de Petra.
Eusèbe l'appelle Alloud. C'est très-probablement la même
ville qu'Elusa. (Voyez ce mot.)

La vulgate de St.-Jérôme ne donne pas ce nom au
verset indiqué. Il ne se trouve que dans la version grecque.

Chelmon. Montagne et ville citées dans le livre de
Judith (VII v. 3). Holopherne avait établi son armée
entre Belma et Chelmon, et le verset cité ajoute que
Chelmon est contre Esdrelon (Jezraël).

Il est impossible de ne pas reconnaitre dans le mont
Chelmon, le petit Hermon qui est nommé aujourd'hui
Djebel-Dahy.

Quant aux villes de Belma et de Chelmon, on n'a pu
encore identifier ni l'une ni l'autre.

Je dois me borner à faire remarquer qu'à mi-route de
Djènin à *Zerayn* se trouve un village nommé *Djelameh*
dont le nom se rapproche assez du nom Belma, pour
que l'on puisse à la rigueur supposer qu'une des deux
bourgades a remplacé l'autre.

Cherub, כרוב. Localité nommée avec Tel-Mela et
Tel-Harsa (Ezra II v. 59 et Néhémie VII v. 61). Il
est probable qu'il s'agit d'une localité du pays de Babylone d'où revinrent des Juifs captifs, avec Zorobabel.

Cheseleth-Thabor, כסלת תבר. Localité placée sur la
frontière de Zabulon (Josué XIX v. 12). Ce nom signifie littéralement les flancs du Thabor. Peut-être donc

ne s'agit-il pas d'autre chose en réalité, et non d'une
ville à proprement parler? Notons en passant que ce
nom rappelle celui du village de Chesulloth (aujourd'hui
Iksal), dont l'orthographie hébraïque est tout-à-fait la
même et qui appartenait à la tribu d'Issachar.

Cheslon, כסלון. Ville située sur la frontière septentrionale du territoire de Juda (Josué XV v. 10). Il est dit
dans ce verset que cette limite se trouve de Baâla (Cariath-Iârim, *Abou-Gosch*) qui est à l'Occident, vers la
montagne de Seïr, en passant près du côté de la montagne de Iârim, au Nord, à Cheslon, descend vers Beth-
Sames et passe à Thamna. Effectivement à partir d'*Abou-
Gosch* on trouve, à 2 kilomètres au Sud-Ouest, *Saris*,
village dont le nom conserve celui de la montagne de
Seïr et à 3 kilomètres plus loin, dans la même direction,
le village de *Kesla*, qui est notre Cheslon Biblique.

Chittim, כתים. Nous lisons dans le livre des Nombres (XXIV v. 24) que de grands vaisseaux viendront de
la côte de Chittim, pour affliger Ashur et Eber qui périra
aussi pour toujours
Les Chittim qui sont-ils? On l'ignore. Josèphe dit
qu'il s'agit de l'île de Chypre (A. J. I, VI, 1). Le livre
des Macchabées (I, 1 v. 1) dit que c'est la Macédoine,
et les commentateurs Juifs, l'Italie. Disons sans hésiter
que nous n'en savons rien, et contentons-nous de mentionner les Kheta, ce peuple asiatique avec lesquels
les Pharaons Egyptiens furent constamment en guerre.
Il faut enfin ajouter que St.-Jérôme adopte la version:
de Italiâ.

Choba. Chôba et Chôbaï du livre de Judith, (texte
grec XV v. 3 et 4). Point extrême jusqu'auquel eut lieu
le massacre des Assyriens vaincus par les Juifs. Il est

encore question de Choba dans Judith (IV v. 4). Dans la traduction latine aucun des passages cités ne contient ce nom. La table de Peutinger place une Coabia près de Jericho; est-ce la même ville? On l'ignore.

Chusan, כושן. C'est une forme euphonique du nom de Cush. Elle est employée dans Habakkuk (III v. 7). Chus est le premier fils de Cham (Genèse X v. 6). St.-Jérôme traduit ici: l'Ethiopie. C'est donc bien pour lui aussi de Chus qu'il s'agissait.

Cibsaim, קבצים. Ville de la tribu d'Ephraïm (Josué XXI v. 22) attribuée aux Lévites; elle est citée dans ce verset avec Beth-Horon. Elle n'a pu encore être identifiée.

Cina, קינה. Ville située au Midi de la tribu de Juda (Josué XV v. 22). Elle est citée avec Iagur, Dimona et Adada. Elle n'a pas encore été retrouvée.

Cison, קישון. Rivière qui se jetait dans la mer, au Nord du mont Carmel, dans le golfe d'Acco (St. Jean d'Acre), après avoir arrosé la plaine de Jezraël. C'est le *Nahr-el-Mokatta* de nos jours. Le Cison est fréquemment cité dans l'Ecriture Sainte (Juges IV v. 13; Psaume LXXXIII v. 9). (Voyez Nahal Cadumim.)

Cison (Torrent de), קישון. Cette rivière reçoit une fois le nom de Torrent dans le livre des Rois (III, XVIII v. 40).

Corozain. Petite ville située près de Bethsaïda (St.-Matth. XI v. 21; St.-Luc X v. 13). St.-Jérôme nous apprend qu'elle était de la Galilée, et située à deux milles de Capharnaüm, au bord de la mer de Gennézareth

(Lac de Tibériade) comme Capharnaüm, Tibériade et Bethsaida (Comment. à Isaïe).

Ceux qui placent Capharnaüm à *Tell-Houm* vont chercher Corozain à deux milles du Lac et sur la montagne, aux ruines importantes nommées aujourd'hui *Kerazeh*. Pour moi Capharnaüm étant forcément auprès de l'-*Ayn-el-Medaouarah* (Caparnaüm de Josèphe), Corozain doit être cherchée, non moins forcément, aux ruines qui avoisinent le *Khan-Minieh* et l'*Ayn-et-Tin*, à la pointe Nord-Ouest du Lac de Tibériade.

Corozain et Bethsaïda ont été maudites par notre Seigneur (St.-Matth. XI v. 20) et sa malédiction dit qu'elles seront entièrement détruites; or il n'en a pas été ainsi de la ville que représentent les ruines de *Kerazeh*.

Cozebah, כזבא. Ville de la tribu de Juda, mentionnée dans les Paralipomènes (I, IV v. 22), mais dans le texte hébraïque seulement. La vulgate n'en parle pas. On ignore où peut être cette localité.

Cyamon. Dans le texte grec de Judith (VII v. 3) il est dit que le camp d'Holopherne s'étendait jusqu'à Kyamôn qui est devant Esdraelom (Jezraël, aujourd'hui *Zerayn*). C'est probablement le village actuel de *Koumieh* qui est au pied du *Djebel-Dahy*, et à une heure de marche à l'E. N. E. de *Zerayn*. Le texte latin de St.-Jérôme porte Chelmon au lieu de Kyamôn et ce nom a probablement été employé parce que le traducteur était préoccupé du nom de petit Hermon, donné à cette époque au *Djebel-Dahy*.

Cydis. Ville de la tribu de Nephtali citée dans Tobie (I v. 2) C'est certainement la même ville que Kadès. (Voyez ce nom.)

Notons cependant que nous avons dans le territoire

de Nephtali, outre la Kadès moderne, un village de *Ka-dita*, à une heure de marche au Nord-Ouest de Safed et un autre village nommé *Kadeïsa* à une heure de marche à l'Ouest d'Abel-Beth-Maakha, aujourd'hui *Abil* et à une heure de marche au Sud d'*el-Ksaf*, l'ancienne Aksaph, citée comme étant sur la frontière du territoire d'Aser (Josué XIX v. 25).

Dans le texte latin de la vulgate de St.-Jérôme, ce nom ne se trouve pas, mais on lit: „Tobie de la tribu et de „la ville de Nephtali, qui est dans la partie haute de la „Galilée, au dessus de Naasson, après la route qui conduit „à l'Occident, laissant Saphet à sa gauche''.

D.

Dabeira ou **Dabeirôn**. Dabeirôn, située sur le flanc du mont Thabor, est citée par les Septante dans Josué (XIX v. 20), mais non dans le texte hébraïque. C'est certainement le village actuel de *Dabourieh*, qui se trouve à une heure et demie de marche à l'Est de Nazareth. St.-Jérôme l'appelle Dabeira, et dit qu'elle était dans le pays dépendant de Sepphoris, ce qui est exact.

Dabereth, רברת. Ville située sur la frontière de Zabulon (Jos. XIX v. 12), et qui néanmoins appartenait à la tribu d'Issachar (Jos. XXI v. 28), Elle fut donnée aux Lévites. C'est la même ville que Dabeira ou Dabeirôn. Voyez ce mot.

Dabir, דברה. 1. Ville de la tribu de Juda. (Josué X v. 39 et XXI v. 14.). Elle s'appelait antérieurement Cariath-Sepher (la ville du livre) (Josué XV v. 15) et Cariath-Senna (ville de la loi) (Josué XV v. 49). Mr. Guérin, d'accord avec Mr. Rosen, a proposé, mais dubitativement, d'identifier cette ville Biblique avec *Daouir-*

ban ou *Kharbet-Serasir*, placé à l'Ouest d'*el-Khalil* (Hé-bron). Mrs Stewart et Van de Velde de leur côté, placent Dabir à *Kharbeth-Delbeh*, placée à deux heures au Sud-Ouest d'*Hébron*. Il n'y a guère de ressemblance entre *Delbeh* et *Dabir*. Il est encore question de Dabir dans' Josué (XI v. 21 et XII v. 13).

2. Ville trans-jordane. La tribu de Gad s'étendait entre Makhanaïm et Dabir (Josué XIII v. 26). Mais peut-être faut-il lire Lodbar. (Voyez Lodbar.)

3. Une troisième Dabir est mentionnée dans Josué (XV v. 7.); lorsqu'il décrit la limite du territoire de Juda. Cette limite partant de l'embouchure du Jourdain dans la Mer Morte, passe à Beth-Hogla (*Ayn-Adjlah*), passe au Nord de Beth-Araba (peut-être Beth-âbara, maison de passage), s'étend à Eben-Bohen. (*El-Hadjr-Lasbah*), s'élève de la vallée d'Achor à Dabir, etc. Cette Dabir devait se trouver aux ruines que j'ai signalées sur les flancs de l'*Ouad-Dabor*, en montant par *Naby-Mousa*, du bord de la Mer Morte à Jérusalem. Ne serait-ce pas la même ville que celle qui a porté successivement les noms de Cariath-Sepher, et de Cariath-Senna?

Dabor (Ouad), voyez Achor (vallée d') et **Dabir 3.**

Dabor (Kharbet-), voyez **Dabir 3.**

Dabourieh, voyez Thabor, Dabeïra, Dabeïron, Da-bereth.

Dahy (Djebel), voyez Chelmon.

Dalmanutha. Village sur le bord du Lac de Genné-zareth ou Mer de Tibériade (St.-Marc VIII v. 10). On n'a pas encore identifié cette localité. Cependant le même fait raconté dans l'Evangile de St.-Matthieu (XV v. 39) dit que Jésus vint dans la région de Magedan, au lieu de Dalmanutha. Il est donc probable que Dalmanutha et Magedan sont un seul et même lieu, et Magedan, pour Magedal sans doute, c'est la Magdala qui est un peu au Nord de Tibériade.

Damam (Kharbet-), voyez Damna.

Damas, רמשק. Ville illustre, dont il est déjà fait mention dans la Genèse (XV v. 2). Comme elle n'appartenait pas à la terre promise, je ne m'en occuperai pas plus longtemps, et je me bornerai à dire que David défit les Syriens de Damas, et plaça des garnisons dans la Syrie de Damas (Rois II, VIII v. 5 et 6); il s'agit là du pays nommé en Hébreu Aram-Dameshq. (Voyez Aram.)

Damas se nomme aujourd'hui *Dimechk* ou *esh-Sham*.

Dameh, voyez Domæ.

Damin. Nom récent d'une ville de la tribu de Zabulon, qui s'appelait primitivement Adami (Josué XIX vs. 33).

C'est aujourd'hui *Damoun*, sur la route d'Akka à *Sakhnîn*, et à mi-chemin entre ces deux villes. A une lieue plus loin que Damin, se trouve *Kaboul*, qui est l'ancienne Cabul.

Damna, Danah, רנה. Ville située dans la région montueuse de la tribu de Juda (Josué XV v. 49). Elle est citée entre Socoth et Cariath-Senna, qui est Dabir. Socoth c'est *Kharbet-esh-Shoueïkeh*. Dabir c'est peut-être *Daouïrban*, un peu à l'Est d'Hébron. Damna, qui devait se trouver entre ces deux places n'a pas été identifiée. Remarquons toutefois qu'à une lieue et demie à l'E. N. E. de *Shoueïkeh* (Socoth) se trouvent des ruines nommées *Kharbel-Damoun*, qui pourraient bien être notre Damna Biblique.

Damna, רמנה. Ville de la tribu de Zabulon. (Josué XXI v. 35). Elle fut donnée aux Lévites, fils de Merari. On ne pourrait faire que des suppositions, toutes gratuites, au sujet de l'identification de cette ville. Ainsi peut-être est-ce *Denna*, situé au pied oriental du *Djebel-Dahy* à une lieue environ à l'Ouest de *Kaoukab-el-Haoua*, le Belair des Croisades.

Damnaba (Medaba?). Nous lisons dans Eusèbe que Damnaba est une bourgade située à huit milles d'Areopolis, et qu'il y en a une autre du même nom, à sept milles d'Hesbon, sur le mont Phogor. Celle-ci est évidemment la *Médaba* placée au Nord de l'Arnon. L'autre qui portait très-probablement le même nom Médaba et non Damnaba, devait être au Sud de l'Arnon (*Ouad-el-Moudjèb*). J'en ai le premier signalé les ruines, nommées *Kharbel-Fougoud* (les ruines rougeâtres), placées sur les deux flancs de l'*Ouad-Emdebéah*, dont le nom a conservé très-évidemment celui de la ville Moabite. C'est là que j'ai découvert le beau bas-relief Moabite qui, grâce à la munificence du Duc de Luynes, fait aujourd'hui l'ornement du Musée du Louvre. Ces ruines sont à une heure et demie de marche au Nord d'*er-Rabbah*. (Areopolis, Rabbat-Moab.)

Damoun, voyez **Damin**.

Dan, רן. Ville située à la limite septentrionale de la terre d'Israël, et nommée primitivement Leïs ou Lesem (Josué XIX v. 47). Dieu montra à Moïse tout le pays de Galaad jusqu'à Dan (Deutér. XXXIV v. 1). Dan et Bersabée sont données comme les deux points extrêmes de la terre d'Israël (Rois I, xxx v. 30). Il est aujourd'hui admis par tout le monde que l'emplacement de Dan est au *Tell-el-Qadhi*, à près de deux lieues à l'Ouest de Banias.

Jéroboam plaça un de ses deux veaux d'or à Dan (Rois III, xii v. 29 et 30; IV, x v. 29). Josèphe (Ant. Jud. V, iii v. 1) dit que Dan fut bâtie à l'une des sources du Jourdain; il est certain qu'au *Tell-el-Qadhi*, il y a de très belles eaux qui vont se réunir au Jourdain.

Dan-Iaan, דן יען. Il est question de cette localité à propos du dénombrement exécuté par Joab (Rois II, xxiv v. 6). Il est dit qu' après avoir dénombré à Aroër et à Iazer, ils vinrent à Galaad et au pays de Tahtim-Hodsi (in terram inferiorem Hodsi), puis à Dan-Iaan et vers Sidon. Il s'agit probablement du pays de Dan, conquis par les Danites, mais je n'oserais l'affirmer. St-Jérôme traduit: in Dan Sylvestria.

Daouïrban, voyez **Dabir** 1.

Daoumeh, (**Kharbet-**), voyez **Doumah**.

Darôm ou **Daroma**, דרום. Ce nom cité par Ezechiel (XXI v. 1) (texte hébraïque) signifie le Midi. Le pays ainsi désigné s'appelait Negeb, qui a la même signification et qui se trouve employé dans le Deutéronome (XXXIV v. 3). St.-Jérôme traduit ici: australis pars. Le pays d'Eleutheropolis (*Beit-Djibrin*) était dans la Daroma (Eusèbe et St.-Jérôme).

Dathema. C'est le nom d'une forteresse où se réfugièrent les Juifs, dans le pays de Galaad (Macch. I. v. 9). On ne connait plus cette place.

Debbaseth, רבשת. Ville de la tribu de Zabulon (Josué XIX v. 11). Son nom signifie une bosse comme celle du chameau; elle était donc probablement bâtie sur une hauteur isolée. Il est dit dans le verset précité que la frontière de Zabulon montait vers l'Occident, vers Medalaa (aliàs Merala), passait à Debbaseth et atteignait la rivière qui est devant Iékonam (lisez: Iokuéam). Cette rivière c'est le Cison (*Nahr-el-Mokatta*) et Iokneam est aujourd'hui *el-Kaïmoun*. *Mérala* est probablement *Mâloul*, village situé au pied des hauteurs sur les quelles se trouve *Iafa*, (près de Nazareth). Deux grands Tells sont situés sur le bord du Cison; le plus au Nord est le *Tell-esch-Schemâm*; l'autre est le *Tell-et-Toureh*. L'un des deux a probablement servi d'assiette à la ville de Debbaseth.

Décapole. Il en est question trois fois dans le Nouveau Testament (St.-Matth. IV v. 25.—St.-Marc. V v. 20 et VII v. 3). C'était un pays renfermant des villes que Pline énumère ainsi qu'il suit. (Lib. XV, 3).

Damascus — Damas.
Philadelphia — *Ammân.*
Raphana —
Scythopolis, anciennement Nysa. — *Beysan.*
Gaddara — *Omm-Keïs.*
Hippon — Ruines un peu à l'Est de la pointe Sud du Lac de Gennézareth.
Dion — vers Gamala (*Qalaat-El-Heusn*).
Pella — *Fahil.*
Galasa (Gerasa) — *Djerach.*
Canatha — *Kennaouat.*

Dadan (ou **Dédan**), **Dadanim**, דרן. Nom d'une tribu Arabe, née de Dédan, l'un des descendants d'Abraham et de Ketura (Genèse XXV v. 3). Dédan (Genèse X v.

7) est cité comme une tribu de Chus. Dédan était en relation commerciale avec Tyr (Ezéchiel XXVII v. 20) et au chapitre XXV du même prophète (v. 13) il est dit que Dédan tombera par le glaive. Dédan est aussi mentionné dans Jérémie (XXV v. 23 et XLIX v. 8) à propos des prophéties contre Edom.

Deïr-Esneid, voyez **Asena** 1 et 2.

Deïr-el-Asal (Kharbet-), voyez **Esaan**.

Deïr-el-Belah, voyez **Bala**.

Deïr-Nahas, voyez **Hir-Naas**.

Deïr-Seïar-el-Rhanem, voyez **Magdal-Eder**.

Delbeh, voyez **Dabir** 1.

Delean, דלעין. Ville de la tribu de Juda (Josué XV v. 38). Elle était située dans la plaine. Elle est citée entre Magdal-Gad et Masepha. Magdal-Gad c'est *el-Medjdel*, à 2 lieues à l'Est d'Ascalon. Masepha c'est le *Tell-es-Safieh*, et aucun nom de lieu n'a été recueilli entre ces deux localités, qui puisse s'appliquer à la Delean Biblique.

Demdem, voyez **Sensenna**.

Denaba, דנהבה. C'était le lieu de naissance de Bela fils de Beor, roi d'Edom (Genèse XXXVI v. 32 et Paral. I, 1 v. 43). C'était sans doute quelque ville de l'Arabie Pétrée; mais on ignore où elle était située. Eusèbe au mot Danaba parle d'une ville située à huit milles romains d'Areopolis (*er-Rabbah*) et d'une autre

ville du même nom située à 7 milles romains d'Hesbon (*Hesbân*). On peut choisir entre les deux. Ajou-
tons que dans ces deux villes mentionnées par Eusèbe
je vois les ruines d'*Emdebéa*, que j'ai signalées au Nord-
Ouest d'*er-Rabbah* et la *Medabah*, qui est au Sud-Est
d'*Hesbân*.

Denna, voyez **Damna**.

Derah, voyez **Edrâï**.

Dessau. Forteresse aujourd'hui inconnue, auprès de
laquelle une bataille s'engagea entre les Juifs et Nicanor
(Macch. II, xiv v. 16).

Dheib (ed-), voyez **Dimona**.

Dhibân, voyez **Dibon** 1.

Dhikrin, (Kharbet-) voyez **Geth**.

Dibon, ריבן. 1. Ville attribuée à la tribu de Gad
(Nombres XXXII v. 3 et 34). Il est dit dans Josué
(XIII v. 9 et 17) qu' elle fut donnée aux Rubenites.
  La ville de Dibon, à jamais illustrée par la découverte de la stèle du roi de Moab Mesa, s'appelle aujourd'hui *Dhibân*. Elle est à une forte journée de marche
au Sud d'*Hesbân*, un peu à gauche de la voie antique
qui d'Hesbon conduit à Aroër et au passage de l'Arnon. Eusèbe dit que c'est une grande ville voisine
de l'Arnon.
  2. Nous trouvons une ville nommée Dibon, de la
tribu de Juda, dans Néhémie (XI v. 45), mais nous n'en
savons rien de plus.

Dibon-Gad, ריבן גד. La ville de Dibon est ainsi nommée parcequ' elle fut habitée par les enfants de Gad (Nombres XXXIII v. 45). (Voyez Dibon.)

Dimeschq, voyez **Damas.**

Dimon, רימון. Localité citée dans Isaïe (XV v. 9). C'est la même que Dibon citée un peu plus haut (verset 2). Outre que le M et le B peuvent facilement permuter, on peut deviner ici la présence d'un jeu de mots, à cause de la présence du mot hébreu *dam* qui signifie: sang. Quia aquae Dibon repletae sunt sanguine. (On voit que St.-Jérôme a corrigé Dimon en Dibon.)

Dimona, רימונה. Ville située dans la partie méridionale de la tribu de Juda (Josué XV v. 22). Elle est citée entre Cina et Adada. C'est peut-être la même ville qui dans Néhémie (XI v. 25) est nommée Dibon. C'est peut-être aussi la localité ruinée nommée *ed-Dheïb* sur la route de *Zouera-el-Fouqah* à Hébron, à deux grandes heures de marche au Sud de *Djembeh*, sur le flanc méridional de l'*Ouad-ed-Dheïb*.

Djaieh (Kharbet-el-), voyez **Ai.**

Djala, voyez **Gilo.**

Djebâa, voyez **Geba 2** et **Gabim.**

Djebata, voyez **Gibbethon 2.**

Djedeideh (Kharbet-), voyez **Haser-Gadda.**

Djedeidilah, voyez **Sedada.**

Djedour, voyez Gedor.

Djefata, voyez Ieteba, Iateba, Iotapata.

Djelboun, voyez Gelboë.

Djenin, voyez Engannim 2.

Djesmanieh, voyez Gethsemani.

Djib (el-), voyez Gabaa, Gabaon 1.

Djibia, voyez Gabaath-Phinéas.

Djifnah, voyez Ophni, Gophna.

Djildjilia, voyez Galgala 1 et 3.

Djimzou, voyez Gamzo.

Domae. Village de Galilée située dans les montagnes, non loin de Tibériade (Josèphe dans son autobiographie). C'est certainement le village de *Damah*, à deux heures de marche à l'Est d'*ech-Chedjarah* sur le chemin de Nazareth à *Thabarieh*, et à moins d'une lieue à l'Est de *Kefr-Sebt*.

Dommim, רמים. Ville de la partie montueuse de la tribu de Juda, placée entre Socho et Azeca et où campèrent les Philistins (Rois I, XVII v. 1). Plusieurs savants commentateurs pensent que le nom réel et entier de cette localité était Phes-Dommim (Paral. I, XI v. 13). Socho c'est aujourd'hui *Kharbet-Choueïkeh*, à 4 lieues au Sud-Ouest d'*el-Khalil* (Hébron); à moins de 2 lieues au N.N.O. de *Choueïkeh* est le village ruiné *Kharbet-Doumah*; enfin à 3 lieues à l'Ouest de *Kharbet-Doumah* se

trouve *Kharbet-ez-Zâak* que j'identifie avec Azeka. Je
propose donc de reconnaître Dommim dans le *Kharbet-
Doumah.*

La vulgate de St.-Jérôme lit dans les Rois (I, xvii
v. 1): in finibus Dommim, et non Phes-Dommim. Ne
serait-ce pas la même ville que la Damna de Juda, citée
dans Josué (XV v. 49)? (Voyez Damna).

Dor, Dora, ראר. Ville de la tribu de Manassé, mais
placée en dehors du territoire qui fut assigné à cette
tribu (Josué XVII v. 11). Les Cananéens ne purent en
être expulsés. Dans les Juges (I v. 38) (version grecque,
mais non dans le texte hébraïque) Dor est attribué aux
Aserites. Dans le livre des Macchabées (I, xv v. 11)
elle est appelée Dôra, et il est dit qu' elle est au bord
de la mer. Eusèbe dit que c'est une ville abandonnée,
au 9e mille à partir de Caesarée, sur la route de Ptolemaïs. Suivant Josèphe elle était sur la frontière de la
demi-tribu de Manassé et elle terminait au Nord le
territoire de Dan.

C'est aujourd'hui sur la côte, entre Caesarée et le
Carmel, que se voient les ruines de cette ville; elles se
nomment *Tantoura* et s'étendent jusqu' à celles qui portent le nom de *Hadarah.*

Dothain, רתין. C'était une ville située non loin de
Sichem et de Samarie, par laquelle passaient les cara-
vanes des marchands Ismaélites qui se rendaient du
pays de Galaad en Egypte (Genèse XXXVII v. 17). C'est
là que Josèphe fut vendu par ses frères. Eusèbe dit
qu'elle est éloignée de 13 milles de Samarie et au Nord.

Les ruines nommées de nos jours *Tell-Dothan* représentent sans aucun doute la ville Biblique du même
nom. Elles sont à une bonne heure de marche à
l'Ouest de *Kabatiyeh*, grand village où passe la route

de *Naplouse* à *Djenin* et qui n'est qu'à deux petites heures au Sud de *Djenin*.

Doumah (lieu de silence), רומה. Ville de la partie montueuse de la tribu de Juda, citée dans le texte hébraïque de Josué (XV v. 52) et qu' Eusèbe place à 17 milles d'Eleutheropolis, dans la Darôma. C'est aujourd'hui *Kharbet-Daoumeh*, à 5 ou 6 lieues au Sud, quelques degrés Est, de *Beit-Djibrin*.

La vulgate la nomme Ruma, sans doute par confusion des deux lettres D et R, si semblables en hébreu carré.

Doura, voyez **Ador**, **Adoraïm**.

E.

Eben-Ezer, (Lapis adjutorii, St.-Jérôme), אבן הצזר. Ce nom signifie: la pierre du secours. Cette pierre était en face d'Aphek (voyez ce mot), car les Philistins étaient campés en ce lieu, et les Israélites à Eben-Ezer (Rois I, IV v. 1). C'est là que l'arche d'alliance fut prise et de là qu'elle fut transportée à Azot (Rois I, v v. 1).

Samuël après avoir battu les Philistins devant Mizpeh et jusque sous Beth-Char, dressa une pierre entre Masphath et Sen et l'appela Eben-Ezer (Lapis adjutorii), en disant: jusqu' ici l'Eternel nous a secourus (Rois I, VII v. 12).

Eber, עבר. Ce nom qui se lit dans le livre des Nombres (XXIV v. 24) avec celui d'Asshur comme désignant un peuple qui doit périr pour toujours sous les coups des vaisseaux venus de la côte des Chittim, désigne certainement les Hébreux, et a déjà été rendu ainsi par les Septante et par St-Jérôme.

Ebraoueh, voyez **Abran**.

Ecdippa, voyez Achziba.

Edema, ארמה. Ville de la tribu de Nepthali (Josué XIX v. 36) citée avec Arama et Asor.

Le texte grec la nomme Armaïth, de même qu'il nomme Armé la ville d'Adami de la même tribu. On ignore le site moderne de cette ville.

Eder, עדר. Ville méridionale de la tribu de Juda (Josué XV v. 21). Elle est citée entre Cabséel et Iagur qui ne sont identifiées ni l'une ni l'autre; mais elle est placée ainsi parmi les trois villes les plus au Sud du territoire de Juda. Elle n'a pas encore été retrouvée.

Edom, אדום. Le pays d'Edom, habité par la descendance d'Edom (ou Esaü), était compris entre l'Egypte et la terre de Canaan, de telle sorte que l'extrémité du territoire de la tribu de Juda confinait avec la terre d'Edom (Josué XV v. 1 et 21). Esaü ou Edom, fils d'Isaac, habitait les montagnes de Seïr (Genèse XXXII v. 2) attribuées à la descendance d'Esaü (Deutér. II v. 5).

L'Ecriture Sainte nous donne le nom de plusieurs villes des Edomites, telles que Denaba (Genèse XXXVI v. 32), Auith (l. c. v. 35) et Phai (l. c. v. 39). Dans les Paralipomènes (II, VIII v. 17) Aïlath et Asion-Gaber, sur les bords de la Mer Rouge, sont citées comme villes des Edomites; mais elles leur furent enlevées par David, lors qu'il conquit toute l'Idumée.

Nous lisons dans les Rois (IV, III v. 8 et 9) que les rois de Juda et d'Israël, marchant contre Moab, se décidèrent à passer par le désert d'Edom, et cheminèrent pendant sept jours, pour atteindre le pays de Moab. Il en résulte qu'ils allèrent tourner la pointe méridionale de la Mer Morte et que là était le désert d'Edom.

Edrai, אדרעי. 1°. Ville appartenant à la demi-tribu de Manassé établie à l'Orient du Jourdain (Josué XIII v. 31). Elle devint plus tard, sous la domination romaine, une ville assez importante pour avoir un atelier monétaire impérial. Elle se nommait alors Adraa.

Elle était, dit Eusèbe, à 25 milles de distance de Bostra. Pendant les Croisades elle porta le nom de ville de Bernard d'Estampes (Guillaume de Tyr. Lib. XVI).

L'emplacement de cette ville antique est bien connu aujourd'hui; c'est *Derah*, placée à l'extrémité d'une voie romaine venant en ligne droite de Bostra vers le Nord-Ouest.

2°. Une autre ville du même nom est mentionnée, dans le territoire de la tribu de Nephtali (Josué XIX v. 36). On n'en connait pas l'emplacement. Elle est citée entre Cedès (*Kadès*) et En-Hasor (*Hazour*).

Eglon, עגלון. Ville de la tribu de Juda (Josué XV v. 39). Eusèbe l'identifie avec Adollam, que l'Ecriture Sainte ne confond en aucune façon avec Eglon. Celle-ci est citée après Lachis et Bascath. C'est aujourd'hui *Kharbet-Adjloun*, à deux lieues à l'Est d'*Omm-Lakhis*, sur la voie antique de Gaza à Eleutheropolis (*Beit-Djibrin*).

Elah (vallée d'), עמק האלה. Ce nom signifie: vallée du chêne (St.-Jérôme traduit: vallis terebinthi). C'est le nom que portait la vallée où David tua Goliath (Rois I, XVII v. 19; XXI v. 9). (Dans le texte hébraïque le verset 9 sus-indiqué porte le n°. 10).

Cette vallée devait se trouver entre Socho et Azeca (in finibus Dommim), où était campée l'armée des Philistins. Socho est *Choueïkeh*, à 4 heures de marche au Nord-Est de *Beit-Djibrin*. Azeca est *ez-Zaak*. Il en résulte que la vallée nommée aujourd'hui: vallée du

Térébinthe n'a rien de commun avec la vallée d'Elah.

Elath ou **Eloth,** voyez **Ailath.**

El-Beth-El, אל בית־אל. Ce nom signifie Dieu à Beth-El. Il fut donné par Jacob à l'autel qu'il dressa à Jehovah dans cette localité (Genèse XXXV v. 7).

Les Septante ont traduit simplement Beth-El comme si le premier El du nom ne se trouvait pas dans le texte qu'ils avaient sous les yeux. C'est fort possible.

Elcesæen, אלקשי. Ethnique (ou patronymique?) du prophète Nahum (Nahum I v. 1). On dit que près de Mossoul et dans le voisinage de l'emplacement de Ninive se trouve un village nommé *Elkosh*, où l'on prétend posséder le tombeau de Nahum. Il y avait en Galilée, à ce que dit St.-Jérôme, un village qu'il nomme Elkosh et que suivant son dire les habitants appellent Elkesi. Il y a incertitude, comme on le voit, sur le lieu de naissance de Nahum.

Eléâlèh, אלעלא. Ville bâtie par les Rubenites (Nombres XXXII v. 37). Eusèbe dit que c'était une grande bourgade, située à moins d'un mille de Hesbon. C'est parfaitement exact. Les ruines d'Eléâléh sont considérables et offrent, entr' autres monuments, une grande muraille d'un aspect extrêmement antique. Ces ruines qui se nomment aujourd'hui *el-Aal* sont à moins d'une demi-lieue au Nord-Est des ruines de *Hesbân* (Hesbon).

El-Elohe-Israël, אל אלהי ישראל. Ce nom signifie: El est le Dieu d'Israël. Il fut donné par Jacob à l'autel qu'il dressa à Jehovah, près de Sichem, dans la pièce de terre qu'il avait acheté des fils de Hemor.

St.-Jérôme ne parle pas de ce nom et traduit: et

erecto ibi altari, invocavit super illud fortissimum Deum Israël (Genèse XXXIII v. 20).

Eleph, אלף. Ville de la tribu de Benjamin, citée immédiatement après Sela et avant Jebusi qui est Jérusalem. Malheureusement Sela n'est pas mieux connu que Eleph.

Le verset 28 du chapitre XVIII de Josué est d'interprétation douteuse. On y lit Sela ha-Eleph, ce qui veut dire *côte* ou *côté de boeuf*. On a séparé ces deux mots pour en faire deux noms de ville; reste à savoir si c'est bien. légitime.

Eleutherus. Fleuve cité dans le livre des Macchabées (I, XI v. 7 et XII v. 30), mais qui coule en dehors de la Terre Sainte, bien au Nord. C'est aujourd'hui le *Nahr-el-Kebir* (la grande rivière).

Elisée (fontaine d'), אלישע. Cette belle fontaine assainie par Elisée, se nomme aujourd'hui *Ayn-es-Soulthan*. Elle coule au pied de la hauteur couronnée jadis par la ville de Jéricho que prit Josué, et dominée à l'Ouest par la montagne de la quarantaine. Elle donne naissance à un gros ruisseau qui arrose la plaine de Jéricho (Rois IV, II v. 21).

Elmelech, אלמלך. Ville de la tribu d'Aser, mentionnée dans Josué (XIX v. 26) et dont on n'a pas encore retrouvé l'emplacement.

Eleutheropolis. C'est la même ville que Bethagabra (*Beit-Djibrin*). (Voyez ce nom.)

Elom. Nom donné par Josèphe à Aialon, ville de la tribu de Juda (Paralip. II, XI v. 10). (Voyez Aialon).

Elon (Aïlon), אילון. 1. Ville de la tribu de Dan (Josué XIX v. 43) citée avant Themna et Acron. Il est étrange de trouver le même nom écrit dans les deux versets consécutifs 42 et 43. Je sais bien qu'on a transcrit une fois Aialon et l'autre fois Elon. Il n'en est pas moins clair que les deux fois le nom hébraïque est identique. Pour moi ces deux villes n'en font qu'une, et celle-ci c'est *Yaloun*, qui est à un quart de lieue à l'Est d'*Amouas*. Acron c'est *Akir* ou *Aker*. Quant à Themna elle a été retrouvée par Mr. Guérin à *Kharbet-Tibneh*, tout à coté de *Kharbet-Ayn-ech-Chems*, et à 3 lieues environ au Sud d'*Amouas*.

2. Localité de la tribu de Nephtali (Juges IV v. 11). Il y est dit: on avait dressé sa tente près d'Elon, à Tzanaïm, qui est près de Kadès. Il est possible qu'il soit ici question simplement d'un chêne qui se dit Elon en hébreu. St.-Jérôme traduit: ad vallem quae vocatur Sennim.

Elon, ארון. Dans le livre de Josué (XIX v. 33) est mentionnée une ville d'Elon ou Maloun, qui est appelée Aïalin dans le Talmud (Gemara de Jérusalem, traité Megilla). On ne connait pas l'emplacement de cette ville.

Il faut remarquer que le texte hébraïque donne *m'-Elon be-Saananim*, ce qui à la lettre veut dire: depuis le chêne à Saananim. (Voyez ce mot). St.-Jérôme traduit: et Elon in Saananim.

Elon-Beth-Hanan, אילון בית־חנן. C'est probablement Elon (voyez ce nom) de la tribu de Dan. Ce nom qui signifie: Elon, demeure de Hanan ne se trouve qu'une fois dans la Bible (Rois III, IV v. 9). St.-Jérôme fait deux localités distinctes d'Elon et de Beth-Hanan.

Elthece et **Eltheco,** אלתקא, אלתקה. Ville de la tribu de Dan (Josué XIX v. 44 et XXI v. 23). Dans ce dernier passage il est constaté qu'elle fut donnée aux Lévites, avec ses pâturages. Elle est citée après Acron (*Akir*) et avant Gebbethon et Baalath (*Abou-Gosch*). Gebbethon c'est probablement *El-Djib*, un peu au Nord de *Naby-Samouil*. Nous avons donc à peu près la région dans laquelle Eltheco doit se trouver. C'est tout ce que nous en pouvons dire.

Elthecon, אלתקן. Ville de la tribu de Juda (Josué XV v. 59). Les Septante ont transcrit Thecoum. Je ne doute pas que ce ne soit encore la ville nommée Elthece et Eltheco, d'autant qu'elle est citée immédiatement avant Cariath-Baal qui est Cariath-Iârim. (Voyez Elthece.)

Eltholad, אלתולד. Ville de la tribu de Juda (Josué XV v. 30) donnée au Siméonites (Josué XIX v. 4). Comme toutes les villes prises à la tribu de Juda, pour être données à celle de Siméon, étaient au Sud, il en est certainement ainsi d'Eltholad.

Cette ville est nommée simplement Tolad dans les Paralipomènes (I, IV v. 29). Elle n'a pas encore été identifiée.

Emath, חמת. Ville de la tribu de Nephtali (Josué XIX v. 35). On pense que ce nom désigne la localité qui avoisinait les célèbres eaux chaudes de Tibériade, qui s'appellent toujours *el-Hammam*, et qui devaient avoisiner une ville antique dont la nécropole fut profanée, lors de la fondation de Tibériade par le tétrarque Hérode Antipas.

C'est probablement la même ville qui un peu plus bas (Josué XXI v. 32) est nommée Hammoth-Dor et qui fut donnée aux Lévites avec ses pâturages.

Emath, חמת. La limite septentrionale de la terre promise (Nombres XXXIV v. 8) passe d'un mont très-élevé à l'entrée d'Emath, jusqu'à la limite de Sedada.

Il est plus que probable qu'il s'agit là de la *Hamah* actuelle. Mais comment celle-ci a-t-elle jamais pu se trouver sur la limite Nord de la terre promise? Je ne me charge pas de l'expliquer.

Hamah a porté sous la domination grecque et romaine le nom d'Epiphania. Enfin Ezechiel (XLVIII v. 1) place Emath dans le voisinage de Damas.

Emath, חמת. Ville située en dehors de la terre d'Israël, mais dont il est question dans la Bible, pour fixer la limite septentrionale de la Terre Sainte. Elle était située entre Damas et Arpad (Jérémie XLIX v. 23). Elle est nommée Emath la grande dans Amos (VI v. 2). Il s'agit très-probablement de la ville moderne de *Hamah*, l'ancienne Epiphania et non d'Antioche comme on l'a quelquefois prétendu. Elle est nommée aussi Emath-Suba dans les Paralipomènes (II, VIII v. 8).

Emdebêa (Ouad- et Kharbet-), voyez Damnaba, Medaba et Denaba.

Emek (Vallée), עמק. C'est un *fond* à proprement parler, nom provenant du mot Sémitique qui signifie *profond*. Ainsi ce nom s'applique-t il de préférence à des plaines environnées de montagnes, telles que l'Emek de Jezraël ou plaine d'Esdrelon (Josué XVII v. 16). Ce nom Emek est employé avec le sens de plaine, dans la Genèse (XIV v. 10). Mais le nom d'Emek peut aussi désigner une plaine simplement un peu plus basse qu'une autre voisine.

Nous trouvons dans l'Ecriture Sainte les mentions suivantes:

1°. **Emek-Rephaim**, עמק־רפאים. (Vallée des Titans, Septante. — Vallée des Géants, Josèphe) (Josué XV v. 8; Samuel II, v v. 18). Eusèbe place cette vallée dans la tribu de Benjamin; c'est une erreur, puisque cette plaine s'étendait du côté de Bethlehem (Josué XVIII v. 15). C'est vraisemblablement la plaine dans laquelle se trouve aujourd'hui le couvent de *Mar-Elias* et que traverse la route de Jérusalem à *Beit-Lehm*.

2°. **Emek-Josaphat**, עמק יהושפט (Joël IV v. 2). Cyrille (comm. in Joëlem) dit que c'est un lieu éloigné de peu de stades de Jérusalem, à l'Orient. Il ajoute que c'est une place nue et propre à l'équitation. Dans tous les cas ce que l'on nomme aujourd'hui Vallée de Josaphat et qui n'est que le Nahal-Kidroun de l'Ecriture, n'a rien de commun avec l'Emek-Josaphat.

3°. **Emek-he-Barakat**, עמק הברכת. La Vallée des Bénédictions, dans laquelle Dieu mit en déroute les ennemis de Josaphat (Paral. II, xx v. 26). Cette vallée ou plaine était proche de Thecua. Le commentateur juif Aben-Ezra identifie la Vallée des Bénédictions avec la Vallée de Josaphat, et je suis porté à croire qu'il est dans le vrai.

4°. **Emek-ha-Melek**, עמק המלך. Vallée du Roi, la même que Emek Schave ou Souah. C'est là que le roi de Sodome et Melchisedek vinrent au devant d'Abraham, à son retour de sa campagne victorieuse contre Chador-Laomer (Genèse XIV v. 17; Rois II, xviii v. 18).

5°. **Emek-Akhor**, עמק עכור. C'est la vallée dans laquelle, après la prise de Jéricho, fut lapidé le sacrilége Akhan. C'était une vallée non loin de Galgal et par conséquent de Jéricho. Cette place n'a pu être identifiée (Josué VII v. 24 et 26 et XV v. 7 ; Isaïe LXV et Osée II).

6°. **Emek-he-Alah**, עמק האלה. Vallée du Térébinthe (Rois I, XVII v. 19), dans laquelle Goliath fut vaincu par David. Il n'est pas possible que la vallée nommée aujourd'hui Vallée du Térébinthe soit identique avec celle qui est citée dans l'Ecriture Sainte.

7°. **Emek-he-Siddim** (**Vallis sylvestris**), עמק השדים. Vallée de Siddim. C'est la vallée dans laquelle se trouve la Mer Morte (Genèse XIV v. 3, 8 et 10) et dont une partie a été envahie par cette mer, depuis *el-Lissan* jusqu'à la pointe Sud, lors de la catastrophe de la Pentapole. Toute l'autre partie Nord de la Mer Morte a dû exister de tout temps, depuis le soulèvement des montagnes qui séparent le bassin de la Mer Morte de celui de la Mer Rouge.

On aurait tort de croire que les villes maudites ont été englouties dans la Mer Morte ; l'Ecriture Sainte ne le dit nulle part. Comparez la Genèse (XIX v. 24 et XIII v. 3 et 28) avec le Deutéronome (XXIX v. 22), Zéphanie (II v. 9) Amos (IV v. 11) et enfin Jérémie (XLIX v. 18).

Dans le Nouveau Testament il n'est pas plus question d'immersion des villes maudites. Comparez St.-Luc. XVII, etc.

8°. **Emek-Hebroun**, עמק חברון (Genèse XXXVII v. 14). Vallée de Hébron.

9°. **Emek-Jezraël**, עמק יזרעאל (Josué XVII v. 16 ; Juges VI v. 33). Plaine d'Esdrelon.

10°. **Emek-Gibeon**, עמק בנבעון (Isaïe XXVIII v. 21). Plaine près d'*el-Djib*.

11°. **Emek-Aialon,** עמק אילון (Josué X v. 12). Plaine de Iâloun.

12°. **Emek-Soucoth,** עמק סכות (Psaumes LX v. 8 et CVIII v. 8). Plaine de Soukkout, dans la vallée du Jourdain, à 5 ou 6 lieues au Sud de *Beysan.*

Emer ou Emmer, אמר. Localité citée dans Esdras (II v. 59) et dans Néhémie (VII v. 61), et d'où remontèrent en Judée des Juifs captifs revenus avec Zorobabel.

On ignore ce qu'elle peut être. Dans Esdras (l. c.) on lit Emer.

Emim, אימים. Peuple qui habitait sur la rive orientale du Jourdain. Ils furent défaits par Chodor-Laomer (Genèse XIV v. 5) à Savé-Cariathaïm (ce qui signifie dans la vallée des deux villes). Il est dit dans le Deutéronome (II v. 10) que les Emim avaient occupé jadis le pays de Moab. (Voyez Cariathaïm.)

Emmaüs. Village illustré par l'apparition de notre Seigneur à ses disciples (St.-Luc. XXIV v. 13).

Jamais localité n'a soulevé tant de discussions, à propos de sa situation véritable. Nous verrons tout à l'heure que la solution de ce problème ne présente pas de difficultés réelles.

Emmaüs fut fortifiée par Bacchides (Macch. I, ix v. 50). Les Syriens y campèrent (Macch. I, iii v. 40) et il est ajouté qu' Emmaüs était dans la région de la plaine. Judas Macchabée y défit les Syriens et les poursuivit jusqu'à Azotus et Iamnia (Macch. I, iv v. 15). Enfin Jonathan fortifia Emmaüs (Macch. I, ix v. 50).

Josèphe parle nombre de fois d'Emmaüs et il est hors de propos de citer ici tous les passages qui, dans ses écrits, concernent cette ville.

Après la prise de Jérusalem par Titus, Emmaüs reçut le nom de Nicopolis (St.-Jérôme Comm. ad. Daniel. cap. VIII). Les médailles prouvent ce fait que St.-Jérôme lui-même rapporte à tort au règne d'Alexandre Sévère; mais Sozomène et Nicéphore sont d'accord avec les médailles. Sous les Romains Emmaüs devint le siége d'une toparchie (Bell. Jud. III, III 5).

Eusèbe et St.-Jérôme sont d'accord pour déclarer qu' Emmaüs, la ville de Cleophas, dont parle St.-Luc, est celle qui devint Nicopolis.

St.-Luc, dans les éditions courantes, place Emmaüs à 60 stades de Jérusalem, mais le précieux codex Sinaïti-cus, le plus ancien de tous ceux qui existent, donne 160 stades au lieu de 60 stades. C'est cette distance qui est exacte.

C'est aujourd'hui *Amouas*, à six heures de marche à l'O.-N.-O. de Jérusalem, au pied du massif des montagnes de Judée. (Comparez St.-Jérôme Commentaire sur Daniel cap. XII.

Nous trouvons dans le livre de Josué (XVIII v. 26) une ville d'Amosa mentionnée après Caphara parmi les villes de Benjamin. Je ne doute pas que ce soit encore *Amouas* ou Emmaüs; car *Kafirah* qui existe toujours, n'est qu'à deux lieues de marche à l'Est d'*Amouas* et sur le flanc septentrional de l'*Ouad-Mansour*.

Enagallim, עין עגלים. On lit dans Ezéchiel (XLVII v. 10): Les pêcheurs se tiendront depuis Engaddi jusqu'à Enagallim (c'est ainsi que ce nom est écrit dans la vulgate de St.-Jérôme). Je ne doute pas qu'il ne s'agisse ici d'*Ayn-Adjlah*, sur la rive occidentale du Jourdain, un peu avant qu'il ne se jette dans la Mer Morte.

Enaïm (les sources), עינם. Ville de la plaine et de la tribu de Juda, mentionnée dans Josué (XV v. 34) après Taphua et avant Ierimoth. Ierimoth c'est aujourd'hui *Kharbet-Iarmouk*, à trois grandes heures de marche sur la route de *Beit-Djibrin* à Jérusalem. Mr. Guérin propose avec réserve d'identifier *Kharbet-Khreïchoun* avec Taphua, et cette ruine est à une lieue au Nord-Est de *Iarmouk*. C'est donc entre ces deux localités que devrait se retrouver l'emplacement d'Enaim, qui malheureusement n'a pu être encore reconnu.

Endor, עין־דר. Ville de la tribu de Manassé, mais placée en dehors du territoire propre de cette tribu (Josué XVII v. 11—Psaumes LXXXIII v. 11). Elle est célèbre par l'apparition de Samuël au roi Saül, avant la bataille de Gilboë.

C'est aujourd'hui *Ayn-Dour*, placé au pied septentrional du *Djebel-Dahy*, à une lieue au Nord-Est de Naïn et à une lieue et demie au Sud-Est d'*Iksal* (la Casaloth Biblique). Endor est juste au Sud du mont Thabor et à moins de deux heures de marche.

En-Gannim, עין גנים. Il y a deux villes de ce nom:
1°. L'une est située dans la plaine de Juda (Josué XV v. 34); elle est citée entre Zanoë et Taphua.

Mr Guérin propose, avec raison je crois, de retrouver cette En-Gannim dans des ruines situées à moins d'une heure de marche de *Kharbet-Zanoua* (Zanoë) et nommées *Beit-el-Djemal*. Ce village est placé entre *Kharbet-Iarmouk* et *Kharbet-Zanoua*.

2°. L'autre est dans la tribu d'Issakhar (Josué XIX v. 21 et XXI v. 29). Elle fut donnée aux Lévites avec ses pâturages. Son nom signifie: Source des Jardins. C'est aujourd'hui le grand village de *Djenin* avec sa source magnifique et ses jardins. En arabe le nom *Djenin* signifie également des jardins.

Engedi, Engaddi (ou **Ayn-Djedi**), עין גרי. Ce nom signifie: la Source du Bouc; c'était une ville située dans le désert de Juda (Josué XV v. 62), dont le nom primitif avait été Asason-Thamar (Paral. II, xx v. 2). Le désert d'Engaddi est cité dans les Rois (I, xxiv v. 2) et ses vignes dans le Cantique (I v. 14). Eusèbe dit que c'est un grand bourg placé au bord de la Mer Morte, à l'Occident. Etienne de Byzance qui la nomme Engadda, dit qu'elle est voisine de Sodome d'Arabie. Son nom primitif lui avait été donné à cause de ses palmiers (*Tamar* en hébreu).

Eusèbe nous apprend que l'opobalsamum venait d'Engaddi. C'est le baume qui porte aussi le nom de baume de Jéricho.

Les ruines d'Engaddi sont très vastes et absolument désertes. La végétation y est très belle et très variée, grâce à la présence d'une source abondante d'eau chaude, qui a alimenté des moulins arabes dont les ruines se voient encore. Le nom actuel de ce lieu célèbre est *Ayn-Djedy*, la Source du Bouc. On trouve un reste de son premier nom dans celui d'un Ouad voisin qui s'appelle *Ouad-Açaça* ou *Asasa*.

Il est impossible de se rendre directement de Jéricho (*er-Riha*) à *Ayn-Djedy*, en suivant la côte de la Mer Morte, et après l'*Ayn-et-Terabeh* il faut remonter dans le haut pays, afin de pouvoir atteindre l'emplacement d'Engaddi.

Quant aux vignes d'Engaddi citées dans le Cantique des Cantiques, je pense qu'il y a là une fausse interprétation; car il s'agit d'une grappe de la plante du henné et non d'une grappe de raisin. Du reste il n'y a pas trace de vigne sauvage à *Ayn-Djedy*.

En-Hadda, עין חדה. Ville de la tribu d'Issakhar (Josué XIX v. 21) citée entre En-Gannim (*Djenin*) et Beth

Pheses. Peut-être est-ce aujourd'hui *Kefr-Adân*, placé entre *Djenin* et *Yamoun*, et à une demi-lieue au plus au Sud-Est de ce dernier village; mais c'est bien douteux.

En-Hasor, עין הצור. Ville de Nephtali (Josué XIX v. 37) citée entre Cedes (*Kadès*) et Ierôn (*Iaroun*). Nous avons une localité nommée *Ayn-Hazour*, placée à plus de 3 heures de marche au Sud-Ouest de *Safed*, et il est bien difficile, avec cette distance considérable de *Kadès*, d'identifier cette localité avec notre ville Biblique. Mais sur la route de *Safed* à *Bent-Djebel* nous trouvons *Yaroun*, à 3 heures de marche au Sud-Ouest de *Kadès* (à 4 heures au Nord-Ouest de *Safed*), et à 2 heures de marche au Nord-Ouest de *Yaroun* et à la même distance de *Bent-Djebel*, se trouvent des ruines nommées *Hazour* qui me paraissent représenter la ville Biblique qui nous occupe.

En-Hakkoré, עין הקורא. Fontaine qui était à Lehi (Juges XV v. 19). C'est aujourd'hui la source qui se voit à *Kharbet-Ayn-el-Lehi*. (Voyez Lehi et Ramath-Lehi).

Le nom de cette fontaine signifie: source de celui qui invoque (fons invocantis).

En-Misphat, עין משפט. Ce nom signifie: Source du Jugement et a été donné à Cadès dans le désert (Genèse XIV v. 7). Il s'agit certainement de Cadès-Barné.

Ennaourah, voyez **Anacharath.**

En-Remmon, עין רמון. Ce nom signifie: Source de la Grenade. Ville de la tribu de Juda (Josué XV v. 32; XIX v. 7 et Paralip. I, IV v. 32). Dans le premier passage il est dit: et Aën et Remmon, comme s'il s'agissait de deux villes distinctes; dans les deux autres Aën-Remmon ne forme qu'un nom et j'adopte cette leçon.

En-Remmon fut donnée aux Siméonites.

Je ne doute pas que les ruines de cette ville Biblique ne soient celles qui portent le nom de *Kharbet-Omm-er-Roummamin* (la ruine de la Mère des Grenades) placées à une lieue et demie à l'O.-S.-O. de *Kharbet-Anab-el-Kebir* (l'Anab Biblique).

St.-Jérôme dans Josué (XIX v. 7) lit encore: Ain et Remmon; dans les Paralipomènes il écrit: Etam et Aen, Remmon et Thochen. L'absence de la conjonction aurait dû lui faire reconnaître qu' Aen-Remmon ne forme qu'un seul nom.

En-Rogel, רגל עין. Localité citée dans la tribu de Juda (Josué XV v. 7), comme un des points déterminant la frontière Nord de Juda. Cette frontière aboutit à l'En-Rogel (Fons Rogel) et s'élève dans la vallée de Ben-Hinom, au côté méridional de Jebusi qui est Jérusalem, etc. Très probablement l'En-Rogel est la fontaine dite aujourd'hui de la Vierge, ou *Omm-ed-Deradj*, la Mère des Escaliers, ainsi que l'a montré Mr. Clermont-Ganneau.

En-Shems, En-chemech, שמש עין. La Source du Soleil (Josué XV v. 7). La limite du territoire de Juda passe aux eaux d'En-Shems et se tourne à En-Rogel, pour remonter ensuite par la vallée de Ben-Hinom. Si En-Rogel est la Fontaine de la Vierge, En-Shems est la source du *Bir-Eyoub*.

Mr. V^r Guérin propose de voir l'En-Chemech de la Bible dans le *Bir-el-Haoudh*, placé sur la route de Jéricho, au bas de la descente de Béthanie, au fond de la vallée.

En-Taphua, עין תפוח. Ville de la tribu de Manassé (Josué XVII v. 7 et 8). Son nom signifie Source des Fruits ou des Pommes. Voici ce que dit le texte :

La limite de Manassé fut d'Aser à Mechmathath qui regarde Sichem, et la limite se dirige (à droite) vers l'Orient, jusqu' auprès des habitants d'En-Taphua. — A Manassé était échu le pays de Taphua qui est près de la limite de Manassé, des fils d'Ephraïm.

Le mot Aser désigne-t-il ici la tribu d'Aser à laquelle effectivement Manassé était contigu, ou désigne-t-il une ville? Dans ce dernier cas on retrouverait, comme le propose Van de Velde, Aser dans *Yasir* à peu près à mi-chemin de *Naplouse* à *Beysan*, sur la voie antique. Mechmathath est encore inconnu, mais Taphua est probablement *Attouf* à une petite journée de marche à l'O.-N.-O. de *Naplouse* ou Sichem. L'En-Taphua devait être proche. Mr. Vr Guérin place cette source au *Bordj-el-Ferâa* actuel.

Epha, עיפה. Nous lisons dans Isaïe (LX v. 6) : Les dromadaires de Madian et d'Epha viennent tous de Shéba. Epha est mentionnée dans la Genèse (XXV v. 4) comme descendant de Madian. Ptolémée cite un bourg situé près de Madian et qu'il nomme Ippos; on croit que c'est Epha.

Epher, חפר. Nous lisons dans les Rois (III, iv v. 10) : .... Socho et toute la terre d'Epher. Peut-être est-il question là de Gath-ha-Hepher.

Ephrathèen, אפרתי. Ethnique employé pour désigner les habitans de Bethlehem de la tribu de Juda (Ruth I v. 2).

Ephrem, Ephron. Ville voisine du désert (St.-Jean XI v. 54). (Voyez Ephron.)

Ephron, עפרון. 1°. Nous lisons dans les Paralipomènes (II, XIII v. 19) qu' Abias enleva à Jéroboam Ephron, avec Bethel et Iesana. C'était une ville de Benjamin. C'est la même ville qui est nommée aussi Ephrem dans l'Evangile de St.-Jean. Eusèbe dit qu'elle était à 8 milles au Nord de Jérusalem et St-Jérôme corrigeant ce chiffre, dit à 20 milles. Le Rev^d. Robinson a démontré qu' Ephrem ou Ephron n'était autre chose que le village actuel de *Taiyebeh*, qui se trouve à une heure de marche à l'Est de l'*Ayn-Yebroud*, à droite de la route de Jérusalem à *Naplouse*, et à une petite journée de marche au N.-N.-E. de Jérusalem.

2°. Il y avait sur la rive orientale du Jourdain une ville d'Ephron, grande et fortifiée, par laquelle Judas Macchabée passa pour revenir du pays de Galaad en Judée (Macch. I, v v. 46). Elle était située en face de Beth-San (*Beysan*) (Macch. I, v v. 52). Elle avait des habitants de diverses nations (Macch. II, XII v. 27)· Cette ville n'a pas été identifiée.

Ephron (Mont d'), הר־עפרון. Cité dans Josué (XV v. 9). (Voyez Ephron).

Erbil, voyez **Arbela.**

Esaan, אשׁען. Ville de la tribu de Juda (Josué XV v. 52). Le texte hébraïque donne Esaan et St.-Jérôme lit de même. Elle était sur la montagne et elle est mentionnée entre Ruma (*Kharbet-Doumeh*) et Ianoum et Beth-Thaphua (*Kharbet-el-Bordj*). Ce pourrait être aujourd'hui *Kharbet-Deïr-el-Asal*, ruines vraiment importantes, situées à une heure et demie de marche de chacune des ruines de Ruma (lisez Duma) et de Beth-Thaphua, et au Nord. L'*N* et l'*L* permutent assez facilement en Syrie, pour que cette identification n'ait rien d'impossible.

Esdoud, voyez **Azotus.**

Esek (Puits d'), עשק. Ce nom signifie dispute ou injustice. Il fut donné par Isaac à un puits qu'il avait creusé et que les bergers de Gerar réclamèrent (Genèse XXVI v. 20). A 3 heures de marche au Nord de *Ber-es-Sebaa* se trouvent des ruines nommées *Kharbet-ez-Zaak.* Ne serait-ce pas là qu'il faut placer le puits d'Esek? Je suis très-porté à le croire. St.-Jérôme traduit le nom Esek par: Calumnia.

Eskakeh, voyez **Sechocho.**

Esna, אשנה. Ville de la tribu de Juda (Josué XV v. 43) citée entre Iephtha et Nesib. (Voyez Asena.)

Esthamo ou **Esthemo,** אשתמה. Ville de la région montueuse du territoire de Juda (Josué XV v. 50). Eusèbe dit que c'est un très gros village de la Darô-ma, c'est à dire de la partie méridionale du territoire de Juda.

Elle fut donnée aux Lévites, avec ses pâturages (Josué XXI v. 14).

C'est aujourd'hui *Semouâ*, village ruiné situé à 3 heures de marche au Sud d'Hébron. Les ruines de *Semouâ* sont importantes et contiennent des sculptures judaïques très intéressantes, qui ont été photographiées par le duc de Luynes.

Esthaol, אשתאול. Ville de la plaine de Juda (Jo-

sué XV v. 33). Elle fut donnée aux Danites (Josué
XIX v. 41 et Juges XIII v. 25). Eusèbe place cette
ville entre Azotus et Ascalon, et il dit qu'elle est au
10° mille au Nord d'Eleutheropolis, sur la route de Nicopolis (*Amouas*). Elle s'appelle indifféremment Asthaol
et Esthaoul. C'est aujourd'hui *Achoua* ou *Achtoua* à
deux lieues et demie au S.-S.-E. d'*Amouas*.

Etam, עיטם. Localité célèbre par ses belles eaux que
Salomon amena à Jérusalem. C'était une ville de la
tribu de Juda. Elle est mentionnée dans les Paralipomènes (I, IV v. 32 et II, XI v. 6), où elle est citée
avec Bethlehem et Thecoa. Dans la version Alexandrine
elle est mentionnée au livre de Josué (XV v. 60), mais
son nom ne se retrouve pas dans le texte hébraïque
correspondant.

Sur une hauteur escarpée sont des ruines nommées
aujourd'hui *Kharbet-el-Khoukh*; elles dominent une fontaine nommée *Ayn-Athan* ou *Atân*, qui est certainement
identique avec la source d'Etam. On en peut conclure
que les ruines sus-mentionnées représentent une portion
de la ville d'Etam. Là peut-être était le Sela-Etam, le
rocher d'Etam qui servit de refuge à Samson. L'aqueduc qui suit le flanc de l'*Ouad-Ourthas* et qui amenait
ses eaux à Jérusalem, reçoit les eaux de la fontaine
scellée des vasques de Salomon (*el-Bourak*) et de l'*Ayn-
Athan* à une lieue au Sud de Bethlehem.

Etam (le Rocher d'), עיטם. Rocher sur lequel Samson se retira (Juges XV v. 8). Mr Guérin propose de
reconnaître le Rocher d'Etam à l'endroit où sont aujourd'hui les ruines nommées *Kharbet-el-Khoukh*, placées
au dessus de l'*Ayn-Athan*, la Source d'Etam. *Kharbet-
el-Khoukh* se trouve sur le flanc de l'*Ouad-Deïr-el-Benat*
à l'E.-N.-E. de la ruine nommée *Deïr-el-Benat* (le cou-

vent des jeunes filles) et à quelques centaines de pas seulement.

Ezel (la Pierre d'), אֶזֶל. Le mot Ezel signifie: s'en aller. C'est le nom que portait quelque grande pierre située près de Ramah; c'était en quelque sorte la pierre du voyageur. Naturellement elle est inconnue aujourd'hui (Rois I, xx v. 19).

F.

Fahil et Tabakhat-Fahil, voyez Pella.

Fik, voyez Apheca.

Fouleh (el-), voyez Aphec.

Fouqouâ (Kharbet-), voyez Damnaba, Denaba et Medaba.

Foureïdis (Djebel-), voyez Bethacarem.

G.

Gaas (Mont-), הַרְגַּעַשׁ. C'est le mont sur lequel était le tombeau de Josué, placé en face de Thamna. Eusèbe dit que de son temps on connaissait parfaitement ce vénérable tombeau. Le mont Gaas était dans le territoire d'Ephraïm, et au Nord était le village de Thamnath-Sara (Timnat Serah) (Josué XXIV v. 30). Dans les Juges (II v. 9) il est encore question du sépulcre de Josué et la ville qui l'avoisine est nommée cette fois, dans le texte hébreu, Timnath-Heres, par simple interversion des lettres.

Le tombeau de Josué a été retrouvé par Mr Guérin

et dessiné et levé pour la première fois par moi, peu de temps après. Il était muni d'un vestibule disposé pour recevoir un très grand appareil d'illumination, à certains jours commémoratifs. Un vallon peu profond sépare le tombeau en question d'une petite hauteur nommée *er-Ras*, couverte de ruines antiques qui s'appellent *Kharbet-Tibneh*. Là est certainement la ville de Josué, Thamnath-Heres, dont le nom a été conservé, en deux éléments distincts, par les habitants du pays.

Le texte des Septante nous apprend que les couteaux de pierre qui servirent à la circoncision générale des Hébreux, après le passage du Jourdain, furent enfermés dans le tombeau de Josué. J'avais dit que si je ne m'étais pas trompé, ces couteaux, sans valeur aux yeux des Arabes, devraient se retrouver dans le tombeau indiqué, et ils y ont été effectivement retrouvés par Mr l'Abbé Richard, quelques années plus tard.

Gaas (Torrent de), נחלי געש. L'un des héros de David, Heddai est désigné comme étant du torrent de Gaas (Rois II, XXIII v. 30). Il s'agit probablement d'un torrent sillonnant les flancs du mont Gaas ou Josué fut enterré. (Voyez Gaas (Mont).)

Gabaa, Gabae, Gabaon, גבעון, גבע. 1°. Ville de la tribu de Benjamin (Juges XX v. 10; Josué XXI v. 17). Elle parait avoir été la limite Nord du royaume de Juda, comme Bersabee en était la limite Sud (Rois IV, XXIII v. 8). Les Philistins furent massacrés depuis Gabaa jusqu'à Gezer (Rois II, v v. 25), depuis Gabaon jusqu'à Gazera (Paral. I, XIV v. 16). De là nous devons conclure que 1° Gabaa et Gabaon sont une seule et même ville; 2° De même pour Gezer et Gazera.

Le roi Asa fortifia Gabaa (Rois III, XV v. 22). Le même fait rapporté par Josèphe rappelle la ville en question Gaba. Donc Gaba et Gabaa c'est la même ville. Josèphe ajoute que la Gaba, dont il parle était voisine de Ramathon et distante de Jérusalem de 40 stades (soit 7400 m. ou près de deux lieues).

Cette ville] de Gaba, Gabae ou Gabaon c'est aujourd'hui *el-Djib*, à une demi-lieue au plus au Nord de *Naby-Samouil*, qui est Ramathon, et à deux bonnes lieues de Jérusalem, au N.-N.-O.

Le Talmud nomme cette même ville Gebath ou Gibbethon.

2°. Il y avait suivant Eusèbe une Geba située au 5e mille à partir de Gophna sur la route de *Naplouse*. Effectivement à mi-chemin entre *Djifneh* (Gophna) et *Sindjil* se trouve une *Djibea* qui représente parfaitement la Gaba dont parle Eusèbe. *Djibea* n'est qu'à une demi-lieue au Nord de Iebroud.

Gabâa, גבעה. Patrie de Saül; Gabâa et Ramah sa voisine étaient au septième mille à partir de Jérusalem, suivant St-Jérôme (ad cap. V Hoseae). Elle était détruite de son temps (ad Sophon. cap. I et Epitaph. Paul.). C'est la même ville que Gibea (voyez ce nom). Josèphe lui donne le nom de Gabaônpolis et Etienne de Byzance celui de Gabaoupolis.

Gabaa, גבעה. Ville de la tribu de Benjamin, voisine de Rama (Juges XIX v. 13). C'est la patrie de Saül (Rois I, XI v. 4) et elle est appelée: Gabaa Saulis. Dans les Rois (XIII v. 2) elle est nommée: Gabaa de Benjamin. Josèphe la nomme: Gabath Saoulè et dit que près de cette ville est la Vallée des Epines. Cette vallée c'est l'*Ouad-Abou'z-Záarour* dont le nom a exactement la même signification et Gabaa c'est *el-Djib* près de *Naby-Samouil* (voyez Gabâa 1° ci-dessus). Mr. Guérin place la Gibeath Saül à *Touleil-el-Foul* qui n'a jamais eu une

dimension suffisante pour supporter la moindre bourgade.

2°. Ville de la tribu de Juda (Josué XV v. 57). Elle
était dans la montagne, et sa mention est précédée de
celle de Carmel et de Ziph, tandis qu'elle est suivie de
celle de Thamna. Cette ville Biblique n'a pu être encore identifiée.

Gabaath, נבעת. Ville de la tribu de Benjamin (Josué XVIII v. 28) citée entre Jebus, qui est Jérusalem
et Cariath (sans doute Cariath-Iarim). Cette localité
n'a pu être encore identifiée.

Gabaath-Phinees, גבעת פינחס. Ville citée dans Josué
(XXIV v. 33). C'est là que fut enterré Eleazar fils
d'Aaron. „In Gabaath Phinees, quae data est ei in
monte Ephraïm." C'est aujourd'hui *Djibia*, à l'Est de
Tibneh, à une distance bien moindre que celle que lui
assigne la carte de Van de Velde.

Gabaathite, גבעתי. Ethnique correspondant à la ville
de Gabaath. Il est appliqué (Paralip. I, XII v. 3) à
Samaa, père d'Ahiezer et de Joas.

Gabaon, גבעון. Ville de Benjamin (Josué XXI v. 17).
C'était comme une ville royale (Josué X v. 2). Elle fut
donnée aux Lévites, avec ses pâturages (Josué XXI v.
17). Le même verset mentionnant Gabae avec ses pâturages, il faut distinguer Gabae et Gabaon, et cependant nous lisons que les Philistins furent poursuivis et taillés en pièces depuis Gabaon jusqu'à Gazera
(Paralip. I, XIV v. 16) et depuis Gabaa jusqu'à Gezer
(Rois II, v v. 25).

Il est fait mention de la Vallée de Gabaon (Isaïe

XXVIII v. 21) et des eaux abondantes près de Gabaon (Jérémie XLI v. 12).

Josèphe l'appelle Gabaôn et Gabaô et dit qu'elle est à 40 stades de Jérusalem. Dans un autre passage il la place entre Lydda et Jérusalem et à 50 stades de la dernière. C'est toujours la même ville que représente aujourd'hui *el-Djib*, près et au Nord de *Naby-Samouïl*. (Voyez Gibea.)

C'était la métropole des rusés Gabaonites qui trompèrent Josué, et dont les villes étaient Gabaon, Cephira, Beeroth et Cariath-Iârim, c'est à dire *el-Djib*, *Kefirah*, *el-Bireh* et *Kariath-Enab* (*Abou-Gosch*).

Gabaon (Vallée de), עמק בגבעון. Citée dans Isaïe (XXVIII v. 21), après la mention du Mont Perazim (Mons Divisionum). Il est fait ainsi allusion à la bataille qui eut lieu à Gabaa (Rois II, v v. 25), après la victoire de Baal-Perazim. (Voyez Gabaa et Gabaon).

Gabaonites, גבענים. Ethnique de Gabaon (Rois II, XXI v. 2). Ils étaient un reste des Amorrhéens. (Voyez Gabaon.)

Gabatha. 1°. Ce nom se trouve dans Josèphe (Ant. Jud. VI, 5 et XIII, 1). Dans les Macchabées (I, IX v. 37) la même ville est appelée Nadabath (texte grec) et Madaba (texte latin de St.-Jérôme). Etienne de Byzance dit, d'après Josèphe, que c'était une ville de Galilée·

2°. Eusèbe cite une Gabatha située à 12 milles d'Eleutheropolis (*Beit-Djibrin*), où se montrait le tombeau d'Habacuc.

3°. Enfin Eusèbe donne ce nom à la ville où était la maison de Saül, c'est à dire à Gabaa ou Gibea.

Gabée ou **Gabaa**, גבע. Ville de la tribu de Benjamin (Josué XVIII v. 24; Esdras II v. 26), que beaucoup de commentateurs considèrent comme la même ville que la Geba citée dans Néhémie (VII v. 30). (Voyez Gaba.)

Gabim, גבים. Ce nom se trouve dans Isaïe (X v. 31). Eusèbe dans l'article de l'Onomasticon appliqué à ce nom, dit que Geba est un village distant de 5 milles de Guphna (*Djifneh*) sur la route de *Naplouse* (voyez Gabee, ou Gabaa). C'est aujourd'hui *Djibea* un peu au Nord de *Yebroud*.

Gadara, voyez **Gezeron**.

Gadaréniens. Dans l'évangile de St.-Marc on trouve (V v. 1) mentionné le pays des Gadaréniens et dans St.-Luc (VIII v. 26) il est dit qu'il était en face de la Galilée. Dans St.-Matthieu (VIII v. 28) on lit: pays des Gergéséniens au lieu de Gadaréniens. C'est très probablement la leçon de St.-Matthieu qui est la bonne.

Gadda, גדה. Ville de la tribu de Juda (Josué XV v. 27). Eusèbe qui la nomme Gadda, dit qu'elle est à la limite extrême de la Darôma; St.-Jérôme ajoute: à l'Orient et dominant la Mer Morte. Il faut probablement joindre à ce nom le mot précédent Haser et lire Haser-Gadda (voyez ce mot) ainsi que l'a fait St-Jérôme.

Galaadite, **Galaad** (terre de), גלעד, nommée par Josèphe: Galadite et Galadena. On entend souvent par ce nom tout le pays concédé par Dieu aux Israélites, sur la rive orientale du Jourdain. Ainsi toute la Terre Promise est partagée en deux parties: la première de Dan à Bersabée, l'autre contenant la terre de Galaad

10

(Juges XX v. 1). On lit dans les Nombres (XXXII v. 29): Si les fils de Gad et de Ruben passent le Jourdain avec vous, donnez leur Galaad en propriété. De plus Moïse (Deutér. III v. 13) dit qu'il a donné à la demi-tribu de Manassé ce qui restait de Galaad (après répartition faite à Gad et à Ruben).

Toutefois il existe plusieurs passages de l'Ecriture Sainte où le nom de Galaad ne comporte pas cette signification étendue. Ainsi (Deutér. II v. 36) le royaume de Sihon est dit occuper le pays depuis Aroer jusqu'à Galaad, et cependant le royaume de Sihon, comme celui de Basan, faisaient partie du pays de Galaad. (Voyez Basan.)

Peut-être le nom de Galaad devint-il l'appellation propre du pays occupé par la tribu de Gad. En effet nous lisons dans Josué (XIII v. 25) que toutes les villes de Galaad furent données à la tribu de Gad.

D'un autre côté dans les Nombres (XXXII v. 40) il est dit: Dieu donna le Galaad à Makir, fils de Manassé. Dans les versets précédents il est question des parts de Gad et de Ruben, et il n'y est pas fait mention de Galaad. C'est le royaume seul de Sihon qui leur est donné, comme le royaume d'Og est donné aux fils de Manassé. Avec cette hypothèse le verset 36 du chapitre II du Deutéronome, cité ci-dessus, s'explique de lui-même, mais malheureusement dans les Nombres (XXXII v. 1) on lit que les fils de Ruben et de Gad ayant vu les beaux pâturages de Iâzer et de Galaad, les demandèrent à Moïse, et, au verset 29, que Moïse ordonna de donner en propriété le Galaad aux Rubenites et aux Gadites. Terminons en citant le verset 33 du chapitre X du livre IV des Rois, ainsi conçu: à l'Orient du Jourdain est toute la région de Galaad, des Gadites, des Rubenites et des Manassites, à partir d'Aroër à l'Orient de l'Arnon, et Galaad et Basan.

Dans les Macchabées ce pays est nommé Galaad (I, v v. 9) et Galaadite (Ibid. v. 10) et des villes de ce pays sont (Ibid. v. 26) Bozra, Bosor, Chasphoɪ (aliàs Chesbon), Maked et Carnaïm. Les Arabes donnent au Galaad le nom de Pays de *Djerach* (Gerasa).

Galgal, Galgala, גלגל. 1°. Lieu situé à l'Orient de Jéricho (Josué IV v. 19) et où eut lieu la circoncision générale du peuple d'Israël, aussitôt après le passage du Jourdain. Il en est très souvent question dans l'Ecriture Sainte (Rois I, VII v. 16, XIII v. 15 et IV, II v. 2). Elle est aussi nommée dans le livre des Macchabées (I, IX v. 2). St.-Jérôme (Epitaph. Paulae) parle du camp de Galgala et du *monceau des prépuces* provenant de la circoncision. Eusèbe dit que Galgala et ce monceau étaient à deux milles de Jéricho. On a retrouvé un lieu nommé *Djiljilia* près de Jéricho et le monceau des prépuces doit être le tumulus nommé aujourd'hui *Tell-el-Halaïk* (le tertre des morceaux de chair sanglants).

Galgala était sur la frontière de la tribu de Juda et en face de la montée d'Adommim (Josué XV v. 7). Dans Josué (XVIII v. 17) ce même lieu est nommé Geliloth, que St-Jérôme traduit: ad tumulos qui sunt e regione Adommim.

2°. Il est question d'une autre Galgala. Elle était près de Bethel ou Bethaven, et le prophète Osée dit (IV v. 15): „n'entrez pas à Galgala et ne montez pas à Bethaven"; et (IX v. 15): „toute leur perversité est dans Galgala". On y immolait des boeufs (Osée XII v. 12). Dans les Septante (Rois III, XII) il est dit que Jéroboam établit un de ses veaux d'or à Galgala et l'autre à Dan. Je suis très porté à croire qu'il s'agit toujours de la précédente et que le voisinage de *Beth-Adjelah* (le temple du veau) a donné naissance à la tradition conservée par les pères, sur la présence d'un des veaux d'or à Galgala. Nous devons dire cependant qu'il se trouve un village nommé *Djildjilia* à deux heures de marche au Nord de *Djifneh* et à trois heures au N.-N.-O. de *Beitin* (Bethel).

3°. Dans Josué nous trouvons (XII v. 23) mentionné un roi de Goïm (roi des gentils ou des nations) près de Galgal. Ce ne peut être évidemment la Galgala voisine de Jéricho. Comme ce roi est cité après celui de Dor (Dôra, *Tantourah*) et qu'il se trouve une *Gilgilieh* et une *Kilkiliah*, à deux heures de distance l'une de l'autre, à gauche de la route de *Kefr-Saba* (Antipatris) à Jaffa, il est fort probable que l'un de ces deux villages représente la ville Biblique en question.

Galilaea, גליל. Le nom de cette province se lit dans l'ancien testament (Josué XX v. 7 et Paralip. I, VI v. 76) où il est question de Cedes en Galilée, du territoire de Nephtali. Nous apprenons par le livre des Rois (III, IX v. 11) que Salomon fit présent à Hiram, roi de Tyr, de 20 villes situées en Galilée. Il en est encore question dans le livre des Rois (IV, XV v. 29) et dans Isaïe (VIII dernier verset).

Dans le Nouveau Testament le nom de la Galilée revient sans cesse, car pendant la durée du 2ème temple toute la terre d'Israël, en deça du Jourdain, fut divisée en trois provinces: la Judée, la Samarie et la Galilée.

La Galilée se divisait en deux régions: la Galilée Supérieure et la Galilée Inférieure.

Voici les limites assignées par Josèphe à ces deux régions. "Les deux Galilées étaient bornées à l'Ouest par le territoire de Ptolemaïs et par le Carmel; au Midi par la Samarie et Scythopolis, à l'Orient par l'Hippène, la Gadaride et la Gaulanite (pays d'Hippon, de Gadara et de Gaulan *(Djaoulan)*.)"

"La longueur de la Galilée Inférieure se compte à

partir de Tibériade jusqu'a Zabulon, localité voisine de Ptolemaïs. Sa largeur à partir de Xaloth (*Iksal*) dans la grande plaine (plaine d'Esdrelon ou de Jezraël) jusqu'à Bersabée. Du même point se compte la largeur de la Galilée Supérieure jusqu' au village de Baca qui la sépare du territoire de Tyr. Quant à la longueur de la Galilée Supérieure, elle se compte à partir de Thella, bourgade voisine du Jourdain, jusqu'à Meroth." Josèphe dans son autobiographie, dit qu'il y avait 404 villes en Galilée et qu'il fallait un voyage de trois jours pour, de la Galilée, gagner Jérusalem, en passant par la Samarie.

Gallim, אגלים. Citée dans Isaïe (XV v. 8). Cette ville que Josèphe appelle Agalla est une des douze que le roi Alexandre Jannée prit aux Arabes. Elle faisait partie du pays de Moab et Eusèbe dit qu'elle était à 8 milles au Sud d'Areopolis (Rabbath-Moba), *er-Rabbah* de nos jours. Le nom de cette ville semblerait s'être conservé dans celui de l'*Ouad-Adjerrah* qui se nomme ainsi à cause d'une ville en ruines placée sur son flanc septentrional. Mais ces ruines au lieu d'être au Sud d'Areopolis, sont à l'Ouest de cette ville.

Gallim, גלים. Localité citée dans les Rois (I, xxv v. 44) comme dans Isaïe (X v. 30). Elle est citée avec Mikhmas, Gaba, Rama, Gabaath de Saül et Anathoth. Il est donc plus que probable qu'elle appartenait au territoire de Benjamin. Eusèbe et St.-Jérôme mentionnent Gallim comme un village voisin d'Accaron, qui est aujourd'hui *Akir*, à deux heures de marche au S.-S.-O. de Ramleh. Gallim n'a pas encore été identifiée.

Gamzo, Gimzo, גמזו. Ville de la tribu de Juda (Paralip. II, xxviii v. 18) qui fut prise par les Philistins avec quelques autres villes, comme Ajalon, etc. — C'est certainement *Djimzou*, à une grande lieue au Sud-Ouest de Lydda (*el-Loudd*).

Gareb (Colline de), גרב. La colline de Gareb est citée dans Jérémie (XXXI v. 39). Gareb est le nom d'un des grands de la cour de David (Rois II, XXIII v. 39); mais il signifie aussi: la gale. Peut-être les lépreux de la ville étaient-ils relégués sur cette colline. On n'en connait pas l'identification. A l'orthographe hébraïque près, orthographe qui a pu être altérée avec le temps, ce mot signifie l'Occident. Nous aurions donc ici la colline de l'Occident, ce qui concorderait à merveille avec l'opinion que Goatha mentionné dans le même passage désigne le Golgotha.

Garizim (Mont), גרזים. C'est la montagne sacrée des Samaritains, au pied de laquelle est bâtie la moderne *Naplouse* qui a remplacé Neapolis et antérieurement Sichem. C'est au Mont Garizim que furent adressées les bénédictions, lors de la réunion des Israélites dans la vallée de Sichem, tandis que les malédictions étaient lancées contre le Mont Hebal, placé en face du Garizim. Suivant la Bible hébraïque, l'autel formé des douze grosses pieres enlevées au lit du Jourdain, lors du passage miraculeux de ce fleuve, fut construit sur le Mont Hebal, le mont maudit; cet autel fut couvert d'un enduit sur lequel fut écrit la loi Mosaïque. Suivant le texte Samaritain, ce fut sur la montagne bénie, c'est-à-dire le Garizim, que l'autel en question fut établi et il faut convenir que cela parait plus raisonnable ainsi. Le sommet du Garizim est couvert des ruines d'une ville nommée *Louza* (comme Bethel). Parmi ces ruines se voient celles du temple des Samaritains, que Jean Hyrcan détruisit, après qu'il avait eu 200 ans de durée. Au pied même des ruines du temple se trouve une plate-forme que les Samaritains appellent encore *Tenacher-Balathat*, les douze grosses pierres, c'est-à-dire l'autel construit par l'ordre de Josué. Il est souvent question du mont Garizim dans l'Ecriture Sainte (Deutér. XI v. 29; XXVII v. 12; Josué VIII v. 33; Juges IX v. 7; Macchabées II, v v. 23 et VI v. 2).

Gatrah (ou **Katrah**), voyez **Geder, Gezara** ou **Gezaron.**

Gaver ou **Gaber**, voyez **Gur.**

Gaza, עזה. L'une des cinq satrapies des Philistins (Josué XIII v. 3). Elle fut attribuée à la tribu de Juda (Josué XV v. 47). Elle était vers le Midi de la terre d'Israël (Genèse X v. 19). Il est dit dans le Deutéronome (II v. 22) que les Hevéens (Aouïm) habitèrent les villages jusqu' à Gaza. Il n'en est fait mention qu' une fois dans le Nouveau Testament (Actes VIII v. 26). Elle fut prise plusieurs fois par les Macchabées (Macch. I, XI v. 61 et XIII v. 43). C'était une très grande ville dès l'époque Pharaonique, et le roi Thoutmès III y résida, avant d'entreprende la campagne qui se termina par la victoire de Megiddo.

C'est encore aujourd'hui une ville assez importante, à peu de distance de la mer; elle avait un port qui s'appelait Maiumas. La divinité qui y avait un culte spécial se nommait Marna. La nymphe Io y était aussi en grande vénération. La numismatique de Gaza est très-riche, surtout en monnaies impériales romaines.

Enfin Gaza, nommée aujourd'hui *Rhazzeh*, est à une journée de marche au S.-S.-O. d'Ascalon.

Gaza, עזה. Il est dit que Salomon était maître de tout le pays en deçà du fleuve (le Jourdain), depuis

Tiphsa jusqu' à Gaza (Rois III, ıv v. 24). Le Talmud
prétend que Tiphsa était à l'une des extrémités du monde
et Azzah à l'extrémité opposée. Je n'hésite pas à voir,
avec la vulgate, Gaza dans la Azzah hébraïque de ce
passage. Quant à Tiphsa les commentateurs juifs prétendent que c'est un gué de l'Euphrate, ce qui, à vrai
dire, n'a pas le sens commun.

Gè (Vallée), גי. C'est le nom des vallées qui ne
sont pas sillonnées par le lit d'un torrent.
Nous trouvons dans l'Ecriture Sainte les mentions
suivantes:

1°. Gè-Hinnom, גי בן־הנם (Josué XV v. 8), nommée
aussi Gè-Ben-Hinnom (Vallée du fils de Hinnom) ou
Gè-Beni-Hinnom (Vallée des fils de Hinnom) (Rois IV,
XXIII v. 10). C'était une vallée voïsine de Jérusalem,
et qui suivait la limite méridionale du territoire de
Benjamin (Josué XVIII v. 16) ainsi que la limite septen-
trionale du territoire de Juda (Rois IV, xxiii v. 10 et
Josué XV v. 8).
C'est la vallée qui longe, au Sud, la montagne du
temple et le mont Sion.

2°. Gè-he-Maleh (la Vallée du Sel), גי־המלח (Psaume
LX v. 2; Josué XV v. 62; Rois II, viii v. 13). C'est
dans cette vallée qu' Amasias défit les Edomites (Paral.
II, xxv v. 11). C'est très-probablement la vallée qui
couvre la pointe Sud de la Mer Morte.

3°. Gè-Zephatha, גי צפתה, près de Maresa (Paralip.
II, xiv v. 9). (Voyez Sephatha).

4°. Gè-Iephthael, גי יפתח־אל, dans la tribu de Zabulon (Josué XIX v. 14 et 27). C'est la vallée placée

· au dessous de la fameuse Iotapata, où Josèphe fut fait prisonnier par Vespasien.

5°. **Gè-he-Haraschim** (Vallis Artificum), גי החרשים. Ce nom est cité avec la vallée d'Ono (Néhémie XI v. 35). On ignore quelle est cette vallée.

Gebalène. Nom d'un pays appartenant aux Amalécites. Ce nom signifie pays de montagnes, de Gebal (montagnes). Eusèbe et St.-Jérôme nous apprennent que la Gebalène était le pays qui environnait Petra.

Gebbéthon, גבתון. Ville des Philistins, située dans le territoire de Dan (Josué XIX v. 44 et Rois III, xv v. 27).

Eusèbe à propos de ce nom mentionne:

1°. La place de Gabè, située à 16 milles de Césarée.

2°. Gabatha, ville du pays de Diocaesarea (*Sefourieh*), située dans la grande plaine de Legio (*el-Ledjoun*, Megiddo). C'est aujourd'hui *Djebâta*, placée à près de deux heures de marche du pied · de la descente de Nazareth, dans la plaine d'Esdrelon (*Merdj-Ebn'-Aamer*).

3°. Gabatha dans la Darôma, ou plaine du Sud de Juda.

4°. Gabatha dans la tribu de Benjamin (voyez Gibea).

5°. Et enfin notre Gebbéthon, qu'il nomme Gabathôn, ville des gentils.

Elle est mentionnée dans Josué, après Timnatha (*Kharbet-Tibneh*) et Egron (*Akir*) et avant Iud (*Iehoudieh*) et Bene-Barak (*Barkah* à 10 kilomètres au Sud de Iabneh (Iamnia). Malheureusement Gebbéthon n'a pu encore être identifiée.

Geder, גדר. Le roi de Geder est cité parmi les rois vaincus par Josué (XII v. 13). L'ethnique Gédérite

(Paral. I, xxvii v. 28) paraît provenir de ce nom de lieu. Ce doit être très probablement la même ville que Gedera, Gadera ou Gaderoth, ville de Juda située dans la plaine (Josué XV v. 36), d'où se forme l'ethnique Gaderothite (Paral. I, xii v. 4). Elle fut prise par les Philistins, avec plusieurs autres villes (Paral. II, xxviii v. 18).

Elle est citée après Adithaïm, qui est sûrement *el-Haditheh*, à une lieue à l'Est d'*èl-Loudd* (Lydda, Diospolis). (Voyez Adithaïm.)

Pour nous cette ville n'est que *Katrah* ou *Gatrah* à 3 heures de marche environ, au Sud de Ramleh.

Gederothaïm, גדרתים. Ville citée immédiatement après Gedera dans Josué (XV v. 36). Ce nom signifie les deux Gedera. Il y avait donc tout près de Gedara *(Katrah)* une autre localité du même nom? C'est fort probable. Nous nous bornerons à faire remarquer qu'il y a encore une *Yazour* à deux lieues au S.-S.-O. de *Katrah*; mais rien ne prouve que ce soit la Gederothaïm Biblique.

Gedor et **Gador**, גדור, גדר. Ville de la tribu de Juda, citée par Josué (XV v. 58) et dans les Paralipomènes (I, IV v. 39) avec l'orthographe Gadour. Elle était dans la région montueuse, et se trouve citée immédiatement après Halhul (*Halhoul* de nos jours) et Beth-Sour (*Bordj-Sour*).

C'est aujourd'hui *Djedour*, à une lieue à droite de la route de Jérusalem à Hébron, et à une heure de marche (5 kilomètres) de *Bordj-Sour*.

Gelboë (Mont), **Gelbon (Village)**, גלבע. Montagne du territoire d'Issakhar, sur laquelle périt Saül (Rois I, xxviii v. 4, xxxi v. 1 et 8 et II, 1 v. 6 et 21,

XXI v. 12—Paralip. I, x v. 1 et 8). C'est le pâté de montagnes qui se nomme aujourd'hui *Djebel-Djelboun* ou *Djebel-Fouquoua*, qui domine au Nord le bourg de *Djenin* et à l'Ouest *Beysan* (l'ancienne Scythopolis). Une route conduit directement de *Djenin* à *Beysan*, en passant par le village de *Djelboun*, et c'est sûrement sur cette route que Saül à péri. Du reste il n'est pas question de cette ville dans l'Ecriture Sainte. Eusèbe seul en parle, comme se trouvant au 6e mille à partir de Scythopolis, et il la nomme Gelboue; on la trouve également appelé Gelbon. Josèphe mentionne (A. J. VII, IX, 2) un conseiller de David devenu adhérent d'Absalom, et qu'il appelle Gelmonéen. Il était donc natif d'un lieu nommé Gelmon, qu'il faut probablement identifier avec la Gelbon dont nous nous occupons.

Genesareth, Genesar (Pays et Lac de). Nom donné à la contrée qui borde à l'Ouest le Lac de Gennézareth ou Mer de Galilée, ou Lac de Tibériade (St.Matth. XIV v. 34).

Le Lac de Gennézareth est nommé dans St.-Luc V v. 1). (Voyez Cenereth et Tiberias.)

Gerara, גררה. Ville des Philistins (Genèse XXVI v. 1) située entre Cadès et Sur (Genèse XX v. 1). Ce dernier lieu était à la limite du pays d'Amalek (Rois I, xxx v. 29). Gerara était à 25 milles au Sud d'Eleutheropolis, dit St.-Jérôme qui fait observer ailleurs (Comm. ad Genes. XXII v. 3) qu'il y a trois jours de marche entre Gerara et le mont Moriah, ou montagne du temple à Jérusalem.

Isaac séjourna à Gerara, chez le roi Abimelech (Genèse XXVI v. 1) comme son père Abraham avait séjourné près de la même ville (Genèse XX v. 1). C'est de là qu' Abraham partit avec son fils Isaac, pour aller le sacrifier sur le mont Moriah, et ce fait rend compte de l'observation de St.-Jérôme citée tout à l'heure.

L'emplacement de la Gerara Biblique se nomme aujourd'hui *Omm-el-Djerar* et se trouve à 3 lieues au Sud, quelques degrés Ouest, de Gaza, sur la rive droite du *Nahr-Rhazzeh.*

Gergesa. Dans l'évangile de St.-Matthieu (VIII v. 28) le nom: le pays des Gergéséniens, remplace celui de région des Gadaréniens (St.-Marc. V v. 1 et St.-Luc. VIII v. 26). Il s'agit du troupeau de porcs qui se jeta dans le Lac de Tibériade. Or Gadara (aujourd'hui *Omm-Keis*) était bien loin des bords du Lac; il faut donc accepter la leçon Gergesa.

La Gergesa de l'évangile est très probablement représentée par *Kersa*, village situé à l'embouchure de l'*Ouad-Semakh*, juste en face de Magdala (*el-Medjdel*).

Gergéséens, גרגשי. Ils étaient descendants du 5ᵉ fils de Canaan (Genèse X v. 16). Ils habitaient en deça du Jourdain, puisqu' ils se liguèrent avec le peuple de Jéricho et les Amorrhéens, pour combattre Josué, après le passage du Jourdain (Josué XXIV v. 11). Il n'en est pas fait mention dans le Deutéronome hébreu (XX v. 17), parmi les peuples qui doivent être exterminés, et qui ne sont qu'au nombre de six. Mais ils y sont mentionnés dans la version grecque.

Gerzéens ou **Gerzites,** גרזי. Peuplade dont David envahit les terres, dans la guerre entreprise par lui, lorsqu'il habitait parmi les Philistins (Rois I, xxvii v. 8).

Ce peuple ne serait-il pas le même que celui des Girgézéens? (Voyez ce mot.)

Gessur, גשור. C'est le pays des Gessurites (voyez ce

nom). Maacha, mère d'Absalom, était fille de Tholmaï, roi de Gessur (Rois II, III v. 3). Absalom, après le meurtre de son frère Ammon, se réfugia chez son beau-frère Ammiu, roi de Gessur et fils de Tholmaï. Il y resta trois ans (Rois II, XIII v. 37 et 38 et XIV v. 23). Gessur était un pays de Syrie (Rois II, xv v. 8).

Gessurites, גשורי. Tribu dont David envahit les terres, dans sa guerre entreprise pendant qu'il habitait chez les Philistins (Rois I, XXVII v. 8).

Geth, גת. Une des cinq satrapies des Philistins (Josué XI v. 22). Le roi de Juda Ozias s'en empara, ainsi que de Iabnia et d'Azotus (*Iabneh* et *Esdoud*) (Paral. II, XXVI v. 6). Le roi de Geth possédait d'autres villes, parmi lesquelles était Siceleg (Rois I, XXVII v. 5 et 6). St.-Jérôme (Comm. ad Mich. I) dit que Geth était sur la route qui d'Eleutheropolis (*Beit-Djibrin*) conduit à Gaza. Eusèbe au contraire place Geth ou Getha à 5 milles d'Eleutheropolis sur la route de Diospolis (*el-Loudd*). Amos (VI v. 1) mentionne Geth des Philistins.
En résumé Eusèbe mentionne trois Geth:
1°. Geth à 5 milles d'Eleutheropolis, vers Diospolis.
2°. Geth entre Eleutheropolis et Gaza.
3°. Geth entre Antipatris et Iamnia.
Les deux premiers, par suite d'une faute de copiste, sans doute, ne sont qu'une seule et même ville, la Geth des Philistins, que Mr Guérin a très bien identifiée avec *Kharbet-Dikrin*, situé à deux lieues et demie au N.-N.-O. de *Beit-Djibrin*. Quant à la troisième elle n'a pas encore été retrouvée.

Gethéen, גתי. 1°. Ethnique appliqué à Goliath (Paral. I, xx v. 5). C'est à la ville Philistine de Geth que cet ethnique correspond.

2°. Ethnique appliqué à Obed-Edom, dans la maison duquel fut déposée l'arche d'alliance, après la mort d'Oza. Elle y demeura trois mois (Rois II, VI v. 10 et 11).

Il s'agit d'un personnage originaire soit de Geth, ville des Philistins, soit de Gethaïm de la tribu de Benjamin (Rois II, IV v. 3). Cette seconde hypothèse est la plus probable.

Gethaïm, גתים. Ville de la tribu de Benjamin (Néhémie XI v. 33). C'est la ville où les fils de Rimmon allèrent se réfugier (Rois II, IV v. 2 et 3). Cette ville n'a pas encore été retrouvée.

Geth-Hepher, גת חפר. Ville de la tribu de Zabulon (Josué XIX v. 13). C'était la patrie de Jonas. St-Jérôme dit que Geth est à deux milles de Sepphoris ou Diocaesarea (*Sefourieh*), sur la route de Tiberias, et que c'est un hameau où l'on montre le tombeau de Jonas. Tout cela nous reporte forcément au hameau actuel d'*el-Meched* qui est à une petite demi-lieue au S.-S.-O. de *Kefr-Kenna* et à la distance voulue, à l'Est de *Sefourieh*.

Geth-Remmôn, גתרמון. Ville des Danites (Josué XIX v. 45). St.-Jérôme dit que c'est une grande bourgade, située au 10e mille à partir de Diospolis (*el-Loudd*), sur la route d'Eleutheropolis (*Beit-Djibrin*). Cette localité Biblique n'a pas encore été identifiée.

Geth-Semani. Nom de la localité ou notre Seigneur fut arrêté par les hommes que guidait le traître Judas. Ce lieu se nomme aujourd'hui *Djesmanieh*. C'est le Jardin des Oliviers, situé au pied du Mont des Oliviers (St.-Matth. XXVI v. 36).

Gezer ou Gazer, גזר. 1°. Cette ville est citée dans
Josué (XII v. 12). Elle était dans la tribu d'Ephraïm
(Juges I v. 29) et les Cananéens n'en purent être ex-
pulsés (Josué XVI v. 10). Elle était sur la frontière
d'Ephraïm et de Benjamin, entre Bethoron et la mer
(Josué XVI v. 3). Elle fut fortifiée par Salomon (Rois
I, IX v. 15). Les Philistins battus par David furent
poursuivis depuis Gaba jusqu'à Gazer (Rois II, v
v. 25). Eusèbe place Gazara à 4 milles de Nicopolis
(*Amouas*).

Ce ne peut être la même ville que Geder (voyez ce
mot), aujourd'hui *Katrah* ou *Gatrah*, et il y a une
distinction à faire entre Gazer et Gader, puisque les
rois de ces deux villes sont distingués l'un de l'autre
dans Josué (XII v. 12 et 13); mais c'est probablement
la même que Gazara ou Gezeron.

Mr Clermont Ganneau a retrouvé l'emplacement certain de Gezer, à petite distance d'*el-Koubab*, et auprès
de l'Oualy nommé *Abou-Choucheh*. Les ruines en sont
considérables et elles occupent le flanc d'une colline
nommée *Tell-Djezer*.

2°. Gezeron, Gazara. Ville voisine d'Azotus; et située
au Nord de celle-ci (Strabon).

Dans les Macchabées (I, IV v. 15 et XV v. 28 et 35)
elle est appelée Gezeron et Gazara; elle est encore nommée Gazara (I, VII v. 45) et il est dit qu' après la défaite et la mort de Nicanor, Judas Macchabée poursuivit les fuyards, depuis Adazer jusqu'à Gazara, ce qui
représente une journée de marche.

Elle fut fortifiée par Jonathan (Macch. I, IX v. 52)
et Simon Macchabée habitait Gazara, „in Gazaris'‘
(Macch. I, XIII v. 54). Elle était dans la région d'Azotus (*Esdoud*) (Macch. I, XIV v. 34 et II, X v. 32). C'est
très probablement la même ville que Gazer ou Gezer.
(Voyez ce nom.)

On a voulu reconnaître cette ville Biblique dans *Yazour*, village situé à une lieue au Sud-Est de Jaffa; mais cette opinion n'est pas admissible. Il y a une autre *Yazour*, placée à une lieue et demie au S.-S.-O. de *Katrah* et à l'Est de *Barka* (Bene-Berak). Pourquoi a-t-on choisi l'autre *Yazour* plutôt que celle-ci? Elles n'ont guère plus de droit l'une que l'autre à représenter la Gezer Biblique.

Gezonite, גזוני. Ethnique d'une localité inconnue cité dans les Paralipomènes (I, XI v. 34). Nous lisons: „Eliaba Salabonites. Filii Assem Gezonites." Dans le passage parallèle du livre des Rois (II, XXIII v. 32 et 33) il y a: „Eliaba de Salaboni. Filii Iassen, Ionathan." Il y a évidemment là des altérations de texte dues aux copistes et qui nous dispensent de rechercher ce que peut être cet ethnique.

Giah, גיח. Localité mentionnée dans le livre des Rois (II, II v. 24), comme se trouvant sur le chemin du désert de Gabaon. (Voyez Gabaon.)

A moins d'une heure de marche, à l'Est quelques degrés Sud, de *Djeba*, se trouve une localité ruinée nommée *Kharbet-Hayeh*. C'est peut-être notre Giah; mais alors *Djeba* devrait être identifiée avec la Gabaon dont il est ici question. St.-Jérôme traduit: „collis aquaeductus, qui est adverso vallis et itineris deserti in Gabaon." Ainsi il n'a vu dans Giah que le mot hébreu: *Gé*, vallée.

Gihon, גיחון. Nous lisons dans les Paralipomènes (II, XXXIII v. 14) que Manasseh bâtit un mur extérieur à la cité de David, à l'Occident de Gihon, dans la vallée...... et jusqu'à Ophel.

Le texte hébreu peut se traduire littéralement: à l'Occident, en face de Gihon (qui est) dans la vallée, etc.

Traduit ainsi il représente exactement la topographie réelle, tandis qu'un mur de la cité de David ne pouvait en aucune façon se trouver à l'Occident de Gihon, qui est certainement le *Birket-Mamillah* de nos jours.

Gihon, גיחון. Nom d'un amas d'eau, situé près de Jérusalem et d'où partait un aqueduc amenant l'eau à la ville. C'est là que David, après avoir appris la tentative ambitieuse de son fils Adoniah, fit conduire et sacrer son fils Salomon (Rois III, 1 v. 33, 38 et 45).

C'est aujourd'hui la grande piscine nommée *Birket-Mamillah*, d'où part l'aqueduc qui vient se déverser dans la grande piscine intérieure, nommée *Birket-Hammam-el-Batrak* (la piscine des bains du patriarche).

Gilo, גלה. Ville de la tribu de Juda (Josué XV v. 51) citée après Gosen et Holon. C'était la patrie d'Achitophel qui trahit David pour prendre le parti d'Absalom (Rois IV, xv v. 12). C'est peut-être *Beit-Djala*, située à droite de la route de Jérusalem à Beth-Lehem; mais ce peut être aussi *Djala*, placée à une demi-lieue à l'Ouest de *Beit-Oummar*, qui est à droite de la route de Jérusalem à Hébron, et aux deux tiers de cette route. Je préfère cette seconde hypothèse.

Gilonite, גילני. Ethnique de Gilo, appliqué à Achitophel, le conseiller d'Absalom (Rois (II, xv v. 12). (Voyez Gilo.)

Goatha, געתה. Dans le passage où il est question de la colline de Gareb, se trouve mentionné Goatha (Jérémie XXXI v. 39). C'est un lieu inconnu, à moins qu'il ne s'agisse du Calvaire au Golgotha, ce qui est fort possible.

Gob, גּוֹב. Localité où une bataille fut livrée aux Philistins (Rois II, XXI v. 18 et 19). Ce nom est fort douteux, car dans les Paralipomènes (I, XX v. 4) il est remplacé par Gazer, et les Septante l'ont transcrit Noub, Nôb. Dans tous les cas ces fautes de transcription doivent avoir été commises sur des textes conçus en hébreu carré. La vulgate de St.-Jérôme donne Gob (dans les Rois), et Gazer (dans les Paralipomènes) aux passages cités ci-dessus. Inutile de chercher l'identification de ce lieu.

La leçon hébraïque est positivement Nob.

Golan, גלן, גּלוֹן. Ville du pays de Basan, donnée à la demi-tribu de Manassé. (Deutér. IV v. 43). Son nom est écrit: Gaulon, dans Josué (XXI v. 27), mais les Massorètes avertissent qu'il faut lire Golan. Eusèbe lui donne le nom de Gaulan. C'est peut-être *Adjloun*, à 5 lieues à l'O.-N.-O. de *Djerach* (Gerasa).

Golgotha. Nom du lieu où, fut crucifié notre Seigneur (St.-Matth. XXVII v. 33). Ce nom signifie la place du calvaire (St.-Marc. XV v. 22). Il est encore appelé: locus qui vocatur calvariae, dans St.-Luc (XXIII v. 33), et dans St.-Matthieu: Golgotha, quod est calvariae locus. (Voyez Goatha.)

Gomorrhe (ou mieux **Amorah**), עמרה. L'une des cinq villes de la Pentapole maudite. Elle était dans la plaine, et fut détruite par Dieu (Genèse X v. 19). On a pensé que, parce que cette ville faisait partie de la Pentapole, elle devait être voisine de Sodome; rien absolument ne le prouve. Il est au contraire probable, à mon avis, qu'elle était sur la même rive occidentale de la Mer Morte, et vers la pointe Nord de cette mer. Là se trouvent des ruines d'une ville très-considérable que j'ai signalées le premier, et que les Arabes connaissent parfaitement sous le nom de *Kharbet-Oumrân*. Pour moi ce sont les restes de la Gomorrhe maudite; à proximité de ces ruines se trouve un îlot couvert de débris de construction, et connu des Arabes sous le nom de *Redjôm-Louth*, (monceau de Loth.)

Il y avait un roi de Sodome et un roi de Gomorrhe (Genèse XIV v. 10). Ces deux principautés devaient donc être à une certaine distance l'une de l'autre.

Dans Sophonie (II v. 9) nous lisons: "parce que Moab sera comme Sodome, et les fils d'Ammon seront comme Gomorrhe." Ne semble-t-il pas qu'il y ait là une sorte de parallélisme qui place Sodome en face de Moab, et Gomorrhe en face d'Ammon, ce qui géographiquement est juste, si *Kharbet-Oumrân* représente Gomorrhe.

Gosen (contrée et ville de), גשׁן. Citée dans le livre de Josué (X v. 41 et XI v. 16). Comme il s'agit des victoires de Josué, il ne peut être question ici que de la Gosen de la tribu de Juda (XV v. 5), ville qui était sur la montagne, et mentionnée entre Anim et Holon. Cette ville n'a pas encore été retrouvée.

Gur (la Montée de), גור. Le roi d'Israël Joram une fois tué dans le champ de Naboth le Jezraelite par Jéhu, le roi de Juda, Ochozias, qui l'accompagnait, s'enfuit par la Montée de Gur, fut poursuivi par Jéhu et ses adhérents, et blessé sur son char. Il put gagner Megiddo, où il mourut de sa blessure, (Rois IV, IX v. 27). Il est dit que cette Montée de Gur était près de Ieblaam (Voyez ce mot). St.-Jérôme donne les variantes Gur ou Gaber, et la Vulgate Sixtine, Gaver.

Gur-Baal, גור בעל. Contrée ou ville, habitée par les Arabes et citée dans les Paralipomènes (II, XXVI v. 7.)

Le roi Ozias les défit ainsi que les Ammonites. J'ignore ce que peut être aujourd'hui Gur-Baal. La Vulgate a lu ici: les Ammonites; la bible Anglaise donne à leur place: les Méhunnim; le texte hébreu donne: המעונים, les Mâounim. Pour moi il est clair qu'il s'agit du peuple de Baal-Maôn, des Maônites.

H.

Hachila (Colline de), גבעת החכילה. Elle est citée dans les Rois (I, XXIII v. 19 et XXVI v. 1 et 3). Elle était au Sud de Ieshimon; mais il faut remarquer que ce dernier nom signifie: désert. Dans les deux derniers versets, au lieu de: au Sud de Ieshimon, on lit: devant Ieshimon. On ne connait pas la position de cette colline.

Hadara, voyez **Dor, Dora**.

Hadassa, חרשה. Ville de la tribu de Juda, située dans la plaine, et mentionnée par Josué (XV v. 37). Eusèbe dit qu'elle était près de Taphnôn, que St.-Jérôme transcrit Gufna, en s'étonnant de la présence de cette ville dans la tribu de Juda, tandis que Gufna (*Djifneh*) est dans la tribu d'Ephraïm. Ce lieu est nommé Adarsa dans les Macchabées (I, VII v. 40), et il est dit que Judas vint y camper, avant d'attaquer Nicanor. Le texte grec le nomme Adasa, ainsi que Josèphe, qui dit qu'il était à trente stades de Bethoron. C'est aujourd'hui *Kharbet-Adasa*, à deux grandes heures de marche au Sud de *Djifneh*. Evidemment il n'y a rien de commun entre l'Adarsa ou Adasa des Macchabées et de Josèphe, et la Hadassa du livre de Josué; celle-ci n'a pas encore été identifiée. (Voyez Adasa.)

Hadattah, חדתה. Ce nom qui suit dans Josué le nom d'Asor (XV v. 25), signifie: la nouvelle. Il s'agit donc d'une ville de Juda nommée Asor la Nouvelle. (Voyez Asor.)

Haddathah, voyez **Neceb**.

Hadid, חריר. Ville de la tribu de Benjamin (Néhémie XI v. 34). C'est probablement la même ville qui est nommée Adida dans les Macchabées. (Voyez Adiada.)

Haditheh (el-), voyez **Adiada**.

Hadjer-Lasbah (el-), voyez **Achor** et **Dabir** 3.

Hadsi, חרשי. Nous lisons dans les Rois (II, xxiv v. 6) que Joab, chargé du recensement d'Israël, vint en Galaad et dans les campagnes de Hadsi. Ce canton est désigné comme une terre inférieure au pays de Galaad. On n'a pas encore pu l'identifier.

Hævaei, Hévéens, העוים. Peuple cité dans le Deutéronome (II v. 23) et dans Josué (XIII v. 3). Ils habitaient au Midi de la terre d'Israël, dans le voisinage de Gaza, et ils furent dépossédés par les Caphtorim ou Capthoréens. Les Juifs prétendent que leur nom venait d'un mot du dialecte Galiléen, signifiant: serpent. Dans le premier passage St.-Jérôme les nomme Hevæni, et dans le second Hævaei.

Hai, עיא. Une ville de ce nom est mentionnée dans le livre de Néhémie (XI v. 31), comme appartenant à la tribu de Benjamin. Ne serait-ce pas la même que la célèbre Aï? On pourrait penser à la moderne *Tourmous-*

Aya près *Seiloun*, mais il est douteux que ce village soit sur le territoire de Benjamin.

Halak (Mont), ההר ההלק. Ce nom se trouve dans Josué (XI v. 17 et XII v. 7). Ce nom signifie littéralement: montagne chauve, sans arbres, sans verdure. Il n'est pas certain qu'il s'agisse d'un nom propre. Les Septante cependant ont conservé le nom hébreu qu'ils écrivent Alak, et dans l'édition du Vatican, Khalkha. Dans tous les cas il s'agit d'une montagne qui monte vers Seir, c'est-à-dire vers le pays d'Edom. St.-Jérôme traduit: „Et partem montis quae ascendit Seir, usque Baal-Gad, per planitiem Libani, subter montem Hermon" (XI v. 17) et plus loin: „a Baal-Gad in campo Libani, usque ad montem, cujus pars ascendit in Seir" (XII v. 7).

Halhoul, voyez **Halhul.**

Halhul. הלחול. Ville de la tribu de Juda (Josué XV v. 58.). St.-Jérôme l'appelle Eloul, et dit qu'elle est voisine de Hébron. Cette ville n'a pas changé de nom et s'appelle toujours *Halhoul.* Elle est tout-à-fait voisine et un peu au Sud de l'*Ayn-ed-Diroueh*, sur la route de Jérusalem à Hébron. Elle n'est guère qu'à une bonne heure de marche de cette dernière ville.

Hallabeh (Kharbet-), voyez **Salabin.**

Hamah, voyez **Emath (Epiphania).**

Hamamah, voyez **Cariathamaum.**

Hamameh, voyez **Amam.**

Hamatha, חמטה. Ville de la tribu de Juda (Josué

(XV v. 54), que les Septante lisent Ammata ou Euma.
Ce nom ressemble assez à celui de Kimath, ville que les
Septante mentionnent dans le livre des Rois (I, xxx v. 29).

Cette ville est citée immédiatement avant Hébron,
mais son emplacement n'a pu encore être retroûvé. St.-
Jérôme la nomme Athmatha.

Hammam (el-), voyez Emath.

Hamon, חמון. 1°. Ville de la tribu d'Aser (Josué
(XIX v. 28). C'est dans le village moderne de *Hamoul*, que s'est retrouvé le nom de cette localité Biblique. Si nous tenons compte de la présence des belles
ruines antiques, nommées aujourd'hui *Omm-el-Aamid*, que
j'ai signalées le premier, et qui sont situées au débouché de l'*Ouad-Hamoul*, sur la plage qui s'étend entre le
Ras-el-Abiadh et le *Ras-en-Nakoura*, on sera tout disposé à conclure que ces ruines, de beaucoup antérieures à
celles du temple grec qui les domine, sont celles de la
Hamon Biblique. En Syrie les lettres *n* et *l* permutent
avec une grande facilité. Ainsi Jezraël est devenu:
Zerayn, Ismaël, *Ismayn*, etc.

2°. Une ville du même nom est citée comme étant
de la tribu de Nephtali dans les Paralipomènes (I, vi
v. 61), et comme donnée aux Lévites avec ses pâturages. On ignore la situation de cette ville Biblique.

Hamoul (Ouad-), voyez Hamon.

Hanaoueh (Korn-el-), voyez Hanathon.

Hanathon, חנתן. Ville de la tribu de Zabulon, citée
dans Josué (XIX v. 14), comme voisine de la vallée
de Iephtah-El. Au N.-N.-O. de *Iefat* (Iephtah-El, depuis, Iotapata) se trouve à trois bonnes heures de

marche, une montagne qui porte le nom de *Korn-el-Hanaoueh*, et qui pourrait rappeler celui de notre localité Biblique. Malheureusement celle-ci était de la tribu de Zabulon, et la montagne en question parait bien être comprise dans le territoire d'Aser.

Haouran, voyez Auranite.

Haphara, הפרים. Ville de la tribu d'Issachar (Josué XIX v. 19). Eusèbe la nomme Aiphraaïm et dit qu'elle était à six milles au Nord de Legio (*el-Ledjoun*). Aucune ruine, aujourd'hui connue dans cette région, ne rappelle le nom en question.

Harad, חרד. Fontaine située au Midi d'une colline élevée où Gédéon vint se poster, avant d'attaquer les Madianites (Juges VII v. 1). On ignore ce que peut être ce lieu qui n'a sans doute rien de commun avec l'Arad de la tribu de Juda, remplacé aujourd'hui par la ruine nommée *Kharbet-Tell-Arad*; peut-être cette fontaine est-elle proche du lieu qui a donné naissance à l'Ethnique Harodi. Cette fontaine était près de la colline de Moreh, que St.-Jérôme rend par: collis exaltus. (Voyez Moreh.)

Haram-Khemet-el-Khalil, voyez **Mamré** et **Hébron.**

Haramah, הרמה. Ville citée dans Néhémie (VII v. 30). Le texte prouve qu'il s'agit de la Rama placée dans le voisinage de Beroth et de Gaba. Autrement dit c'est *er-Ram*, voisine d'*el-Bireh* et de *Djebâa*, au Nord de Jérusalem et sur la route de *Naplouse*.

Hares (Mont), הר חרם. Mont mentionné dans les Juges (I v. 35). Le texte dit: „les Amorrhéens voulurent demeurer sur la montagne de Hares, à Aïalon et à Sale-

bim, mais ils devinrent tributaires de la maison de Joseph."
C'est peut-être la montagne sur laquelle était Tibneh,
où fut enterré Josué. (Voyez Thimnath-Hares.)

Harma et **Horma,** חרמה. 1°. Nom d'une ville de la tribu
de Siméon (Josué XV v. 30). Il en est question dans
les Nombres (XXI v. 3), à propos de la défaite du roi
d'Arad, par les Israélites (Josué XII v. 14). Arad est
au *Tell-Arad*, à une journée de marche au Sud d'Hébron.
Harma, qui n'a pas été retrouvée, devait donc être de ce
côté-là; peut-être faut-il la chercher à la ruine nommée
Kharbet-Beit-Amra à deux lieues au Sud, quelques degrés
Ouest, d'*el-Khalil* (Hébron). Peut-être aussi, et je suis
assez porté à le croire, s'agit-il des ruines nommées
Kharbet-Ermaïl, que l'on rencontre sur la route de
Zouera à Hébron, bien avant d'arriver à *Djembeh*.

2°. חרמה. Le livre de Josué (XIX v. 29) décrivant la
limite du territoire d'Aser, cite une ha-Rama, que
St.-Jérôme lit Horma? Lequel a raison, de St.-Jérôme
et de l'orthographe massorétique? C'est ce que je ne
saurais dire avec une entière conviction. Cependant
comme dans ce même verset il est dit que la limite va
par Ramah jusqu'à la ville forte de Sour (*Tyr*), et qu'il
y a en réalitée, à une lieue au Sud-Est de Sour, un village
qui s'appelle encore *Ramah*, j'adopte de préférence
la lecture ha-Ramah à celle de Horma proposée par
St.-Jérôme.

Harod et **Harodi,** חרדי. Ethnique appliqué à deux
héros de David, Semmah et Elica (Rois II. XXIII v. 25).
Il répond au lieu nommé Harod. St.-Jérôme écrit dans
le même verset: de Harod, et de Harodi.

Haroseth-ha-Goïm. Haroseth-Gentium, חרשת הגוים.
Ce nom qui signifie: la capitale des gentils, est évidem-

ment un synonyme de Hazor, capitale du roi Iabin. (Juges IV v. 13 et 16). (Voyez Asor.)

Haruphite, חרופי. Ethnique employé dans les Paralipomènes (I. XII 5). J'ignore à quelle localité il peut correspondre.

Haser-Addar, חצר אדר. Ville des confins de l'Idumée, citée dans les Nombres (XXXIV v. 4). La vulgate de St.-Jérôme donne, au lieu de ce nom, Ader simplement. L'identification de cette localité Biblique n'a pas encore été effectuée. Du reste le mot Haser signifie: village.

Haser-Enan, חצר עינן. Lieu cité dans les Nombres (XXXIV v. 9) et que la vulgate de St.-Jérôme traduit simplement "la ville d'Enan". Ce lieu était sur la limite septentrionale de la Terre Promise. Je ne doute pas que ce ne soit la même ville que celle qui est appelée Ahion, dans les Rois (III. XV v. 20), et qui fut ravagée par le roi de Damas; car le nom Enan comme le nom Ahion signifie: les sources. A propos d'Enan, Eusèbe dit que ce lieu est dans le pays montueux de Damas. Le Rev^d. Robinson a proposé, avec beaucoup de vraisemblance, de reconnaître l'Iion Biblique au *Tell-Dibbin* placé dans le *Merdj-Ayoun*, sur la rive droite du *Nahr-Hasbeya*, à peu-près à la même distance d'*Hasbeya* et du *Djisr-el-Rhadjar*. Haser signifie: village.

Haser-Gadda, חצר גדה. Localité de la partie Sud de la tribu de Juda (Josué XV v. 27). Son nom signifie village de Gadda. Comme ce nom ne se trouve que cette seule fois dans l'Ecriture Sainte, on ne peut être assuré qu'il ne s'agit pas de deux localités distinctes Aser et Gadda, ainsi que le pense Eusèbe. Celui-ci mentionne Aser, dans la tribu de Juda, et dit que c'est un très-grand village, placé sur la route d'Azotus (*Esdoud*) à Ascalon.

On ne connaît aucune localité ruinée du nom d'Aser entre *Esdoud* et *Askoûlân*; peut-être Eusèbe a-t-il voulu désigner Iarzeh, que Mr. Guérin a retrouvé à une lieue et demie à l'Est d'Ascalon, et qui est probablement la Iourzah, mentionnée dans la table des conquêtes du Pharaon Thoutmès III en Palestine (Monument de Karnak). Quant au nom Gaddah on pourrait à la rigueur le retrouver dans l'une des deux ruines, signalées par Mr. Guérin sous le nom de *Kharbet-Djedeideh*, la première à trois quarts de lieue au Sud de *Kharbet-Dikrin*, la seconde à une lieue et demie au Sud-Est de *Deir-el-Belah*, et à cinq lieues au Sud-Ouest de Gaza.

Haserim, חצרים. Nom cité dans le Deutéronome (II v. 23) comme demeure des Hévéens. Ce nom signifie littéralement: des villages, et comme le texte porte: „les Hévéens qui demeuraient à Hâzerim jusqu'à Azzah (Gaza)", il est fort probable, qu'il ne s'agit là que d'un mot général, et non d'un nom propre de lieu.

Haser-Sual, חצר שועל. Ville située au Midi de la tribu de Juda, et mentionnée avec Bersabée (Josué XV v. 28 et Néhémie XI v. 27). Ce nom signifie: village du renard. Cette ville fut attribuée aux Siméonites (Josué XIX v. 3). A trois heures de marche à l'Est de Bir-es-Sebâa, Mr. Van de Velde signale une localité nommée *Saoueh*, qu'il assimile, mais dubitativement à Haser-Sual.

Haser-Susa, ou **Haser-Susim**, חצר סוסה, חצר סוסים. Ce nom signifie: village du cheval ou des chevaux. Il désigne une ville de la tribu de Siméon, mentionnée dans Josué (XIX v. 5) et sous la forme Haser-Susim dans les Paralipomènes (I. IV 31). Mr. Guérin propose, mais avec réserve, d'identifier cette ville Biblique avec *Kharbet-Sousieh*, ruines importantes, situées à une demi-heure de marche à l'O.-S.-O. du *Tell-Maïn*, l'ancienne Maôn Biblique. Il n'y a d'objection contre cette identification que la situation de *Kharbet-Sousieh*, qui semble devoir être en dehors du territoire de Siméon, et appartenir plutôt à celui de la tribu de Juda.

Hassemon, חשמון. Ville située dans la partie Sud du territoire de Juda (Jos. XV v. 27); elle est citée entre Haser-Gadda et Beth-Phalet. Cette ville n'a pas encore été retrouvée.

Havoth-Jaïr, חות יאיר. Jaïr, fils de Manassé s'empara des bourgs du pays de Galaad, qu'il nomma Havoth-Jaïr (Nombres XXXII v. 41).

Havoth, mot hébreu qui n'est usité qu'au pluriel, signifie: villages ou campements. C'est donc une appellation pure et simple et non un nom propre de lieu.

Hazmeh, voyez **Azmaveth**.

Hazour, voyez **En-Hasor**.

Hébal, עיבל. C'est la montagne maudite qui fait face au mont Garizîm. On n'y trouve pas trace de l'autel formé des douze grosses pierres enlevées au lit du Jourdain. Il est question du mont Hébal dans le Deutéronome (XI v. 29 et XXVII v. 4 et 13) et dans Josué (VIII v. 30 et 33). Cette montagne porte aujourd'hui le nom de *Djebel-Setty-Slimah*, du nom d'une femme vénérée, comme sainte, par les Musulmans, et dont la tombe, creusée dans le flanc de la montagne, est illuminée le vendredi soir.

Hébron, חברון. Cette ville fut nommée d'abord Ca-
riat-Arbée, la ville d'Arbée (Genèse XXIII v. 2). Arbée
était le père d'Enac (Jos. XV v. 13). Le chêne de
Mamré était auprès de cette ville (Genèse XIII v. 18).
Nous lisons dans les Nombres (XIII v. 22) qu' Hébron
fut fondée sept ans avant Tzaan d'Egypte (Tanis, aujour-
d'hui *Sán*). Elle fut donnée à Caleb (Josué XIV v. 13).
Enfin elle était dans le pays montueux de Juda (Josué
XX v. 7) et possédait une grande piscine (Rois II, IV
v. 13).

Abraham, Isaac et Jacob furent enterrés à Hébron
dans la grotte de Macphelah, (la grotte double). St-
Jérôme (in comment. ad Matth. XXVII), dit qu' Adam
fut enterré aussi à Hébron (vulgate, Josué XIV v. 15),
mais ce fait n'est pas mentionné dans le texte hébraïque.

Dans le livre des Macchabées (I, V v. 65) cette ville
est nommée Chébron, et il est dit que Judas Macchabée
l'enleva à la postérité d'Esaü, c'est-à-dire aux Iduméens.

Eusèbe place Hébron à 22 milles, de Jérusalem, et à
20 milles de Bersabée. De son temps on voyait encore
le Terébinthe sous lequel la tradition prétendait qu' A-
braham avait planté sa tente. Les auteurs varient sur
la distance de cet arbre sacré à Hébron, entre 6 stades (Josèphe), 15 stades (Sozomène) et 22 mille (Itinéraire de Jérusalem). Le fait est que le chêne de Mamré était au point nommé aujourd'hui *Haram-Khemet-*
(et non *Ramet*) *el-Khalil*: le sanctuaire de la tente du
bien-aimé. C'est le nom d'el-Khalil que les Arabes
donnent à Abraham, et que porte parmi eux, de nos
jours, la ville même d'Hébron. Quant au *Haram-Khemet-
el-Khalil*, il est situé à près d'une lieue au Nord d'Hébron. On voit dans cette ville un sanctuaire nommé
el-Haram, construit par David probablement, au-dessus
de la cave sépulcrale des Patriarches. La grande piscine
citée dans le livre des Rois existe toujours.

Hébron fut la capitale du roi David, avant la conquête de Jérusalem. Enfin Hébron est à une journée
de marche au Sud de Jérusalem.

Helam, חלאם. Localité située au delà du Jourdain et
où David livra bataille aux Syriens (Rois II, X v. 17).
Elle n'a pu encore être identifiée.

Helba, חלבה. Ville de la tribu d'Aser, mentionnée
dans les Juges (I v. 31), où il est dit que les habitans
n'en purent être expulsés par les Asérites. — Le texte
hébraïque porte Akhlab; la vulgate nomme cette ville
Ahalab. C'est peut-être *Khalaboun* ou *Schalaboun* sur
la route de *Bent-Djebel* à *Sour* (Tyr). On y voit des
ruines importantes et d'une grande antiquité. Ces ruines
sont à faible distance au Nord de *Bent-Djebel*, mais il
est nécessaire de remarquer que le verset 31 de la vulgate de St-Jérôme mentionne Accho, Sidon, Ahalab,
Achazib, Helba, Aphec et Rohob. Ahalab et Helba
sont donc deux villes distinctes.

Helbon, חלבון. Nous lisons dans Ezéchiel (XXVII
v. 18): „Damas faisait le commerce avec tes producti-
ons, avec la multitude de tes richesses, en vins de Helbon, en laine écarlate''. St.-Jérôme traduit: in vino
pingue. — Le vin de Helbon, nommé Khalybon par
Strabon (Livr. XV) était très-célèbre; les rois de Perse
n'en buvaient pas d'autre. Quelques personnes pensent
que c'est aujourd'hui *Alep*, où la vigne est encore cul-
tivée avec succès; mais si nous remarquons qu'à une
petite journée de marche, au N.-N.-O. de Damas, se
trouvent sur l'*Ouad-Helbon*, des ruines qui portent
le même nom de *Helbon*, nous serons bien tentés d'y
retrouver la Helbon Biblique. C'est du reste l'avis de
Van de Velde.

Helcath, Halcath, חלקת. Ville de la tribu d'Aser (Josué XXI v. 31) et qui fut donnée aux Lévites, avec ses pâturages. Elle n'a pas encore été retrouvée. Elle était sur la frontière d'Aser (Josué XIX v. 25). Peut-être est-ce *Kerkeh* à deux lieues et demie, au Sud-Est, de St.-Jean d'Acre. MM. Mieulet et Derrien n'ont obtenu pour ce village que le nom de *Yerkeh.*

Helcath-Hazzurim, חלקת הצרים. Localité située dans Gabaon (Rois II, II, v. 16). Ce nom signifie: le champ des rochers, des forts, ou peut-être le champ des glaives, Zur signifiant aussi le fil d'un glaive. Il fut donné au champ où douze Benjaminites, sujets d'Ishbosheth, fils de Saül, combattirent contre douze guerriers de David et où tous s'entre-tuèrent. St.-Jérôme traduit: ager robustorum. Ce champ était près de Gabaon; c'est tout ce que nous en pouvons dire.

Heleph, חלף. Ville de la tribu de Nephtali (Josué XIX v. 33). Comme le texte hébraïque porte mi-Heleph, les Septante en ont fait un nom de lieu: Maleph. St.-Jérôme l'appelle Meeleb. Dans l'incertitude où nous sommes sur la véritable orthographe de ce nom de lieu, il est plus prudent de s'abstenir d'en chercher l'identification.

Helmon-Deblathaïm, עלמן דבלתים. Lieu de campement des Hébreux, situé entre Dibon-Gad, et les montagnes d'Abarim, devant Nebo (Nombres XXIII v. 46 et 47). On ne connait pas cette localité.

Jérémie (XLVIII v. 22) mentionne le jugement prononcé contre Dibon, Nebo et Beth-Deblathaïm (Domus-Deblathaïm). Ezéchiel (VI v. 14) parle du désert voisin de Deblatha, comme point de comparaison pour le châtiment dont il menace Israël. Très-probablement Helmon-Deblathaïm, Deblathaïm et Deblatha désignent une même localité.

Helon, חלון. Ville de Moab citée dans Jérémie (XLVIII v. 21), avant Iasa et Dibon. Elle était donc certainement au Nord de l'Arnon. Elle n'a pas encore été retrouvée.

Hélon, חילן. Ville de la tribu de Juda, citée dans les Paralipomènes (I, VI v. 43). Elle fut donnée aux Lévites, avec ses terrains libres. Elle est citée entre Esthémo et Dabir. Dans le texte hébraïque le chiffre du verset cité est 43: dans la vulgate de St.-Jérôme, c'est 59.

Esthémo est à *Semoud*, à environ 3 lieues au Sud, quelques degrés Ouest, d'*el-Khalil*, (Hébron). Dabir était probablement au point où se voient aujourd'hui les ruines nommées *Kharbet-Douïrban*, à 3 kilomètres au Nord-Est d'Hébron; entre ces points je n'en vois aucun qui puisse être identifié avec Hélon.

Ne serait-ce pas la même ville qui est appelée ailleurs Holon? (Voyez ce mot.)

Hermon (Mont), הר בעל חרמון. Haute montagne de l'Antiliban, qui domine Banias; dans les Juges (III v. 3) elle s'appelle Bâal-Hermon. Partout ailleurs c'est Hermon seulement que l'Ecriture Sainte la nomme (Josué XIII v. 11 et 17).

Nous apprenons par le Deutéronome (III v. 9), que les Sidoniens donnaient à cette montagne le nom de Sirion, et les Amorrhéens celui de Sanir. Pourtant dans le Cantique des Cantiques (IV v. 8) il est fait une distinction entre le Sanir et l'Hermon. Enfin dans le Deutéronome (IV v. 48) il est dit que l'Hermon était aussi appelé Sion.

Dans le Deutéronome (III v. 8 et IV v. 48) l'Hermon
est signalé comme limite septentrionale de la terre d'Israël. Les Chivéens habitaient aux pieds de cette montagne (Josué XI v. 3), et dans les Juges (III v. 3) ce
peuple est dit habiter dans le Liban, depuis Baal-Her-
mon jusqu'à la route de Hamath. C'est dans l'Antiliban qu'il faut entendre. L'Hermon appartenait au roi
Og (Josué XII v. 5) et après la défaite de ce prince, la
montagne fut donnée aux Israélites (Josué XIII v. 11).
C'est aujourd'hui le *Djebel-esch-Scheikh*.

Hermoniim, חרמונים. S'agit-il des habitants du mont
Hermon, ou de plusieurs Hermons, c'est-à-dire d'une
chaîne de montagnes, dont l'Hermon faisait partie? Je ne
sais (Psaume XLI v. 7).

Hesbân, voyez **Hesebon.**

Hesebon, חשבון. C'est la ville capitale de Sihon, roi
des Amorites (Nombres XXXII v. 37). Jérémie (XLVIII
v. 2) l'attribue aux Moabites. Le pays de Gad s'étendait
d'Hesebon jusqu'à Ramoth-Hammitzpé (Josué XIII v. 26).
Hesebon fut donnée à la tribu de Ruben (XIII v. 17).
Nous lisons cependant que Hesebon fut attribuée aux
Lévites, sur le territoire de Gad (Josué XXI v. 37 et
Paralip. II. VI v. 80). Eusèbe dit qu'elle était dans les
montagnes opposées à Jéricho, et distante de 20 milles
du Jourdain. Elle est nommée Essebôn par Josèphe et
Chasphor, et Casbon dans les Macchabées (IV v. 26 et 36).
Sur les rares monnaies impériales romaines, frappées
dans cette ville, son nom est écrit Esbous.

C'est aujourd'hui *Hesbân*, dont les ruines sont très-
considérables. J'en ai publié le plan dans mon voyage
en Terre Sainte.

Hesron, חצרון. Ville située sur les frontières méridionales de la tribu de Juda (Josué XV v. 3). Elle devait se trouver, dit le texte, entre Cades-Barné, et Addar, puis Carcaa. De là elle passait par Asemona et atteignait le torrent d'Egypte (*Nahr-el-Arich*) (Josué XV v. 4). Toutes ces localités, sauf Cades-Barné, n'ont pas encore été identifiées, mais elles le seront sans doute par Mr. Palmer, le vaillant explorateur du désert de Sin.

Héthalon, חתלן. Dans Ezéchiel (XLVII) nous lisons, v. 13 : „Voici la limite du pays que vous distribuerez aux douze tribus d'Israël..... v. 15, et voici la limite au Nord, depuis la grande mer, par la voie de Héthalon jusqu'à Sédada. Héthalon est encore mentionnée une fois au chapitre suivant (v. 1), mais pas ailleurs. Peut-être est-ce *Atleh*, à une très grande journée de marche au Nord-Est de *Tripolis* et à l'entrée de la montagne.

Héthéens, חתים. Dans la Genèse (X v. 15) parmi les fils de Canaan, le second est Hethaeus; c'est le père de ce peuple. Ils étaient établis autour d'Hébron (Genèse XXIII v. 7 et 20). Ils habitaient dans le pays de montagne (Nombres XIII v. 29), avec les Jébuséens et les Amorrhéens. Dans Josué (I v. 4) il est dit que tout le pays, depuis le désert et le Liban jusqu'à l'Euphrate, et jusqu'à la grande mer à l'Occident, était aux Héthéens. Au contraire dans les Juges (I v. 26) il est dit que la terre des Héthéens ne s'étendait pas jusqu'à Bethel. Plusieurs peuples divers paraissent avoir porté ce nom; ainsi nous trouvons des Héthéens, vaincus par Salomon (Rois III. ix v. 20) et des rois des Héthéens sont mentionnés (Rois IV. vii v. 6 et III. x v. 29). Dans le livre de Josué (I v. 4) la terre promise par Dieu aux enfants d'Israël, est tout le pays des Héthéens; il est donc très-clair que les fameux Khétas des textes Egyptiens ne sont autres que les Héthéens de l'Ecriture Sainte.

Hévæens, חוים. Ils descendaient de Hevæus, 6me fils de Canaan (Genèse X v. 17). Ils habitaient auprès du mont Hermon, aux frontières septentrionales de la terre de Canaan. (Josué XI v. 3). Dans les Juges (III v. 3) il est dit qu'ils vivaient dans le Liban.

Dans la Genèse (XV v. 19) ils ne sont pas cités, mais dans la version grecque, ils sont placés entre les Cananéens et les Girgézéens.

Hévila, חוילה. Nous lisons dans les Rois (I. xv v. 7): „Saül battit Amalek depuis Hévila jusqu'à Sur, qui est devant l'Egypte". On ne sait ce que c'est que Hévila. Rosenmüller en fait la Colchide, ce qui n'a pas le sens commun. Hévila est cité dans la Genèse (X v. 29) comme fils de Joktan le Sémite. Ce devait être nécessairement un pays situé au Midi de la Terre Promise.

Hir-David, עיר דויד. Surnom donné à la forteresse de Sion, lorsque David s'en fut emparé, et appliqué plus tard, par extension, à toute la ville de Jérusalem.

Hir-Hammelah (Civitas Salis), עיר המלח. Ce nom signifie: la ville du Sel. Cette ville était dans le désert de Juda (Josué XV v. 62). Là probablement se fabriquait en grand le sel provenant de la Mer Morte. Elle est citée immédiatement avant Engaddi (*Ayn-Djedy*). Il serait donc possible que cette ville eût été située dans le voisinage immédiat de la Mer Morte. On en ignore la position réelle, à moins que ce ne soit la même ville qui s'est nommée plus tard Moladah ou Malatha, et dont le site a été reconnu à *Kharbet-Tell-el-Meleh*, situé à une grande journée de marche, au Sud d'*el-Khalil* (Hébron).

Hir-ha-Thamarim (Civitas ou Urbs Palmarum), עיר התמרים. C'est un surnom de Jéricho (Juges I v. 16 et III v. 13 et Deutér. XXXIV v. 3). (Voyez Jéricho.)

Hir-Naas (Urbs-Naas), עיר נחש. Ville de la tribu de Juda (Paral. I. IV v. 12). Elle fut fondée par Tehinna, descendant de Juda. C'est aujourd'hui *Deir-Nahas* à une demi-lieue à l'Est de *Beit-Djibrin*. Le nom hébraïque est bien Ir-Nahas.

Hir-Semes, עיר שמש. Ce nom signifie: ville du Soleil. C'était une ville située sur la frontière de Dan (Josué XIX v. 41). Elle était dans le voisinage d'Ayalon (*Yaloun*). C'est aujourd'hui la localité ruinée, nommée *Kharbet-Ayn-ech-Chems*, située à petite distance au Sud de *Surah* (Zora) et à l'Ouest de *Zanoua* (Zanoa) à peu près entre Jérusalem et *Esdoud*. C'est probablement la même ville que Beth-Sames. (Voyez ce nom.)

Holon, חלן. Ville de la partie montueuse de la tribu de Juda (Josué XV v. 51). Dans les deux versets précédents nous trouvons mentionnés Débir et Eschtemoa. Or nous avons une ville de Chélon ou Hélon, citée, avec les deux mêmes villes, dans les Paralipomènes (I. VI 43). C'est donc très-probablement le même que notre Cholon ou Holon, dont la prononciation n'est distinguée que par les points massorétiques, et ceux-ci n'ont pour moi qu'une valeur bien problématique. (Voyez Hélon). Quoiqu'il en soit, Holon fut donnée aux Lévites, avec ses pâturages (Josué XXI v. 15).

Horem, הרם. Ville de la tribu de Nephtali (Josué XIX v. 38). Elle est citée avec Iéron, Magdal-El, Beth-Anath, et Beth-Semes. Iéron s'appelle toujours de même, et c'est *Yaroun* à une petite lieue au Sud de

Bent-Djebel, sur la route de *Safed*; Magdal-El peut être *Medjdel-Selim* à une petite journée de marche au Nord de *Bent-Djebel*; Beit-Anath est à *Ainata* à une lieue au Nord de *Bent-Djebel*. A une lieue à l'Ouest de *Yaroun*, se trouve une localité ruinée nommée *Houra*. Je propose d'y reconnaître la Horem Biblique.

Horma, תרמה. Dans la description de la frontière d'Aser, nous lisons (Josué (XIX v. 29) qu'à partir de Sidon la Grande, la limite revient vers Rama (que St.-Jérôme écrit Horma) et jusqu'à la ville de Tyr. Cette Rama ou Horma doit donc se trouver entre Sidon et Tyr. Robinson l'a reconnue dans *Rameh*, à 3 heures et demie de marche au Sud-Ouest de *Tibnin*, et à 3 heures à l'Ouest de *Bent-Djebel*.

Horonite, חרני. Ethnique appliqué au Satrape Sanaballat (Néhém. II v. 10 et 19—XIII v. 28). Il peut provenir de Beth-Horon, aussi bien que de Horonaim, qui était une ville de la Moabitide.

Horrim, חרים. Peuple cité dans la Bible (Deutér. II v. 12), comme ayant été chassé des montagnes de Seïr par la lignée d'Esaü.

Eusèbe et St.-Jérôme disent qu'ils furent les habitants primitifs du pays d'Eleutheropolis (*Beit-Djibrin*). Ils vivaient dans des cavernes creusées de mains d'hommes, et ces cavernes ont été retrouvées en très-grand nombre dans cette contrée; elles sont taillées généralement en forme d'entonnoir renversé.

Hosa, חסה. Ville placée sur les frontières du territoire d'Aser (Josué (XIX v. 29); à en juger par le contexte cette localité était très-voisine de Tyr. Je propose de la voir dans le village, nommé aujourd'hui *El-Asiyeh*, situé à une lieue au Nord-Est de Tyr, un peu à droite de la voie antique qui, partant de Tyr, se dirige sur le pont qui traverse le Leontès (*Nahr-El-Kasmieh*), à côté du *Khan-El-Kasmieh*.

Houleh, voyez **Oulatha**.

Houleh (Bahr-el-), voyez **Mi-Méron**.

Houra, voyez **Horem**.

Hucoc, Hucac, Hacoc (et même **Asach**), חקק. Ville lévitique du territoire d'Aser. (Paral. I, VI v. 75 et dans l'Hébreu, v. 60). (Voyez Hucuca). Dans Josué (XIX v. 34) il est dit que Hucoc appartenait à la frontière du territoire de Nepthali.

Hucuca, חקק. Ville de la tribu de Nephtali (Josué XIX v. 34). C'est aujourd'hui à ce que l'on croit le village de *Jakouk*, situé sur la montagne, à une demie journée de marche (4 lieues environ) au Sud, quelques degrés Ouest, de *Safed*.

Hus (pays de), עוץ. C'est le pays qu' habitait Job (I, 1). Hus est le nom d'un fils d'Aram (Genèse X v. 23). C'était une contrée placée à la partie septentrionale de l'Arabie déserte, entre la Palestine, l'Idumée, et l'Euphrate. Le verset 3 qui suit, prouve que cette contrée était à l'Orient de la terre d'Israël. Ce pays est mentionné dans Jérémie (XXV v. 20 et IV v. 22).

Husathite (de Husathi), חשתי. Ethnique employé dans les Rois (II, XXI v. 18). J'ignore à quelle localité il s'applique. Cet ethnique est ajouté au nom de Sobochai, qui tua Saph qui était un descendant de Repha ou des Rephaïm.

· Ce même ethnique est appliqué plus loin (Rois II, XXIII v. 27) au héros Mobonnai, mais écrit cette fois: de Husari.

I.

Iabes, יעבץ. Ville de la tribu de Juda (Paral. I, II v. 55). C'était la demeure des Scribes. C'est tout ce que nous pouvons dire de cette localité, dont le nom ne se trouve que cette seule fois dans l'Ecriture Sainte.

Iabnia, יבנה. C'était une ville des Philistins, qui leur fut enlevée par le roi Osias, avec Geth et Azotus (Paral. II, XXVI v. 6). C'est le seul passage, où il soit question de cette ville, dans le texte hébraïque de la Bible. Les Septante la citent cependant parmi les villes de la tribu de Juda (Josué XV v. 45), sous la forme Iamnaei.

Les écrivains profanes en font très-souvent mention, sous le nom de Iamnia et de Iemnâa. Le Talmud nous apprend que le siége du grand Synhedrin y fut transporté, après la ruine de Jérusalem.

Josèphe dit que c'était une ville des Danites. Le livre des Macchabées (I, X v. 69 et 75) dit qu'elle était dans la plaine, et non loin de Joppé (*Jaffa*). L'Itinéraire d'Antonin la place à 12 milles de Diospolis (*el-Loudd*), et Eusèbe la dit située entre Diospolis et Azotus (*Esdoud*). Enfin dans les Macchabées (II, XII v. 9) il est dit que le port de Iamnia était à 240 Stades de Jérusalem,

Dans le livre des Macchabées (I, IV v. 15), il est dit que les Syriens s'enfuirent à Iamnia et à Azotus. Dans le même livre (I, V v. 60) il est dit que les Juifs furent vaincus auprès de Iamnia. Elle était dans la plaine voisine de Joppé (Macch. I, V v. 75) et elle avait un port dans lequel Judas brûla la flotte ennemie, après avoir incendié Joppé et son port (Macch. II, xii v. 9).

Le nom de cette antique cité n'a pas changé. C'est toujours *Iabneh*. Elle se trouve sur la route de *Ramleh* à *Ascalon*, à 3 lieues au Sud-Ouest de *Ramleh*.

Iaboc, יבק. Le Iaboc après avoir longuement coulé vers le Nord-Est et traversé *Ammân* (Rabbath-Ammon, ou Philadelphia) sous le nom de *Nahr-Zerka*, s'infléchit brusquement vers l'Ouest et va se jeter dans le Jourdain, directement à l'Est de *Naplouse*, et à peu près en face des ruines, nommées *Thala*, qui représentent l'antique Thella. A *Ammân* cette rivière nourrit une foule de petits poissons excellents. Il est question du Iaboc dans la Genèse (XXXII v. 22).

Iâr, pluriel **Iârim**. C'est le nom que portent les forêts dans l'Ecriture Sainte. Nous trouvons mentionnés:

1°. **Iâr-Ephraïm**, יער אפרים, dans lequel périt Absalon (Rois II, xviii v. 6 et 9).

2°. **Iâr-Hareth**, יער־חרת, dans lequel David se cacha (Rois I, xxii v. 5). Eusèbe nous apprend que ce nom vient de la ville d'Arath, située à l'Occident de Jérusalem.

3°. **Iâr-Libanon**, יער לבנון, la forêt du Liban (Paral. II, xxv v. 18). Dans les Rois (III, vii v. 2) nous lisons que Salomon bâtit la maison de la forêt du Liban. C'était son palais de Jérusalem, dans la construction duquel les cèdres du Liban étaient entrés à profusion. St.-Jérôme la nomme: Domus Saltus Libani.

4°. **Iâr-Ziph**, מדבר זיף, où David alla se cacher (Rois I, xxxiii v. 15), en quittant Iâr-Hareth.

Iarmouk. Rivière connue des Grecs sous le nom de Hieromax. Elle se jette dans le lac de Tibériade, en face de cette ville, et porte toujours le nom de Iarmouk. Elle n'est pas citée dans la Bible, mais bien dans le Talmud, qui donne quatre fleuves à la terre d'Israël: le Pigah ou Pougah (peut-être le Belus nommé Pagida par Pline (Lib. V. cap. 19), *Nahr-Nâaman* de nos jours), le Jourdain, le Iarmouk et le Kirmion (?).

Iasa, voyez **Jasa.**

Idumée. Anciennement le nom d'Edom désignait des pays placés en dehors de la terre assignée à Moïse et à Josué; mais sous le règne de la dynastie Iduméenne, dont Hérode fut le chef, le nom d'Idumée fut appliqué à la partie méridionale de la terre Israélitique. (Voyez Edom.)

Ieruel (Désert de), מדבר ידואל. Il est question de ce désert (Paral. II, xx v. 16) à propos de la guerre que le roi Iosaphat eut à soutenir contre les Moabites et les Ammonites. Ce désert n'est mentionné que cette seule fois dans la Bible. Ce désert devait être très-voisin de celui de Thecua, si ce n'est pas le même. (Voyez Thecua.)

Iesana, ישנה. Ville que le roi Abias enleva à Jéroboam (Paral. II, xiii v. 19). Les Septante l'appellent Iesyna et Josèphe Isana.

Le Talmud dit qu'elle était près de Sepphoris; mais comme le texte porte Iesana de Sippori, Reland en a conclu, peut-être avec raison, qu'il s'agissait là d'un lieu situé dans Sepphoris même. Dans tous les cas, s'il s'agit d'une ville d'Isana, on ne sait où se trouve son emplacement.

Im , עיים. Ville située au Midi de la tribu de

Juda, citée dans le livre de Josué (XV v. 29) entre
Baala et Esem. Elle n'a pu encore être identifiée.

Iksal, voyez **Casaloth** et **Cheseloth-Thabor.**

Iscariot. Ethnique appliqué à Judas, le douzième
disciple de notre Seigneur (Matth. X v. 4). Ce nom
signifie: homme de Carioth.

Israël (Terre d'), יׁשראל. Les limites de la terre
d'Israël sont (Josué XV v. 1 à 4): de la pointe Sud de
la Mer Morte au fleuve de l'Egypte (*Nahr-El-Arich*)
La frontière, dit le verset 8, passe par Sinna et monte
du Sud à Cades-Barné. (Voyez Sin).

Les limites orientales et septentrionales de la Terre
d'Israël sont les suivantes:

Pour l'Orient, depuis le fleuve Arnon jusqu'au mont
Hermon. Cela revient à dire depuis l'*Ouad-el-Moudjeb*,
jusqu'au *Djebel-esch-Scheikh*, qui domine Banias, et fait partie de l'Antiliban (Deutér. III v. 9). Plus loin (IV 48 et
49) cette limite est définie depuis Aroër, qui est sur le
bord de l'Arnon, jusqu'au mont Sion, qui est l'Hermon
(Voyez Hermon). Ces limites sont encore données dans
le livre de Josué (XII v. 1. 2).

Passons aux limites septentrionales de la terre de Canaan ou d'Israël. Elle part de la grande mer (*la Méditerranée*), non loin et au Nord de Sidon, placée elle-même au
Nord du pays de Canaan (Genèse X v. 19 et Josué
XIX v. 24), et assignée à la tribu d'Aser (Juges I
v. 21). Elle gagne de là la montagne de Hor qui
ne se trouve que là dans la Bible, et qui signifie:
montagne de la montagne. Il s'agit sans doute d'un
pic du Liban). De là elle gagne la route qui conduit
à Emath. Celle-ci est désignée comme limite septentrionale de la terre d'Israël, dans les Paralipomènes (I, XIII

v. 5). Dans les Nombres Rohob est dit sur la route
d'Emath (XIII v. 21) et par conséquent voisine de la limite de la terre d'Israël. (Voyez Rohob.)

Isthemo, אשתמה. Ville de la région montueuse de
Juda (Josué XV v. 50). Eusèbe dit que c'est une très-
grande bourgade du pays d'Eleutheropolis, et dans la Darôma, c'est-à-dire dans la région méridionale du territoire
de Juda. Elle fut donnée aux Lévites avec ses pâturages (Josué XXI v. 14). Ici le nom est écrit Esthémô,
mais il s'agit certainement de la même ville.

C'est aujourd'hui *Semouâ*, à 3 lieues au Sud d'Hébron. Les
ruines de cette ville antique sont importantes, et ren-
ferment de curieuses sculptures, qui ont été photographiées par le duc de Laynes.

Iud, יהד. Ville de la tribu de Dan (Josué XIX v. 45).
Elle est citée avant Banè-Barac.

C'est aujourd'hui *Jehoudieh* à l'Est, quelques degrés Nord,
de *Kefr-Ana* (Ono), à trois lieues à peu près à l'Est de Jaffa.

J. [1]

Jabes, יבש et יבש גלעד. Ville du pays de Galaad, ce qui fait
qu'elle est souvent appelée Jabes-Galaad (Juges XXI v. 9).
Ce furent les habitants de Jabes, qui en une nuit vinrent enlever de Beth-San (*Beysan*) les cadavres de Saül
et de ses fils, et rentrèrent chez eux. Eusèbe dit que
cette ville, qu'il nomme Jabis, était distante de 6 milles
de Pella, sur la route de Gerasa. Josèphe l'appelle Iabès,

---

1) Nous n'employons la lettre J que pour conserver l'orthographe de la Vulgate. Cette lettre J étant inconnue dans l'alphabet
hebraïque. Il serait plus régulier, philologiquement parlant, de la
remplacer partout par la lettre I.

et dit que c'était la métropole de la Galadène. Il la nomme aussi Iabessa, et Iabises. Van de Velde place dubitativement Iabes vers les ruines nommées *Deir-el-Makloub*, à la distance et dans la direction fixée par Eusèbe. Quant au nom même de Iabes, il n'a encore été retrouvé que dans celui de la vallée nommée *Ouad-Yâbis*, au bord de laquelle se trouve *Deïr-el-Makloub*.

Jaffa. Voyez **Joppé**.

Jagur, יגור. Ville de la région méridionale du territoire de Juda [(Josué XV v. 21). Elle est citée parmi les trois premières, avec Cabseel et Eder, avant Adada. Elle était donc tout-à-fait à l'extrémité Sud de la terre d'Israël. Cette ville n'a pas encore été retrouvée.

Janoë, ינוחה. Ville placée sur les confins des tribus d'Ephraïm et de Manassé (Josué XVI v. 6 et 7), un peu plus à l'Orient que Thanath-Sèlo. Eusèbe dit que c'est Ianô dans l'Acrabattène (région d'*Akrabeh*), à 12 milles de Neapolis (*Naplouse*), vers l'Orient. C'est aujourd'hui *Yânoun*, à une heure de marche à l'E.-N.-E. d'*Akrabeh*.

Janum, ינום. Ville située dans la partie montueuse du territoire de la tribu de Juda (Josué XV v. 53). Elle est citée immédiatement avant Beth-Thaphua (*Tefouah*) qui est à une heure et demie de marche à l'Ouest, quelques degrés Nord, d'*el-Khalil* (Hébron). Janum n'a pu encore être identifiée.

Japhie, יפיע. Ville de la tribu de Zabulon (Josué XIX v. 12). D'après le contexte il parait clair que c'est aujourd'hui le village de *Yafa*, placé à petite distance, vers le Sud-Ouest, de Nazareth.

Jarephel, ירפאל. Ville de la tribu de Benjamin (Josué XVIII v. 27). D'après la liste des villes parmi lesquelles elle se trouve citée, elle devait être entre Gabaon (*Djebaa*), Rama (*er-Ram*), Beroth (*el-Bireh*) et Jebus (Jérusalem). C'est probablement *Rafat* à une petite lieue au Sud-Ouest d'*el-Bireh*.

Jasa et **Jassa, יחצה.** Ville des Rubénites où vint le roi Sihon pour combattre les Israélites (Deutér. II v. 32 — Nombres XXI v. 23 — Josué XIII v. 18). Jérémie la mentionne avec Dibon, Nebo, Hesbon et Eléalé XLVIII v. 21 et 34) et la place entre Medaba et Dibon. Eusèbe la nomme Jessa. St.-Jérôme dit qu'elle est située entre Medaba et Deblataï. Il est question dans Isaïe (XV v. 4) d'une ville des Moabites nommée Iasa; c'est sûrement la même et la Vulgate ne fait pas de distinction.

Dans Josué elle est citée après Baal-Meôn, parmi les villes situées dans la plaine, et qui dépendaient de Hesbon.

Cette ville n'a pas encore été identifiée.

Jaser, יעזר. Ville de la demi-tribu de Gad transjordane (Josué XXI v. 37 — Rois II, XXIV v. 5). Elle faisait partie du pays de Galaad (Paralip. I, XXVI v. 31). Il est question de la Mer de Jaser dans Jérémie (XLVIII v. 32) et cette mer, c'est la Mer Morte. Jaser et toutes les villes de Galaad furent données à Gad (Josué VIII v. 25).

Eusèbe la nomme Iaser et la place à 10 milles à l'Ouest de Philadelphia (*Ammân*) et à 15 milles d'Esbon. Il ajoute que de cette ville part un grand cours d'eau qui se jette dans le Jourdain.

Tous ces renseignements me font supposer qu' Eusèbe a eu en vue le site actuel d'*Aaraq-el-Emyr*, que Josèphe appelle Tyros et où passe la jolie petite rivière nommée *Nahr-Seïr*. Aussi Van de Velde place-t-il sur sa carte une *Seïr* qu'il assimile à Jaser, à une lieue à peu près à l'Est d'*Aaraq-el-Emyr*. Tout cela n'est qu'à peu près exact. *Aaraq-el-Emyr* est sur l'*Ouad-Syr*, que suit la rivière du même nom, et c'est à mi-chemin entre *Aaraq-el-Emyr* et *Ammân*, que se voit à gauche de la route une localité ruinée nommée *Kharbet·Sor*.

Il y a loin de là à la Mer Morte, la Mer de Jaser. Il faut donc chercher autre chose pour Jaser. Or il est constant que le Targoum de Jonathan-ben-Ouziel et le Targoum de Jérusalem, remplacent perpétuellement dans le livre des Nombres (XXI v. 32 et XXXII v. 1, 3, 34 et 35) Jaser par Makouar. C'est aujourd'hui *Emkaour* sur le bord du *Zerka-Mayn*, et *Emkaour* n'est autre chose que la Machærous des historiens profanes.

Josèphe l'appelle Iazôros et le livre des Macchabées Gazer (I, v v. 8).

Jassa, יחצה. Ville des Rubénites donnée aux Lévites et citée dans les Paralipomènes (I, VI v. 78 et dans l'hébreu, v. 63). C'est la même que Jasa. (Voyez ce nom.)

Jeabarim, עיי העברים. Nous lisons dans les Nombres (XXI v. 11) que les Israélites, après avoir quitté Oboth, vinrent camper à Jeabarim, dans le désert, qui est vis-a-vis de Moab, vers le soleil levant.

Les Septante lisent ici Akhelgaï.

Comme il s'agit d'une localité située dans le désert qui est à l'Orient de Moab, et par conséquent tout-à-fait en dehors de la Terre Promise, nous ne nous en occuperons pas, et nous nous contenterons de dire qu'on ne sait pas où était située cette localité, qui est encore citée au verset 45 du chapitre XXXIII des Nombres.

Jeblaam, יבלעם. Ville de la tribu de Manassé, mais

située en dehors de son territoire propre (Josué XVII v. 11). On ne l'a pas identifiée.

Elle était sur le territoire d'Issachar ou sur celui d'Aser. C'est tout ce qu'on peut tirer du verset en question, qui nous apprend cependant que les Cananéens ne purent être expulsés de cette ville.

Jebnael, יבנאל. Ville placée sur la frontière de Nephtali (Josué XIX v. 33). D'après le sens du verset qui contient ce nom de lieu, il devait se trouver dans le voisinage du Jourdain; cette localité n'a pu encore être identifiée.

Jebneel, יבנאל. 1°. Ville de la tribu de Juda (Josué XV v. 11). Le texte dit: „la limite située vers le côté d'Accaron au Nord, se dirige vers Sechrona, passe le mont Baala, s'étend à Jebnéel et la limite se termine à la mer." Les commentateurs pensent que c'est la même ville que Iabneh ou Iamnia, mais il y a là une véritable difficulté; c'est celle de la présence d'un mont Baala entre Accaron (*Akir*) et *Iebneh*. Si du reste on n'admet pas cette identification, il n'y en a pas d'autre, que je sache, à proposer pour Jebneel.

Jebus, Jébuséens, יבוסי. Ils descendaient de Jebusi, 4e fils de Canaan, et habitaient le pays montueux (Josué XI v. 3). La ville de Jérusalem s'appela d'abord Jébus, et fut occupée, jusqu'à David, par les Jébuséens. (Voyez Jérusalem.)

Jecabseel, יקבצאל. Ville habitée par la tribu de Juda (Néhémie XI v. 25, texte hébraïque). On ne sait rien de plus sur le compte de cette ville, qui n'est autre que Cabseel (Josué XV v. 22). (Voyez ce nom.)

Jecmaam, יקמעם. Ville de refuge appartenant au ter-

ritoire d'Ephraïm et donnée aux Lévites (Paralip. I, VI
v. 68). Dans le texte hébraïque, le verset où cette ville
est citée porte le N°. 53.

Jeconam ou **Jecnam** ou **Jachanam**, יקנעם. Ville située
sur la frontière de Zabulon (Josué XIX v. 11), proche
d'une rivière. Cette ville touchait au mont Carmel.
Elle fut donnée aux Lévites (Josué XXI v. 34). Le roi
de Jachanam-Carmeli (expression qui ne laisse pas de
doute sur l'identité du lieu) est au nombre des rois défaits par Josué (Josué XII v. 22). C'est aujourd'hui
el-Kaïmoun au pied du Carmel, dans la plaine d'Esdrelon et sur la rive gauche du *Nahr-el-Mokata* (l'ancien
Cison).

Jecthel, יקתאל. Ville de la tribu de Juda (Josué
XV v. 38). Elle était dans la plaine et voisine de
Lachis. Elle n'a pas encore été retrouvée.

Jecthel, יקתאל. Une seconde ville fut ainsi nommée
par le roi Amazias (Rois IV, XIV v. 7) et Eusèbe dit
avec raison que c'est la ville de Petra d'Arabie. En effet
le verset précité est ainsi conçu: "..... et il (Amazias) prit Selah dans le combat et l'appela Jecthel
jusqu'au jour présent".

Jedala, יראלה. Ville de la tribu de Zabulon (Josué
XIX v. 15). Le Talmud nous apprend que son nom
plus récent était: Cheria, ou mieux Hireiah. Elle est
citée dans Josué, au passage précité, entre Semeron
(Samarie, aujourd'hui *Sebastieh*) et Beth-Lehem. Beth-
Lehem de Zabulon, reconnue par Robinson, est à 3 heures
de marche de *Sefourieh* (Sepphoris) à l'O.-S.-O. Il y a
si loin de là à Samarie que je ne puis croire qu'il
s'agisse véritablement de la capitale des rois d'Israël.

Quant à Jedala, je ne saurais en faire connaître l'emplacement.

Jegar-Sahadutha, יגר שהדותא. Lorsque Laban eut rejoint Jacob sur la montagne de Galaad, ils firent une alliance avant de se séparer, et, en témoignage de leur accord, ils érigèrent un monceau de pierres. Laban l'appela "Jegar-Sahaduta" (Tumulus Testis, Pierres du Témoignage) et Jacob "Galaad" (Galaad, Acervus Testimonii) (Genèse XXXI v. 47 et 48). De là, parmi les Hébreux, est venu le nom du pays de Galaad, parce que pour eux les noms géographiques sont sans cesse rattachés à l'histoire de leurs ancêtres. En hébreu *Gel* ou *Gal* signifie: monceau, et *Aad*: témoin. Ce même monceau reçut également le nom de Mispeh (Genèse XXXI v. 49): la vue, parce qu'on y dit: „que Jehovah voie entre moi et toi, lorsque nous nous serons l'un et l'autre perdus de vue." Plusieurs commentateurs disent que l'on donne ici l'origine de Mispeh, ville principale de ce pays.

Jegbaa, יגבהה. Ville de la tribu de Gad (Nombres XXXII v. 35). Elle est citée entre Jazer (*Emkaour*) et Beth-Nimra (*Nimrin*). Les Septante n'ont pas vu un nom de ville dans ce mot qu'ils ont traduit: et ils les bâtirent. Il n'est pas probable qu' ils aient eu raison.

Jehovah-Shalom (Domini-Pax), יהוה שלום. Nom de l'autel que Gédéon construisit à Ephra, avant sa campagne contre les Madianites (Juges VI v. 24). Ce nom signifie: Paix de Jehovah! ou mieux Jehovah Paix! (voyez Ephra). C'est à Ephra que Gédéon fut enterré (Juges VIII v. 32).

Jephleti, יפלטי. Mot cité à propos des confins des tribus d'Ephraïm et de Benjamin (Josué XVI v. 3). C'est très-pro-

13

bablement un nom patronymique, dérivé de Jephlat, descendant d'Aser (Paralip. I, VII v. 32).

Jephtha, יפתח. Ville de la tribu de Juda (Josué XV v. 43) et située dans la plaine. Elle est malheureusement citée entre deux localités que nous ne connaissons pas, Asan et Esna; il est donc bien difficile de deviner la véritable position de Jephtha.

Jerameel, ירחמאל. Nom de lieu ou de peuple placé au Midi de la tribu de Juda (Rois I, XXVII v. 10). Dans les Rois (I, XXX v. 29) il est parlé des villes de Jerameel (in Jerameel), avec les villes de Ceni (et qui in urbibus Ceni).

Jéricho, יריחו. Elle est appelée Jerihou ou Jerihah (Rois III, XVI v. 34). Elle était en face du mont Nebo (Deutér. XXXII v. 49). Le même livre (XXXIV v. 3) appelle la vallée de Jéricho, Vallée des Palmiers. En face de Jéricho étaient les pâturages des Moabites (Josué XIII v. 32). La limite du territoire des fils de Joseph (Benjamin), partant du Jourdain de Jéricho, passait vers les eaux de Jéricho, à l'Orient, et montait à travers le désert de Jéricho, aux montagnes de Bethel (Josué XVI v. 1 et XVIII v. 12). La ville de Jéricho fut donnée aux Benjaminites (Josué XVIII v. 21). La frontière Nord de Benjamin montait du Jourdain vers le côté de Jéricho, au Nord, et la frontière Sud du même territoire partait de l'extrémité de la Mer Morte et passait à côté de Beth-Hogla (*Ayn-el-Adjlah*) (Josué XVIII v. 12 et 19). Il faut remarquer que la limite du territoire d'Ephraïm n'était pas éloignée, au Nord, de Jéricho, car il est dit qu'elle passait à côté de Jéricho (Josué XVI v. 7).

Cette ville détruite par Josué fut reconstruite un peu

plus tard, puis reconstruite une troisième fois, et devint, à l'époque d'Hérode et des Romains, une ville très-importante.

Elle fut une des toparchies de la Judée.

Près de la Jéricho primitive coulait la source qu' assainit le prophète Elisée. C'est l'*Ayn-es-soulthan* qui coule abondammant au dessous et à l'Est des monticules sur lesquels était établie la Jéricho détruite par Josué et dont on retrouve quelques restes.

A côté de Jéricho était une petite forteresse nommée Dôk ou Dôkos, où Jean Hyrcan assiégea l'assassin de son père et de ses frères (Macch. I, XVI v. 15); c'est peut-être *Kharbet-Kakoun*, située à peu de distance à gauche de la montée rapide qui de Jéricho conduit à Jérusalem. St-Luc (X v. 30) dit qu'il fallait descendre pour venir de Jérusalem à Jéricho.

Enfin les enfants de Jéricho sont mentionnés dans Esdras III, v v. 44). C'est aujourd'hui *er-Riha*. Notre Seigneur a passé plusieurs fois à Jéricho (Evangiles, passim).

Jerimoth ou **Jerimuth,** ירמות. Ville de la tribu de Juda (Josué XV v. 35) située dans la plaine. Les rois d'Hébron et de Jerimoth sont cités conjointement dans Josué (X v. 3, 5 et 23). Dans Néhémie il est dit que cette ville fut occupée par les enfants de Juda (XI v. 29). St.-Jérôme la place à 4 milles d'Eleutheropolis (*Beit-Djibrin*) et près d'Esthaol. C'est aujourd'hui *Kharbet-Yarmouk*, à trois lieues au Nord-Est de *Beit-Djibrin*. Déjà Eusèbe l'appelait Iermôkhos.

Jeron, יראון. Ville de la tribu de Nephtali (Josué XIX v. 38). Elle est citée entre En-Hasor (*Ayn-Hazour*), à trois heures au plus à l'Orient de *Medjdel-Keroum*, et Magdal-el (peut-être *Medjdel-Keroum* à une petite journée de chemin à l'Ouest, quelques degrés Sud, de Safed).

C'est aujourd'hui *Yaroun*, village où se voient les ruines d'un temple grec, sur la route de Safed à *Bent-Djebel*, et à une heure de marche au Sud de cette dernière bourgade.

Jérusalem, ירושלם, יבוסי. Il ne peut être question de donner en détail ici tout ce qui concerne l'histoire et la topographie de Jérusalem, car ce serait la matière de bien des volumes. Je dois donc me borner à quelques faits généraux.

Le nom primitif de la ville sainte fut Jebus, de Jebusi fils de Canaan (Genèse X v. 16). Dans Josué (XVIII v. 28) elle est citée sous son nom primitif de Jebus, changé en celui de Jérusalem, parmi les villes de la tribu de Benjamin. Ses habitans, les Jébuséens, ne purent en être expulsés (Josué XV v. 63). Du temps d'Abraham elle s'appelait Salem, et elle avait pour roi Melchisedech. Une seule fois elle est nommée Salem (Psaumes LXXVI v. 3). Elle fut appelée par la suite Ierouchalem ou Ierouchalaïm.

Plus tard encore, après sa destruction par Hadrien, elle devint colonie Romaine sous le nom de Colonia Aelia Capitolina, d'où les Arabes ont formé le nom Aïlia. Aujourd'hui elle se nomme *el-Qods*, le sanctuaire, ou *Beit-el-Mokaddes*, la maison sainte.

Il y a bien des passages Bibliques qu'il serait trop long d'énumérer et qui rangent Jérusalem parmi les villes du territoire de Benjamin. Il en est d'autres aussi, comme dans Josué (XV v. 63) qui semblent attribuer cette ville aux fils de Juda. Il en est de même dans les Juges (I v. 8). Ce qui ressort de cette divergence c'est que Jérusalem était en réalité sur la limite extrême des deux territoires.

Enfin Jérusalem devint, après Hébron, la capitale du

royaume de David. Après Salomon elle devint la capitale du royaume de Juda.

Jesimôn, ישמון. Dans le livre des Rois (I, XXIII v. 24)
il est parlé de Maon qui est dans le désert, à droite
(à l'Orient) de Jesimôn. L'emplacement de cette localité n'a pas encore été identifié. Il faut remarquer
d'ailleurs que Jesimôn signifie: *le désert*.

Jesué, ישוע. Ville habitée par les descendants de
Juda (Néhémie XI v. 26). Elle n'a pas encore été retrouvée.

Jeta, voyez **Jota**.

Jeteba ou **Jateba**, יטבה. Patrie de la mère du roi
de Juda Amon, fils de Manassé (Rois IV, XXI v. 19).
Josèphe écrit Iabatè le nom de cette ville, par simple
métathèse des lettres *th* et *b*.
Il est possible que ce soit la ville qui, plus tard, s'est
appelée Jotapata (écrits de Josèphe), aujourd'hui *Djefata*,
ruines situées à moins d'une lieue au Nord-Ouest de *Kana-
el-Djelil*, la Cana de Galilée, et à une lieue au Sud-
Ouest de *Sakhnin* (Soganè).

Jethela, יתלה. Ville de la tribu de Dan (Josué XIX
v. 42). Elle est mentionnée après Aialon (*Yaloun*) et
avant Elon, Themna et Ecron. Themna c'est *Kharbet-
Tibneh*, à 10 kilomètres au Sud d'*Amouas*, et Akaron ou
Ecron, c'est *Akir*. Quant à Elon, elle n'est pas encore
reconnue. Dans la région limitée par les villes que je
viens d'énumérer, on n'a pas retrouvé non plus le site de
Jethela.

Jether, יתיר. Ville située dans les montagnes de

Juda (Josué XV v. 48). Eusèbe la nomme Jetheira et la place à 20 milles d'Eleutheropolis (*Beit-Djibrin*), près de Malatha *(Tell-el-Maleh)*. C'est aujourd'hui *Karbet-Attir*, à 3 grandes lieues au Nord de *Tell-el-Maleh*. (Voyez Athar.)

Jethnan, יתנן. Ville située dans la partie Sud de la tribu de Juda (Josué XV v. 23). Eusèbe l'appelle Jedna et dit qu'elle est située au sixième mille sur la route d'Eleutheropolis à Hébron. Dans le texte Biblique elle est mentionnée entre Hosor et Ziph, qui est *Tell-Ziph*, à deux lieues au Sud d'Hébron. C'est aujourd'hui *Jedna*, à moins de deux lieues au Sud-Est de *Beit-Djibrin*.

Jethrite, יתרי. Deux des héros de David, Ira et Gareb, sont dits Jéthrites (Rois II, XXIII v. 38). Je ne sais à quelle localité cet ethnique correspond.

Jézérite, יזרחי. Qualificatif de Samaoth, chef de la troupe qui faisait le service pendant le cinquième mois, sous le règne de David (Paralip. I, XXVII v. 8). Il correspond à Jezer ou Jazer.

Jezraël, יזרעאל. 1°. Ville de la tribu d'Issachar (Josué XIX v. 18), où était le palais d'Achab, roi d'Israël (Rois III, XXI v. 1). La vallée de Jezraël est mentionnée dans les Juges (VI v. 33) et dans Osée (I v. 5). Eusèbe la place dans la grande plaine, entre Scythopolis (*Beysan*) et Legio (*el-Ledjoun*). Il la nomme Esdraëla, d'où s'est formé le nom de la plaine d'Esdrelon. Dans l'itinéraire de Bordaux à Jérusalem, cette ville est nommée Stradela, et l'auteur compte dix milles de là à Scythopolis. Guillaume de Tyr l'appelle le petit Gerinum.

A Jezraël était la vigne de Naboth (Rois III, XXI v. 1). C'est aussi là que périt la reine Jezabel, dont les chiens se disputèrent les restes (Rois III, xxi v. 23; IV, ix v. 36). Il est question d'une fontaine qui était à Jezraël (Rois I, xxix v. 1).

Cette ville illustre est aujourd'hui le petit village de *Zerayn*, dans le *Merdj-Ibn'-Aamer* sur la route de Nazareth à *Djenin*, à deux heures et demie de marche de cette dernière ville. Dans le voisinage de *Zerayn* est une source nommée *Ayn-Djaloud* (la Source de Goliath), mais elle est presqu' à une demi-lieue à l'Est. Est-ce la fontaine désignée dans le livre des Rois (I, xxix)? C'est possible. A *Zerayn* même, en avant du village, et à 200 pas au plus, est une autre source nommée *Ayn-el-Maïteh*, la Source de la Morte. Est-ce en souvenir de Jezabel qu'elle a reçu ce nom? C'est possible encore. Quelques sarcophages antiques sont dispersés autour de l'*Ayn-el-Maïteh*.

2°. Ville de la région montueuse de Juda (Josué XV v. 56) citée entre Ziph (*Tell-Ziph*) et Zanoe (*Kharbet-Zanouta*). L'emplacement de cette Iezraël n'a pas encore été retrouvé.

Jezraëlite, יזרעאלית. Ethnique d'une femme de David (Rois I, xxvii v. 3). (Voyez Jezraël.)

Joppé, יפּו. Cette ville maritime nommée en hébreu Japhô ou Jafou (Paralip. II, ii v. 16 et Jonas I, v. 3) était dans le territoire de Dan (Josué XIX v. 46). Les Septante la nomment Joppa. Ce nom en hébreu signifiait: beauté. C'est aujourd'hui *Jaffa*.

C'est là qu' étaient amenés les bois de cèdre donnés à Salomon par le roi Hiram, pour la construction du temple. C'est de Joppé que partit en s'enfuyant le prophète Jonas. Dans l'antiquité païenne Joppé passa pour le lieu où Andromède se vit exposée à la fureur d'un monstre marin, et délivrée par Persée.

Il est souvent question de Joppé dans les Macchabées (I, x v. 75; xiv v. 5 et II, iv v. 21) et aussi souvent dans les Actes des Apôtres (IX, x et xi).

Le site de *Jaffa* est charmant, grâce aux magnifiques jardins qui l'entourent; mais la ville est affreuse, et le mouillage détestable.

Jota ou Jeta, יוטה. Ville de la tribu de Juda (Josué XV v. 55). C'est, dit Eusèbe, une grande bourgade placée à 18 milles au Sud d'Eleutheropolis (*Beit-Djibrin*). Elle fut donnée aux Lévites (Josué XXI v. 16); elle est mentionnée dans le même verset avec Maon (*Tell-Maïn*), Carmel (*Karmel*) et Ziph (*Tell-Ziph*). C'est aujourd'hui *Kharbet-Youttah*, à deux lieues au Sud d'Hébron.

Le nom Biblique est écrit Jota dans le premier passage cité et Jeta dans le second.

Jourdain, ירדן. On a cherché l'étymologie de ce nom de fleuve, et l'on a cru y voir un composé des deux mots *Jor* et *Dan*, qui auraient été donnés aux deux sources du fleuve sacré. D'autres ont prétendu que ce nom signifiait: fleuve de Dan, mais le Jourdain portait déjà ce nom bien avant la fondation de la ville de Dan. Ces deux origines ne sont donc pas admissibles

Nous lisons dans Josué (III v. 15) qu' au temps de la moisson le Jourdain subit des crues considérables.

L'arrêt des eaux et le passage du Jourdain, par les hébreux, sont racontés dans Josué (III v. 13 et 16).

Les eaux de ce fleuve, qui est véritablement considérable, ont une grande rapidité. Quelques gués permettent de le traverser. Le plus illustre de tous est celui qui existe en face de Jéricho, et qui se nomme de nos jours *Makhadet-el-Rhôranieh;* le "*Gué de Ghôr*" (*Rhôr* est le nom moderne de la plaine du Jourdain). Josué (XXII v. 10) parle des Djelilouth ou nombreuses flexuosités du cours du Jourdain. Il est certain qu'elles sont fort multipliées.

Jucadam, קרים. Ville de la tribu de Juda (Josué XV v. 56) citée parmi les villes de la montagne, entre Jezraël et Zanoë. Jezraël n'a pas été identifiée, mais Zanoë est *Kharbet-Zanouta*, à 5 lieues environ ou Sud-Ouest d'Hébron. Jucadam devait être à proximité de cette dernière ville, mais elle n'a pas été retrouvée.

K.

Kaboul, voyez **Cabul.**

Kadeïsa, voyez **Cydis.**

Kadès, voyez **Cedès** et **Cedès-Nephtali.**

Kadita, voyez **Cydis.**

Kaïmoun (el-), voyez **Jecmaam, Jeconam** et **Jecnam.**

Kaïsarïeh, voyez **Caesarée.**

Kana, voyez **Cana 3.**

Kana-el-Djelil, voyez **Cana 2.**

Karak (el-), voyez **Kir-Hareschet.**

Karem. Ville de Juda citée par Josué (XV v. 60), mais seulement dans le texte grec. C'est très-probablement vers l'*Ayn-Karim*, située à une grande lieue à l'Ouest de Jérusalem, qu'il faut placer cette ville, qui fut la patrie de St.-Jean Baptiste.

Karkafa (Kharbet-), voyez **Carcaa**.

Karkor, קַרְקֹר. Il est dit dans les Juges (VIII v. 10). Zebee et Salmana étaient à Karkor. Quel est ce lieu? On l'ignore. Il n'est pas tout à fait certain d'ailleurs que ce mot soit un nom de lieu; la vulgate traduit: „étaient en repos, quietes erant."

Karmel, voyez **Carmel, Charmel**.

Kebir (Nahr-el-(, voyez **Eleutherus**.

Kefireh (Kharbet-), voyez **Caphara, Caphira**.

Kefr-Adan, voyez **En-Hadda**.

Kefr-Ana, voyez **Caphar-Hemona** et **Ono**.

Kefr-Bereik, voyez **Caphar-Barikha**.

Kefr-Kenna, voyez **Cana** 1.

Kefr-Mousr (Kharbet-), voyez **Samaraïm**.

Kefr-Saba, voyez **Antipatris**.

Kefreïn, voyez **Abel-Sattim**.

Kelt (Nahr-el-), voyez **Carith**.

Kenaouat, voyez **Canath**.

Keratieh, voyez **Beth-Char**.

Kerazeh, voyez **Corozain**.

Keriteïn (Kharbet-el-), voyez Carioth.

Kersa, voyez Gergesa.

Kesla, voyez Cheslon.

Khalaboun, voyez Helba.

Khalil (el-), voyez Hébron et Cariath-Arbée.

Khan-Ebneh, voyez Bané.

Khan-el-Ahmar, voyez Màalet-Adummim.

Khan-Minieh, voyez Corozain.

Khoukh (Kharbet-el-), voyez Etam (Rocher d').

Khreïchoun (Kharbet-), voyez Taphua 2.

Kila (Kharbet-), voyez Ceila.

Kilkiliah, voyez Galgal 3.

Kimath. Ville citée dans le texte grec des Rois (I, XXX v. 29) avec trois autres, à savoir: Geth, Saphek et Themath, dont on ne retrouve pas trace dans le texte hébreu correspondant.

Kireh (el-), voyez Cartha.

Kir-Hareshet, קיר חרשת. Nom d'une ville de Moab, citée dans le livre des Rois (IV, III v. 25). Ce nom signifie: Cité de Briques (de *harash*, brique). Elle est également mentionnée dans Isaie (XVI v. 7). Dans Jérémie

(XLVIII v. 31 et 36) elle est nommée Kir-Hares, qui a toujours la même signification. C'est aujourd'hui *el-Karak*, petite ville qui a donné son nom à la province de Karak. Quelques centaines d'habitans, musulmans et chrétiens, forment le population de cette ville, qui offre les ruines imposantes d'une immense forteresse du temps des Croisades, forteresse qui portait le nom de Krak-de-Montréal.

St.-Jérôme (Rois IV, III v. 25) traduit ce nom par: muri fictiles; dans Isaie (XVI v. 7) par: muri cocti lateris, et dans Jérémie par: murus fictilis.

Kiriat-el-Enab, voyez **Bâala 1**.

Kirmion. L'un des quatre fleuves assignés par le Talmud à la terre d'Israël. Quel est ce fleuve? Je l'ignore. J'ai quelque idée cependant qu'il s'agit en réalité du Cison, dont le nom aura été estropié.

Koudeireh (Kharbet-el-), voyez **Aï**.

Koukabeh, voyez **Chebbon**.

Koulon. Nom d'une ville de la tribu de Juda, et⁚ qui n'est citée que dans la traduction des Septante, dans un verset du chapitre XV de Josué, verset dont la contre-partie hébraïque n'existe pas. Elle y est citée entr' autres avec Thecoa, Beit-lehem, Aitam, Karem et Cariat-Baal (ou Cariat-Iarim). Il est donc certain, comme l'a très bien vu Mr. Guérin, que c'est la *Kolounieh* qui se trouve sur la route de Jérusalem à Jaffa, à une lieue et demie de la Ville Sainte. On y franchit sur un pont *l'Ouad-Beit-Hanina*, qui prend ici le nom d'*Ouad-Kolounieh*. Une source abondante, l'*Ayn-Kolounieh*, alimente ce village, en bas duquel sont les ruines d'un vaste édifice antique, probablement militaire et qui était destiné à défendre de ce côté les approches de Jérusalem.

On a essayé de placer à *Kolounieh*, l'Emmaüs de l'Evangile; mais cette identification ne supporte par l'examen. Mieux avisés sont à mon avis ceux qui voient en ce point l'espèce de colonie militaire de 800 vétérans, fondée par Vespasien, au dire de Josèphe, à 30 stades de Jérusalem. 30 Stades est un nombre rond, qui donnerait 5550 mètres, et il y en a, en réalité, 6500 entre Jérusalem et *Kolounieh*, mais la différence est vraiment peu de chose, en face d'un chiffre emprunté à Josèphe.

Koumieh, voyez **Cyamon**.

Kour-Asan, כור עשן. Localité citée dans les Rois (I, XXX v. 30). La vulgate de St-Jérôme traduit par: le lac d'Asan. *Kour* en effet peut signifier: lac.
Le texte des Septante remplace Kour-Asan par Bersabée.

Kournoub (Kharbet-), voyez **Thamara**.

L.

Labana, Lebna, לבנה. Ville de Juda (Josué XV v. 42), située dans la plaine. On lit dans Josué (X v. 29): "Josué passa, et tout Israël avec lui, de Maceda à Lebna"; puis (X v. 31): "de Lebna à Lachis". Lebna était donc entre Maceda et Lachis. Eusèbe qui l'appelle Lobana, dit que c'est un village situé dans la région d'Eleuthe-ropolis, et que Makkeda est au 8ᵐᵉ mille à l'Orient d'Eleutheropolis (*Beit-Djibrin*). Malheureusement ni Mak-keda, ni Lebna ou Lobana n'a encore été retrouvée.

Labanath, voyez **Sihor-Labanath**.

Lachis, לכיש. Ville de la tribu de Juda (Josué X v. 3). Elle est mentionnée dans les Paralipomènes (II IX v. 9), et Eusèbe dit qu'elle était au 7ᵐᵉ mille au Midi d'Eleutheropolis (*Beit-Djibrin*), dans la Darôma.

Le roi d'Assyrie, Sennachérib, était à Lachis, lorsqu'il reçut les envoyés du roi Ezekhias (Rois IV, XVIII v. 14). Dans Isaie (XXXVI v. 2) c'est le roi d'Assyrie qui envoie Rabsacès à Jérusalem, de Lachis dont il faisait le siége en personne (Paral. II, XXXII v. 9). C'est à Lachis que fut assassiné le roi Amasias, qui avait fui devant une conspiration (Paral. II, XXV v. 27).

C'est aujourd'hui *Omm-Lakhis*, à mi-chemin entre *Beit-Djibrin* (Eleutheropolis) et Gaza.

Laïs, ליש. C'est la ville conquise par les Danites et à laquelle ils donnèrent le nom de Dan (Juges XVIII v. 29). (Voyez Dan.)

Laisa. Ce nom se lit dans le livre des Macchabées (I, IX v. 5). Certains manuscrits au lieu de Laisa portent Eliasa ou même Adasa. La vulgate de St.-Jérôme écrit Laïsa. Dans le même livre (I VII v. 40) nous trouvons mentionné une Adarsa. Il me parait impossible de rien tirer de la comparaison de ces différents noms.

Lasâ, לשע. Localité citée dans la Genèse (X v. 19). St.-Jérôme (Questions sur la Genèse X v. 19) dit que c'est Callirhoë, d'où sortent des eaux chaudes qui se versent dans la Mer Morte. Ce serait par conséquent *el-Hammam*, c'est à dire l'ensemble de sources chaudes, qui se déversent par l'*Ouad-Zerka-Mayn* dans le *Bahr-Louth* (la Mer Morte), entre l'Arnon (*Ouad-el-Moudjeb*) et l'embouchure du Jourdain.

Lebaoth, בית לבאות. Ville de la tribu de Juda (Josué

XV v. 32). Ce nom signifie: les lionnes. Or nous trouvons parmi les villes, données à la tribu de Siméon
(Josué XIX v. 6), Beit-Lebaoth, la maison ou la demeure
des lionnes. Il s'agit certainement de la même localité.
C'était une ville de la montagne. Elle n'a pas pu encore être identifiée.

Lebona, לבונה. Ville citée dans les Juges (XXI v.
19). Il y est dit que Silo (*Seiloun*) est au Nord de
Bethel (*Beitin*), et à l'Orient du chemin qui va de
Bethel à Sichem (*Naplouse*), et au Midi de Lebona.
Ces indications sont admirablement précises, et il n'est
pas possible de méconnaître Lebona, dans le village et le Khan de *Loubban*, qui se trouvent sur la
route de *Beitin* à *Naplouse*, à une lieue au Nord de
Sindjil.

Lechi, לחי et רמת לחי. Nous lisons dans les Juges
(XV v. 9): Les Philistins montèrent, campèrent en
Juda et s'étendirent à l'endroit nommé plus tard Lechi.
C'est là qu'ils furent défaits par Samson, à coups de la
mâchoire d'âne, qu'il avait trouvée à terre. C'est aujourd'hui *Kharbet-Ayn-el-Lehi*, à deux heures de marche
de Jérusalem, vers l'Ouest, quelques degrés Sud.
Samson, après sa victoire, donna au lieu qui en avait
été le théâtre, le nom de Ramath-Lechi, la Colline de
la Mâchoire (Juges XV v. 17).

Lécoum, לקום. Ville de la tribu de Nephtali (Josué
XIX v. 33). Elle était sur la frontière de ce territoire,
et proche du Jourdain. Cette localité n'a pas été retrouvée. Le Talmud dit que le nom plus récent de
cette ville est Loukim.

Ledjoun (el-), voyez **Mageddo.**

Lehai-Rai (Puits de), באר לחי ראי. Ce nom signifie: puits du vivant qui me voit. Nous lisons dans la Genèse (XXV v. 11): "Isaac habitait près du puits du vivant qui me voit". St. Jérôme traduit: "puteus nomine viventis et videntis".

A une grande journée de marche au Sud de *Beit-Djibrin* se trouvent des ruines, connues des Arabes sous le nom de *Tell-Lekiyeh*, qui ne sont qu'à deux petites lieues, au plus, au Nord de Bir-es-Sebâa; c'est là que je pense devoir placer le puits Lehai-Rai.

Leheman (Lehemas), לחמם. Ville de la tribu de Juda (Josué XV v. 40). Elle était située dans la plaine. Elle est mentionnée après Lachis (*Omm-Lakhis*) et Eglon (*Adjloun*), et avant Gideroth (*Katrah*) et Beth-Dagon (*Beit-Dedjân*). On ne l'a pas encore retrouvée.

Lesem, לשם. Variante du nom de Laïs, dont les Danites s'emparèrent et qu'ils appelèrent Dan (Josué XIX v. 47). (Voyez Dan.)

Liban, לבנון. Chaîne de montagnes que Jérémie appelle neigeuse (XVIII v. 14); il est de fait qu'en hiver le Liban se couvre de neiges; mais elles fondent promptement, et le Pic de Sanin en conserve seul pendant presque toute l'année. Le nom de cette célèbre montagne signifie: blanc.

Parallèlement à la chaîne du Liban court celle de l'Antiliban, et entre les deux se trouve la large et fertile vallée nommée Beqâah, où est située Bâalbek, l'antique Heliopolis.

C'est dans le Liban que furent coupés les cèdres, qui servirent à la construction du temple et du palais de Salomon. Il est très-souvent parlé des cèdres du Liban dans l'Ecriture Sainte.

Libnan (Djebel-), voyez Liban.

Liftah, voyez Nephtoa.

Lod, לד. Cette ville est mentionnée avec Ono dans les Paralipomènes (I, VIII v. 12). Dans le nouveau Testament elle est appelée Lydda (Actes IX v. 32, 35 et 38). Sous la domination Syrienne et Romaine elle s'appela Diospolis. C'est aujourd'hui *el-Loudd*, à une petite lieue au Nord de *Ramleh*.

Lo-Dabar, לו דבר. Lieu situé de l'autre côté du Jourdain (Rois II IX v. 4 et 5). C'est probablement la même ville qui est mentionnée dans Josué (XIII v. 26), mais dont les points massorétiques font une ville différente. St-Jérôme traduit ici: usque ad terminos Dabir, et Cahen traduit de même: jusqu'à la limite de Dabir. On le voit, rien n'est plus incertain que la signification et la valeur de ce mot.

Loubban, voyez Lebona.

Loudd (el-), voyez Lod et Lydda.

Louth (Bahr-), voyez Mer Morte.

Louth (Redjom), voyez Gomorrhe.

Louz (Kharbet-el), voyez Luza 1.

Louza (Kharbet), voyez Luza 2.

Luith (ha-Luith), מעלה הלחות, (Jérémie לוחית). La montée de Luith est citée dans Jérémie (XLVIII v. 5) et dans Isaïe (XV v. 5). C'était une localité placée

14

entre Areopolis (*er-Rabbah*) et Zoar (*Zouera-et-Tahtah*). C'était une montée qui accédait au plateau de Moab; Isaïe et Jérémie le disent très-nettement. C'est aujourd'hui la rude montée garnie sur une grande longueur, vers son sommet, de ruines importantes, nommées *Kharbet-Nouein* ou *Noueïd*, ce qui, grâce à la permutation si facile de l'L en N, nous donne Louein ou Loueïd, et par conséquent la Luith Biblique. Cette ville ruinée est à deux heures de marche au Nord-Ouest d'*er-Rabbah*.

Luza, לוז. 1°. C'est la ville qui fut plus tard appelée Bethel (Genèse XXVIII v. 19). Elle est citée dans Josué (XVIII v. 13). Il faut remarquer que dans Josué (XVI v. 2) la limite du territoire de Benjamin est dite aller de Bethel à Luza; or il est constant qu'il existe à deux lieues à l'Ouest, quelques degrés Sud, de *Beitin* une localité ruinée nommée *Kharbet-el-Louz* ce qui confirme le texte de Josué. Une fois le nom de Bethel adopté, une localité voisine a bien pu reprendre le nom abandonné de Luza.

2°. St.-Jérôme mentionne une Louza au 3e mille à partir de Sichem. J'ai le premier reconnu cette ville, dans les ruines de *Louza* qui couronnent le mont Garizim, et au milieu desquelles se trouvent les ruines du temple des Samaritains, détruit par Jean Hyrcan.

M.

Maacah, מעכה. Ce nom se trouve dans le livre des Rois (II x v. 6 et 8). C'est certainement la ville qui avait pour ethnique Maacati. Elle était en Syrie. Le verset 6 sus-indiqué est ainsi conçu: „Syrus autem Soba, et Rohob, et Is-Tob, et Maacha, seorsum erant in campo.''

Mâaleh (montée), מעלה. Ce nom est appliqué plu-sieurs fois dans la Bible à des montées considérables; ainsi nous avons:

1°. **Mâalet-Acrabim**, מעלה עקרבים (la Montée des Scorpions), qui est la montée difficile qui de *Zouera-et-Tahtah* (Segor) conduit à *Zouera-el-Fouqah*, et mène de la pointe Nord du *Djebel-Sdoum* (Montagne de Sel, de Sodome) au haut plateau de Canaan (Josué XV v. 3 — Juges I v. 36). Cette route est toujours remarquable par la grande quantité de scorpions que l'on y trouve.

2°. **Mâalet-Adommim**, מעלה אדמים, (Josué XVIII v. 17). Montée qui est sur la route de Jérusalem à Jéricho, et qui conduit au point où se voient les ruines nommées aujourd'hui *Khan-el-Ahmar* (le Khan rouge).

3°. **Mâalet-Beth-Horon**, מעלה בית חורן, (Josué X v. 10) qui est la montée conduisant à *Beit-Hour-el-Fouqah*.

Mâan-Jounès (Kharbet-), voyez Medemena.

Maara, מערה. Ce nom se lit dans Josué (XIII v. 4) et signifie: la caverne. S'agit-il d'une ville? c'est dou-teux. Dans tous les cas la localité en question était voisine de Sidon, car le texte porte: „et la caverne qui (était) aux Sidoniens."
Inutile, je crois, de chercher ce que peut être actuel-lement Maara.

Macces, מקץ (lieu de coupure ou de brisure). Ville citée dans les Rois (III, IV v. 9) comme étant sous le gouvernement de Ben-Décar, l'un des préfets de Salo-mon, avec Salébim, Beth-Sames, Elon et Beth-Hanan. Elle appartenait très-probablement aux Danites.

Maceda, מקדה. Ville de la tribu de Juda (Josué XV v. 41) située dans la plaine. Elle est mentionnée dans le même verset que Beth-Dagon (*Beit-Dedjân*). Elle n'en était donc pas éloignée. Eusèbe la place au 8e mille à partir d'Eleutheropolis (*Beit-Djibrin*) vers l'Orient. Elle n'a pas encore été retrouvée.

Machanè-Dan (le camp de Dan), מחנה דן. Ce nom fut donné au point situé derrière Cariath-Iarim (*Abou-Gosch*), où campèrent les 600 Danites, partis de Sorah et d'Esthaol, pour aller à la conquête de Laïs (*Tell-el-Qadhi*, près Banias).

Ce n'est donc pas là un nom de ville; c'est l'appellation d'un emplacement de camp (Juges XVIII v. 12, texte hébraïque).

Machati (les pressoirs), מעכתי. Peuple d'un pays à l'Orient du Jourdain (Josué XIII v. 11). C'est probablement un ethnique. Il est employé dans le Deutéronome (III v. 14) et dans le livre de Josué (XII v. 5). Les Machati ne purent être expulsés par les Israélites (Josué XIII v. 13). On n'a pas encore retrouvé l'emplacement de cette peuplade.

Dans les Rois (II, XXIII v. 34), Eliphelet, l'un des héros de David est dit fils d'Asbai, fils de Machati. C'est sûrement ici un ethnique.

Machbena, מכבנא. Ville de la tribu de Juda, fondée par Sua; elle est citée dans les Paralipomènes (I, II v. 49). Ce nom ne se trouve que cette seule fois dans l' Ecriture Sainte, et sans la moindre indication qui puisse mettre sur la trace de la ville qui l'a porté.

Machmas. (l'endroit caché), מכמש. Ce nom que l'on prononce d'ordinaire et à tort Michmas, est écrit régu-

lièrement dans le livre des Macchabées (I, ix v. 73).
C'était une ville placée à l'Orient de Bethaven. (Rois I,
xiii v. 5). Les Philistins furent taillés en pièces depuis
Machmas jusqu'à Ascalon (Rois I, xiv v. 31). Eusèbe
nous dit que c'est un grand village situé près de Rama,
à neuf milles de Jérusalem. C'est aujourd'hui *Makhmas*
à une heure de marche au Nord-Ouest d'*er-Ram*, et à
une demi-heure de *Djebâa*, dans la même direction. Jonathan Macchabée résidait dans cette ville (Macch. I,
ix v. 73).

Machmethath, מכמתת. Ville placée sur les confins
d'Ephraïm et de Manassé (Josué XVI v. 6). Elle était
près de Sichem (Josué XVII v. 7). Elle n'est plus connue. Mr. Victor Guérin cite l'opinion du moine Bur-
chard qui fait de Machmethath le village qu'il nomme
Chaco, aujourd'hui *Kakoun*, situé un peu au Nord du
Nahr-el-Falek, qui n'est probablement que le Nahal-
Qanah de la Bible (entre Cesarée et Athlit, sur les premières pentes du pâté de montagnes de la Samarie).

Machpela, מכפלה. Nom de la grotte sépulcrale qu'
Abraham acheta à Hébron, pour en faire son tombeau
de famille. Ce nom signifie: la grotte double (Genèse
XXIII v. 17), ainsi que l'a traduit St.-Jérôme; et, d'après
lui, la vulgate Sixtine.

Mactes, המכתש. Nom de lieu cité dans Sophonie
(I v. 11). Ce mot signifie: mortier.
Le texte chaldéen donne ici: „ceux qui demeurent dans
la vallée de Kidron." Le commentateur Aben-Ezra dit
que c'est le nom d'une rue de Jérusalem. Enfin St.-Jé-
rôme traduit par: habitatores Pilae.

Madianites, מדין. Ce peuple est joint aux Nabathéens

et aux Cedaréniens par Josué (LX v. 5). Ils sont joints
aux Moabites (Genèse XXXVI v. 35 — Paral. I, xlvi —
Nombres XXII v. 3 et 4; XXV v. 6 et XXXI v. 16).
Le mont Sinaï était bien voisin du pays de Madian
(Exod. III v. 1).

Leur nom provenait de Madian, fils d'Abraham et de
Ketura (Genèse XXV v. 2 et Paral. I, 1 v. 32). Ils
n'étaient donc pas Ismaélites, puisqu' Ismaël était fils
d'Abraham et d'Agar (Genèse XXV v. 12).

Les Madianites et les Ismaélites paraissent cependant
confondus parfois, comme dans la Genèse (XXXVII v. 25,
27 et 28). Leur pays était à l'Orient et au Sud du
pays des Israélites (Juges VI v. 4 et VII v. 12).

Jéthro vint trouver Moïse, du pays de Madian, lorsque les Israélites campaient au pied du mont Horeb
(Exod. XVIII v. 5).

Moïse retint Raguel, le Madianite, pour lui servir de
guide dans le désert (Nombres X v. 31). Ce désert
était donc parfaitement connu des Madianites.

St.-Jérôme (Comm. ad Isaiam LX) dit que Madian et
Epha sont des régions placées au delà de l'Arabie, et
que la province entière se nomme Saba.

Madiyeh (el-), voyez Modin.

Madmen, מדמן. Ville du pays de Moab, citée dans
Jérémie (XLVIII v. 2). Il se pourrait bien que sous ce
nom fut caché celui de la Medaba, placée au Sud de
l'Arnon, à l'*Ouad-Emdebea*.

St.-Jérôme n'a pas pris ce mot pour un nom de lieu.

Madon, מדון. Ville citée dans Josué (XI v. 1 et XII
v. 19). Le roi de cette ville, Jobab, fut convoqué par
Jabin, roi d'Asor, pour aller combattre avec lui contre
les Hébreux. Il est compté parmi les rois qui furent

défaits par Josué. Comme cette ville est citée avec Semeron et Achsaph, il est probable qu'elle se trouvait dans la même région.

Je ne puis croire que ce soit un nom mal copié pour Meron, par confusion d'un R et d'un D hébraïque; je suis donc réduit à dire que cette ville Biblique m'est entièrement inconnue.

Magdala (la citadelle). Ville citée dans les évangiles (St.-Matth. XV v. 39). Son nom se trouve remplacé une fois par celui de Magedan; mais chez les Arabes de Syrie l'L et l'N permutent avec une telle facilité qu'il est évident que c'est le même nom. C'est aujourd'hui *el-Medjdei*, placée un peu au Nord de *Thabarieh*, sur le bord du lac de Gennézareth.

L'ethnique Magdalène, dont nous avons fait Madeleine, dérive de ce nom de lieu.

Magdal Eder, מגדל עדר. Cette localité est citée dans la Genèse (XXXV v. 21). Ce nom signifie: la tour du troupeau. Eusèbe et St.-Jérôme y voient une tour du troupeau située à un mille de Bethlehem. C'est la localité nommée aujourd'hui *Deïr-Seïar-el-Rhanem*, à 35 minutes de marche à l'Est de Bethlehem.

Magdal-El, מגדל אל. Ville de la tribu de Nepthali (Josué XIX v. 38). Eusèbe dit que c'est un grand village situé à 9 milles (St.-Jérôme dit 5 seulement) sur la route de Dora (*Tantourah*) à Ptolemaïs (St.-Jean d'Acre). Il est fort probable que c'est aujourd'hui *Athlit*, le Château des Pèlerins du temps des Croisades. Alors c'est la distance donnée par Eusèbe qui est la bonne.

Magdalène. Ethnique appliqué à Marie (St.-Matth. XXVII v. 61 et XVIII v. 1). On pense, probablement avec raison, qu'il correspond à la Magdala située un peu au Nord de Tibériade, sur le bord du lac.

Magdal-Gad, מגדל-גד. Ville de la tribu de Juda (Josué XV v. 37) et placée dans la plaine. C'est aujourd'hui *el-Medjdel*, située à deux lieues à l'Est d'Ascalon, sur la voie antique de Gaza à Azotus (*Esdoud*).

Magdal-Sebaia, מצביה. Ville qui n'est citée que dans le Talmud, mais qui n'est peut-être que la Mosabia citée dans les Paralipomènes (I, XI v. 47).

Mageddo, מגרו. Ville des Manassites, mais placée en dehors de leur territoire (Juges I v. 27). Les eaux de Mageddo sont mentionnés (Juges V v. 19) et sa plaine est citée dans les Paralipomènes (II, XXXV v. 22) et dans Esdras (III, I v. 29).

Elle reçut sous la domination romaine le nom de Legio, dont la trace se retrouve dans son nom actuel d'*el-Ledjoun*. Elle fut le théâtre d'une grande bataille gagnée par le Pharaon Thoutmès III, bien des siècles avant notre ère.

Elle est dans la plaine d'Esdrelon, et à proximité du Cison (*Nahr el-Mokatta*).

Mageth. Grande ville du pays de Galaad, citée dans le livre des Macchabées (I, V v. 26 et 36). Au verset 36 il est dit: il prit Casbon (lisez Hesbân), Mageth et Bosor (probablement *Bosra*). Mageth était donc entre Hesbân et *Bosra*. C'est tout ce que nous en pouvons conclure. C'est très-probablement aujourd'hui *Mokata*, située à une demi journée de marche à l'Est, quelques degrés Sud, de *Fik*, l'ancienne Apheca, dans le pays de *Djaoulan*.

Magron, מגרון. Ville de la tribu de Benjamin (Isaïe

X v. 28); elle est citée dans les Rois (I, xiv v. 2) où il est dit que Saül résidait sous le grenadier de Magron. Cette localité était voisine de Gabaa et de Machmas. M^r. V^ur. Guérin propose de l'identifier avec *Kharbet-el-Mighram*, à moins d'un quart d'heure de marche à l'Ouest du village de *Chafat*, sur la route de Jérusalem à *Naplouse*.

Mahaloul. Le Talmud écrit ainsi le nom de Naalol, cité dans Josué (XIX v. 15). (Voyez Naalol.)

Mahanaïm ou **Manaïm** (les deux camps), מחנים. Ville citée dans la Genèse (XXXII v. 2). Le pays de Basan commençait à cette ville (Josué XIII v. 30). Elle appartenait à la tribu de Gad (Josué XI v. 30) et se trouvait sur la frontière de Gad et de la demi-tribu de Manassé (Josué XII v. 29). Elle était au Nord du Iaboc, puisque Jacob, après avoir quitté Mahanaïm, passa cette rivière (Genèse XXXII v. 2 et 22). Son nom signifie: les campements, les camps. On pense que l'emplacement de cette ville est représenté aujourd'hui par les ruines nommées *Moneh*, à une journée de marche au Nord de *Djerasch* (Gerasa).

Mahlah ou **Maleh** (Qalâat-), voyez Abel-Mehula.

Mahumite, מחומי. Ethnique appliqué à Elial, l'un des héros de David (Paral. I, xi v. 46). J'ignore à quelle localité il correspond.

Maiet-Embarrheg, voyez **Thamara.**

Makhmas, voyez **Machmas.**

Makouar. Le targum de Jérusalem (Nombres XXXII

v. 3) substitue ce nom à celui de Jazer; de là résulte
l'identité de Jazer et de la Machærous de Josèphe. Ma-
charah, en hébreu, signifie: épée, comme en grec μάχαιρα.

Malatha, מולרה. On pense généralement que c'est la
même ville que Molada, située dans la partie méridionale du territoire de Juda (Josué XV v 26). Elle fut
donnée à la tribu de Siméon. Elle se trouve citée dans
le même verset avec Ber-Sabée et Sebâa; on en a conclu avec raison que ce devait être la ville antique, dont
les restes existent au *Tell-Meleh*, à une petite journée de
marche à l'Est de *Bir-es-Sebâa*. Mais pourquoi ne serait-ce pas aussi bien les ruines de *Tell-Melaha*, qui ne
sont pas à plus grande distance au N. N. O. de *Bir-es-Sebâa?*
Remarquons qu'Eusèbe en parlant d'Ether dit que c'est
une grande bourgade voisine de Malatha, et située dans
l'intérieur de la Darôma. Or, *Tell-el-Meleh* est bien loin
de la Darôma, si la Darôma était exclusivement la plaine
méridionale de Juda. Or, Ether ou Jether, c'est *Kharbet-*
Attir, qui est moitié moins loin de *Tell-el-Meleh* (placé
au Sud) que de *Tell-Melaha* (placé à l'Ouest). Le même
Eusèbe en parlant d'Arad (qu'il appelle Arama) (aujourd'hui
Tell-Arad) la place à 4 milles de Malatha et à 20 milles
d'Hébron. Il ne reste donc plus de doute, et c'est bien
Tell-el-Meleh, qui représente la Malatha d'Eusèbe. Terminons en disant que la notice des dignités de l'Empire mentionne une Molaha qui peut être la ruine du *Tell-Melaha.*

Mambré (Chêne de, Vallée de), אלני ממרא. Mambré
est cité dans la Genèse (XIII v. 17 et XXXV v. 27).
Josèphe la nomme Mambrè-Drus. (Voyez Hébron.)

Maneh, voyez **Mahanaïm.**

Manocho. Ville de la tribu de Juda, mentionnée dans

Josué (XV v. 60), mais dans le texte grec des Septante seulement. Le texte hébraïque n'en parle pas.

Maon, מעון. Ville de la tribu de Juda, au milieu de la solitude. Elle était près de Charmel (*Karmel*) et de Ziph (*Tell-Ziph*) (Josué XV v. 55 et Rois I, xxv v. 2). Eusèbe la place dans la Darôma orientale; la Darôma était donc en réalité toute la partie Sud de la tribu de Juda, soit en plaine, soit en montagne. C'est aujourd'hui la localité ruinée nommée *Tell-Mayn*, à 3 heures de marche au Sud-Est *d'el-Khalil* (Hébron). Au Nord de *Tell-Mayn*, sur la même route, se trouvent successivement *Kermel* et *Tell-Ziph*.

L'ethnique de Maon est Maonite.

Maresa, מראשה. Ville de la tribu de Juda (Josué XV v. 44; Parap. II, xi v. 8 et xiv v. 9, — Michée I v. 15). La vallée de Sephata, près Maresa est citée dans les Paralipomènes (II, xiv v. 10). Cette ville déjà abandonnée du temps d'Eusèbe, était au 2e mille à partir d'Eleutheropolis (*Beit-Djibrin*). St.-Jérôme dit la même chose. Josèphe l'appelle indifféremment Maresa ou Marissa. Le nom de cette ville a été estropié et changé à tort en celui de Samareia dans les Macchabées (I v. 66). Benjamin de Tudèle confond Maresa avec *Beit-Djibrin*.

C'est aujourd'hui *Kharbet-Merach*, ruines situées à 20 minutes de marche au Sud de *Beit-Djibrin*.

Mar-Hamra (Kharbet), voyez **Morasthi-Geth**.

Marissa, voyez **Maresa**.

Mareth, (l'endroit nu, sans arbres) מערת. Ville de la partie montueuse de Juda (Josué XV v. 59). Elle est mentionnée après Halhul (*Halhoul*), Beth-Sur (*Bordj-Sour*) et avant Beth-Anoth (*Kharbet-Beit-Anoun*); mais son emplacement n'a pas été retrouvé.

Masaloth. Localité située dans le voisinage d'Arbelles (*in Arbellis*) et citée dans le livre des Macchabées (I, IX v. 2). On ne l'a pas encore retrouvée. — Quelle est l'Arbelles dont il est ici question? Est-ce celle de Galilée, célèbre par ses grottes fortifiées? C'est très-possible.

Maserephoth-Maïm, מים משרפות. L'armée de Jabin, roi d'Asor, défaite par Josué, fut chassée jusqu'à la grande Sidon (*Sayda*), et jusqu'à Maserephoth-Maïm et jusqu'à la vallée de Masphé, du côté de l'Orient (Josué XI v. 8). Les Septante ont vu aussi dans ce mot un nom de lieu qu'ils écrivent Masrephotmaeia. *Maïm* signifie: les eaux, *Maserephoth* signifie: brûlées et le commentateur juif Kimhi en a conclu qu'il s'agissait de marais salants; il a peut-être eu raison.

Masepha, Maspha, Mespha (lieu élevé, observatoire), המצפה. 1°. Ville de la tribu de Juda (Josué XV v. 38) et citée dans les Macchabées (I, III v. 46). Eusèbe qui l'appelle Maspha, dit qu'elle est au Nord, sur la route d'Eleutheropolis à Aelia (*Beit-Djibrin* à Jérusalem). C'est *Tell-es-Safyeh*, l'Alba Specula des Croisades, à cinq lieues au Nord de *Beit-Djibrin*.

2°. Ville de la tribu de Benjamin (Juges X v. 17 et XXI v. 5 — Rois I, VII v. 16). Elle était proche de Ramathon et à 40 stades de Jérusalem, dit Josèphe. Jérémie la place vaguement entre Sichem, Silo, Samarie et Jérusalem (XLI v. 5 et XL v. 6). Elle est appelée Mesphe dans Josué (I, XVIII v. 26) et Maspha dans les Paralipomènes (II, XVI v. 6) et dans Néhémie (III v. 7). On l'identifie d'ordinaire avec *Nabi-Samouïl*. M. Guérin la place au village de *Châfat* à une petite lieue au Nord de Jérusalem. Je suis convaincu que la ville citée dans les Macchabées (I, III v. 46) est la même.

3°. Il y avait une ville du même nom au dessous du mont Hermon, qui est près de Banias. Elle n'a pas été retrouvée, que je sache.

4°. Ville située au delà du Jourdain. Le territoire de Gad s'étendait entre Esbon (*Hesbân*) et Ramoth-Masphe (Josué XIII v. 26). La vulgate en fait deux villes distinctes. C'est très-probablement la même que Maspha de Galaad, mentionnée dans les Juges (XI v. 29), d'où Jephté partit pour aller en Ammonitide. C'est aujourd'hui *es-Salt*, à 6 lieues environ au Nord-Ouest d'*Ammân*.

5°. Il y avait une ville de ce nom en Moabitide (Rois I, XXII v. 3). C'est peut-être la même que la précédente.

6°. Il est question dans Josué (XI v. 8) d'une Vallée de Masphé, qui devait être voisine de Sidon, puisque Josué vainqueur poursuivit les fuyards jusqu'à la ville de Sidon, et jusqu'à la Vallée de Masphé.

Maspha, מצפה. Ville du pays de Galaad citée dans les Macchabées (I, V v. 35). Ce nom est de forme si peu certaine, que quelques textes au lieu de Maspha, accepté par St.-Jérôme, portent Maapha. Nous ne nous en occuperons donc pas plus longuement.

Maspha prise par Judas, eut sa population passée au fil de l'épée.

Masreca, משרקה. Ville natale de Semla, roi d'Edom, successeur d'Adad (Genèse XXXVI v. 36 et Paralip. I, I v. 47). Les Septante lisent ce nom Massekka. Cette ville est inconnue aujourd'hui.

Massada. Place forte dont il est souvent question dans Josèphe, et qui subit un siége terrible, après la prise de Jérusalem par Titus Elle est au bord de la Mer Morte, à une journée de marche au Sud d'*Ayn-Djedy* (Engaddi). C'est un des lieux les plus intéressants à visiter de la Terre Sainte. Les Arabes, de nos jours, ne la connaissent que sous le nom de *Sebbeh*.

Lorsque les Philistins, campés à Machmas, attaquèrent Saül, ils partagèrent leur armée en trois corps, dont le troisième se tourna vers la route de la frontière qui dans la terre de Sabaa dominait la vallée de Seboïm, contre le désert (Rois I, XIII v. 18). Il ne peut être question en ce passage de *Sebbeh* qui aurait repris son nom antique. Seboïm, la ville de la pentapole maudite, n'aurait-elle pas été *Sebbeh?*

Mathana, מתנה. Partant du désert, les Israélites allèrent à Mathana (Nombres XXI v. 18); de Mathana à Nahaliel et de Nahaliel à Bamoth (XXI v. 19), et enfin: de „Bamoth à la vallée qui est dans le pays de Moab, au sommet du Phasga, qui regarde vers Jeshimon" (XXI v. 20). Ce dernier endroit étant bien déterminé, il semble que tous les lieux précités doivent se trouver entre la vallée de Zared, voisine de Dibon, et le sommet du mont Phasga ou Nebo. Quoiqu'il en soit, l'emplacement de Mathana n'est pas connu.

Mathanite, מתני. Ethnique appliqué à l'un des héros de David, Josaphat, cité dans les Paralipomènes (I, XI v. 43). Il correspond à Mathana. (Voyez ce mot.)

Meajarcon, מי הירקון. Ville de la tribu de Dan (Josué XIX v. 46). Elle est citée après Bene-Barac (*Barkah*) et avant Ioppé (*Jaffa*), mais n'a pas encore été reconnue. Ce nom signifie: les eaux jaunâtres.

Meallon ou **Malon**, lisez: **Elon**, מאלון. Ville de

Nephtali (Josué XIX v. 33)? Quelques commentateurs pensent, avec raison je crois, qu'il faut voir dans ce mot le sens: à partir du chêne. Le Talmud dit que son nom récent est Ayalin. Eusèbe donne Ayalin, comme le nom d'une ville de Zabulon, qui, dans les Juges (XII v. 11), est dénommée Ahialon. Or, dans ce passage, il s'agit d'un juge d'Israël, Ahialon le Zabulonite.

Mecherathite, מכרתי. Ethnique appliqué à Hepher, l'un des héros de David, dans les Paralipomènes (I, XI v. 36). A la place correspondante, dans le passage parallèle du livre des Rois (II, XXIII v. 34), nous lisons: „Eliphelet filius Asbai, filii Machati." Il y a eu là quelque grosse erreur de copiste.

Mechhed (el-), voyez **Geth-Hefer**.

Medaba, מידבכ. Ville située dans la partie méridionale du territoire de Ruben (Josué XIII v. 16). Les plaines de Medaba sont citées dans Josué (XIII v. 9 et 16) et dans les Nombres (XXI v. 30). D'après Isaïe (XVI v. 2) il est clair que cette ville a été occupée par les Moabites. Eusèbe dit qu'elle est près d'Hesbon. Enfin il est question de Medaba dans les Macchabées (I, IX v. 36). Cette ville porte toujours le même nom et ses ruines sont au Sud-Est d'Hesbon, à une distance beaucoup plus grande que ne l'indique la carte de Van de Velde.

Meddin, מדין. Ville de la tribu de Juda (Josué XV v. 61). Elle était située dans le désert, du côté d'Engaddi: on ne l'a pas encore retrouvée. Il ne serait pas impossible que ce fussent les ruines appelées aujourd'hui *Qasr-Mirdeh*, situées sur les hauteurs qui dominent, à l'Ouest, la pointe septentrionale de la Mer Morte, et à 2 heures de marche à l'Ouest d'*el-Hadjr-Lasbah*.

Medemena, מדמנה. 1°. Ville située dans la partie méridionale du territoire de Juda. (Josué XV v. 31). Eusèbe dit que c'est une petite place située près de Gaza et nommée Mènôis. C'est aujourd'hui *Kharbet-Mâan-Iounès*, à près de deux lieues au Nord-Est de *Kharbet-Refah* (Raphia), sur la route de Gaza à *el-Arich*.

2°. Ville citée dans Isaïe (X v. 31). La vulgate de St.-Jérôme donne Medemena. On ignore la position de cette ville, qui n'est peut-être que la précédente.

Medjdel-ech-chems, voyez Beth-Sames 2.

Medjdel (el-), voyez **Magdala** et **Dalmanutha**.

Mê-Nemrin (les eaux de **Nemrin**, ou des **Panthères**), מי נמרין. Elles sont citées dans Isaïe (XV v. 6) et dans Jérémie (XLVIII v. 34). Elles étaient dans la Moabitide proprement dite, c'est-à-dire au Sud de l'Arnon. C'est très-certainement le lieu nommé aujourd'hui *Bordj* et *Kharbet-en-Némaïreh*, sur la côte orientale de la Mer Morte, à une grande heure de marche avant d'arriver au point où la côte s'infléchit brusquement à l'Ouest, pour former la face Sud de la presqu'île connue sous le nom d'*el-Liçan*. Ce ne peut être là qu'il faut chercher la Bennamarim d'Eusèbe, Benamerium de St.-Jérôme, puisque celle-ci était au Nord de Zoar; et effectivement la vallée qui couvre au Nord la position de *Sebbeh* ou Massada, se nomme *Ouad-en-Nemrieh*. Là doit se trouver la ville de Bennamarim.

Merathaim (le **Pays de**), ארץ מרתים. Nous lisons dans Jérémie (L v. 21): „Contre ce pays de Merathaim, monte contre lui." Ce nom signifie: pays de la double rébellion ou de la double amertume. Il est fort douteux que ce soit un nom propre de contrée, et dans tous les cas il ne s'agirait pas d'une contrée de la Terre Sainte. St.-Jérôme traduit: Terra dominantium.

Mello (les Maisons de) ou Beth-Mello, בית מלו. Nom cité avec Sichem, comme si c'étaient deux endroits voisins. (Juges IX v. 6 et v. 20). Les habitants de ces deux localités donnèrent la royauté à Abimélech, fils de Gédéon et de sa concubine Sichémite. On ignore absolument ce que peut être cette localité qui n'a de commun que le nom avec la Beth-Millo, qui était au quartier de Jérusalem.

Mr. Victor Guérin propose de la reconnaître dans une ruine, exhumée en 1869, assez près de *Bir-Yakoub*, c'est-à-dire dans le voisinage immédiat de Sichem, et nommée *Kharbet-Douarah*.

Mennith, מנית. Ville de la rive orientale du Jour-dain (Juges XI v. 33), que Josèphe nomme Maniathè. C'était une ville de culture, d'où l'on transportait du froment à Tyr (Ezéchiel XXVII v. 17) (Traduction de Cahen). Cette indication n'est pas justifiée par la tra-duction de St.-Jérôme. Eusèbe dit que Mennith est au 4ᵐᵉ mille à partir d'Esbous (*Hesbân*) sur la route de Philadelphia (*Ammân*). Je n'ai pas trouvé trace de ce nom sur la route en question; mais à la place assignée par Eusèbe, se trouve une localité ruinée, nommée *Omm-èl-Kénafeh*. Du reste c'est toujours un magnifique pays de culture pour le froment.

Mephaath (beauté), מפעת. Ville de la tribu de Ruben, cédée aux Lévites (Josué XIII v. 18 et Paralip. I, vi v. 64 — Jérémie XLVIII vs. 21). Elle est citée après Jassa, Baal-Méon, et Dibon. Elle était donc aussi au Nord de l'Arnon. Eusèbe la nomme: Mèphath, et dit qu'il y avait là une garnison Romaine, à cause de son voisinage du désert. Elle n'a pas encore été retrouvée.

15

Mer Morte, Elle s'est appelée: 1°. Mer du Désert, Iom-Héarabah, ים הערבה, Deutéronome (III v. 17) et Josué (III v. 16).

2°. Mer de Sel, Iom-Hamaleh, ים המלח, (Genèse XIV v. 3; Josué XV v. 2 et XVIII v. 19).

3°. Lac Asphaltite, dans Josèphe.

4°. Mer Morte.

5°. *Bohaïret-Louth*, petite mer de Loth, parmi les Arabes.

C'est un lac magnifique, de plus de 20 lieues de longueur et de 4 lieues, en moyenne, de largeur, très-profond dans sa partie Nord. Seulement à partir de la presqu' île d'*el-Liçan*, "la langue" qui fait saillie sur la côte orientale, au-dessous de la Moabitide, la profondeur du lac reste très-faible, jusqu'à la pointe Sud. Là se trouve, à l'Occident, l'énorme montagne de Sel gemme, connue des Arabes sous le nom de *Djebel-Sdoum*, montagne de Sodome. Rien absolument ne vit dans la Mer Morte, bien que les oiseaux aquatiques s'y posent fréquemment. Toute la côte occidentale est désolée et aride, sauf aux points où il y a des sources d'eau douce, comme à *Ayn-Feschkhah*, à *Ayn-Djedi* (Engaddi) et à *Maiet-Embarrheg*. Les pointes Nord et Sud sont couvertes par des plaines boueuses. remplies de fondrières, surtout la pointe Sud. Là cette plaine reçoit le nom de *Sabkhah*. La côte orientale est beaucoup plus verte et riante. Au Sud-Est, par exemple, se trouve le *Rhôr-Safieh*, qui est une véritable forêt d'arbres épineux. Le Gommier ou *Seyât* se trouve sur les deux rives de la Mer Morte; mais il n'y a de palmiers que sur la rive orientale seulement, et vers l'*Ouad-el-Moudjeb*, vallée de l'Arnon. Plusieurs cours d'eaux se jettent et se perdent par l'évaporation dans la Mer Morte. Ce sont le Jourdain au Nord, les *Schotnah* au Sud, l'Arnon et le *Zerka Mayn* (Callirhoè) à l'Est.

Merala (aliàs Medalaa), מרעלה. Ville de la tribu de Zabulon (Josué XIX v. 11), voisine de la frontière occidentale, puisqu'il est dit que cette frontière se dirige vers la mer et Merala. Eusèbe attribue Merala à la tribu de Manassé; St.-Jérôme, à la tribu de Zabulon. Elle n'a pas encore été retrouvée.

Merdeh (Kharbet), voyez Marésa.

Merdeh (Qasr), voyez Meddin.

Merkeb, voyez Beth-Marchaboth.

Méron, Maréon. C'est un des noms de la ville appelée Samarie par les Grecs. C'est Josèphe qui nous l'apprend. Dans Josué (XII v. 20) nous trouvons mentionné parmi les rois défaits par Josué, celui de Séméron-Méron. J'avoue que je regarde ce mot Méron comme une répétition maladroite de la fin du mot Séméron.

Meronath (de), מרנתי. Tout ce que nous savons de ce lieu, c'est qu'il est cité dans Néhémie (III v. 7) comme la patrie d'un certain Jadon.

Méronathite (Méronothite), מרנתי. Ethnique de Jadias préposé par David sur les ânes royaux. (Paralip. I, XXVII v. 30). Il correspond probablement à Meronoth.

Méroz (Terre de), מרוז. Pays qui était proche du Cison (*Nahr-el-Mokatta*), et qui n'est cité qu'une seule fois, dans les Juges (V v. 23). On en ignore absolument l'emplacement.

Mesech. Nous lisons dans les Psaumes (CXX v. 5): "Malheur à moi, parce que j'ai demeuré à Mesech, parce que j'ai séjourné près de tentes des Cédar."

Qu'est-ce que Mesech? Rosenmüller prétend que c'est le pays des Moschites, peuple habitant dans les montagnes, au Sud du Caucase, depuis la Mer Noire jusqu'à l'Araxe. C'est bien peu probable. Il vaut mieux dire qu'on ne sait pas ce que signifie ce mot. St.-Jérôme n'y a pas vu un nom de lieu, car il traduit: "Heu mihi quia incolatus meus prolongatus est: habitavi cum habitantibus Cedar."

Messal, משאל et משל. Ville de la tribu d'Aser, donnée aux Lévites. (Josué XIX v. 26 et XXI v. 30). Eusèbe dit qu'elle est au bord de la mer et au pied du Carmel. C'est certainement la localité ruinée, nommée *Misaleh*, située à droite de la route d'Athlit au cap Carmel, et à une heure de marche au Nord d'Athlit.

Il est bon de remarquer que le nom de cette localité se trouve (au chap. XXI v. 30) écrit, suivant les manuscrits, Messal, Masal, Masan, et même Masaa.

Dans les Paralipomènes (I, VI v. 74; dans l'hébreu v. 59), le nom de cette ville Lévitique est écrit Masal par St.-Jérôme.

Metheg-Ammah, מתג האמה. Ville enlevée aux Philistins par David (Rois II, VIII v. 1). Le premier de ces mots signifie une bride, et le second une capitale ou métropole. David prit donc aux Philistins la bride de leur capitale, leur ville principale, et elle est nommée Geth dans les Paralipomènes (I, XVIII v. 1).

Il faut remarquer que St.-Jérôme traduit ces mots par: frenum-tributi.

Midbar, מדבר. C'est le nom qui en hébreu est donné aux régions laissées sans culture. On a souvent rendu ce mot par désert; mais c'est là une interprétation vicieuse, puisque nous trouvons fréquemment des noms de villes situées dans des Midbaroth.

Le principal Midbar que nous voyons cité est le Midbar-Jehouda qui était à l'Ouest de la Mer Morte. Dans les Juges (I v. 16) il est dit être situé au Midi; mais il ne peut être ici question que de la position méridionale du Midbar, puisque dans Josué (XV v. 61) le Midbar-Jehouda est dit contenir six villes, dont Engaddi, qui est justement au milieu de la côte occidentale de la Mer Morte. Certaines parties de ce Midbar recevaient des noms particuliers, empruntés aux localités qu'elles avoisinaient. Ainsi, 1°. dans les Rois (I, XVIII v. 14) nous trouvons mentionné le Midbar de Ziph, מדבר זיף; 2°. dans les Rois (I, XXIII v. 25) le Midbar de Maon, מדבר מעון; 3°. dans les Paralipomènes (II, XX v. 20) le Midbar de Thecua, מדבר תקוע; 4°. dans les Rois (I, XXIV v. 2) le Midbar d'Engaddi, מדבר עין גדי. (Voyez ces noms de villes). — 5°. Le Midbar de Gabaon, מדבר נבעון, est cité dans les Rois (II, II v. 24). 6°. Un Midbar s'étendait de Jéricho vers les montagnes de Bethel (Josué XVI v. 1). Ce Midbar parait aussi porter le nom de Midbar de Bethaven (Josué XVIII v. 12), et c'est dans ce désert que Josué tailla en pièces les fuyards d'Aï (Josué VIII v. 24). 7°. Au delà du Jourdain le pays où se trouvait la ville de Bozor, reçoit le nom de Midbar (Josué XX v. 8 et Deutéron. XIII v. 3).

Mi-Mérom (**Aquae Merom**), מי מרום. Ce nom signifie les eaux d'en haut. Nous le trouvons employé dans Josué (XI v. 5 et 7). Il a été successivement remplacé par les noms de:

1°. Lac Samochônite (Josèphe, *passim*) et Semechônite. Ce nom lui vient probablement du mot arabe: Samak, qui signifie: poisson. D'autres le font dériver de Samaka, radical arabe, qui signifie: être haut, ce

qui concorderait avec le nom primitif de Mi-Mérom.
2°. Enfin *Bahr-el-Houleh*, la mer de *Houleh* (probablement la ville de *Ulatha*). Ce lac est inabordable,
grâce aux marécages profonds qui l'entourent, et aux
fourrés de roseaux gigantesques dans lesquels il est comme
perdu. Toute la plaine qui le couvre au Nord, est à
vrai dire un marais impraticable, sur une longueur de
plusieurs lieues.

Misaleh, voyez Messal.

Mizar (colline), הר מצער. Nous lisons dans les Psaumes (XLII v. 6): "Mon Dieu, sur moi mon âme est abais-
sée, parce que je me souviens de Toi dans le pays du
Jourdain et des Hermons, de la chétive montagne."
(Mizar signifie en effet: peu considérable.) A monte mo-
dico, traduit St.-Jérôme. Comme il n'est guère possible
d'appliquer à l'Hermon cette épithète de Mizar, la
Bible anglaise qui en fait un nom propre a peut-être
raison. Mais quelle est cette montagne chétive? On
l'ignore.

Mkaour, voyez Jaser.

Moabites, מואב. Ils ont pris leur nom de Moab, fils
de Loth et de sa fille aînée (Genèse XIX v. 37). Ils
chassèrent les Emim et occupèrent leur pays (Deutér.
II v. 10). Leur pays s'appelle la Moabitide. Il avait,
pour limite septentrionale, l'Arnon qui le séparait du
pays des Amorrhéens. (Voyez ce mot.)
La capitale des Moabites était Rabbath-Moâb, nommée par les Grecs et les Romains Rabbath-Moba. C'est
aujourd'hui *er-Rabbah*, dont les ruines sont très-impor-
tantes, et à mi-chemin entre l'Arnon et Karak.

Mochona, מכנה. Ville de la tribu de Juda, citée dans Néhémie (XI v. 28). St.-Jérôme, au mot Beth-Macha, parle d'un village nommé Mechanum, qui était au 8ᵉ mille sur la route d'Eleutheropolis à Jérusalem. Ce doit être notre Mochona, qui du reste n'a pas été encore retrouvée. Ce pourrait être *Kharbet-el-Khân*, qui est bien dans la position indiquée.

Modin. C'est la ville qu' habitait Matathias, le père des Macchabées (Macch. I, II v. 1 et 15, et IX v. 19). Elle n'était pas très-éloignée de la mer, puisque les navigateurs pouvaient apercevoir, en passant, le monument qui y était élevé (Macch. I, XIII v. 30). Ce monument était le tombeau des Macchabées, surmonté de sept pyramides recouvrant les sept tombes qui y étaient placées. Josèphe dit que c'était un village de Judée, et l'appelle tantôt Môdiim, tantôt Môdein. Eusèbe dit que Modim n'était pas éloignée de Diospolis et qu'on y montrait les tombeaux des Macchabées. Cette ville devait appartenir au territoire de Dan. Elle est aujourd'hui parfaitement identifiée. C'est actuellement *el-Mediyeh*, village placé à deux heures et demie, de marche, à l'Est d'*el-Loudd* (Diospolis) et un peu au Nord de la route d'*el-Loudd* à Jérusalem, passant par les deux *Beit-Hour*. A Mʳ. Victor Guérin revient l'honneur d'avoir le premier retrouvé le tombeau des Macchabées, comme il avait retrouvé déjà celui de Josué.

Mokata, voyez Mageth.

Mokatta (Nahr-el), voyez Cison.

Molada, מולדה. Ville de Juda, citée dans Josué (XIX v. 2), voyez Malatha.

Molathi, מחלתי. C'est probablement l'ethnique de Me-
hola (Rois II, xxi v. 18). (voyez **Abel-Mehula**). St.-Jérôme
traduit: "de Molathi", comme si Molathi était un nom
de ville et non un ethnique.

Morasthi, מורשתי. De Morasthi s'est formé l'ethnique
Morastite (Mich. I v. 1 et Jérémie XXVI v. 18). C'était
le lieu de naissance du prophète Michée qui y fut enterré. Cette petite ville portait le nom de Morasthi-
Geth, parce que très-probablement elle dépendait de la
Satrapie Philistine de Geth. C'est à *Kharbet-Mar-Hanná*,
à 20 minutes de marche au Sud-Est de *Beit-Djibrin*,
qu'il faut placer Morasthi-Geth.

Moreh (le Bocage de), אלון מורה. Il en est question
dans le Deutéronome hébraïque (XI v. 30), à propos des
monts Garizim et Hébal, et il est dit que ces montagnes sont dans le pays habité par les Cananéens qui
demeurent dans la plaine, vis-à-vis de Gilgala, près des
chênes de Moreh. (Le texte hébraïque porte Elon-Moreh, qui
signifie à la lettre: les chênes de Moreh) (Genèse XII v. 6).
Nous lisons qu' Abram après avoir traversé le pays
de Sichem, arriva au Bocage de Moreh; le Cananéen
était alors dans le pays, dit le texte sacré. — De là il
passa vers la montagne, à l'Orient de Beth-El, et il y
dressa sa tente. Beth-El était pour lui à l'Occident, et
la ville d'Aï à l'Orient. Le lieu nommé, Plaine de Moreh se trouvait donc entre Sichem (*Naplouse*) et Beth-El
(*Beitin*). On n'en connaît pas la situation précise.

Moreh (Colline de), גבעת המורה. Lieu où les Madianites étaient campés, lorsque Gédéon vint se poster
en face d'eux, au Sud, et près des fontaines de Harad
(Juges VII v. 1). St.-Jérôme ne voit pas là un nom
propre, et il traduit par "collis excelsus".

Moria (Mont), הר המוריה. C'est la montagne sainte sur laquelle se trouvait l'aire d'Ornan, le Jébuséen (Paralip. II, III v. 1). C'est sur cette aire que fut placé l'autel des holocaustes du temple de Jérusalem. Cette montagne placée à l'Est de Jérusalem, et en face du Mont des Oliviers, dont elle est séparée par la vallée du Cédron, est entourée d'une enceinte sacrée, nommée le *Haram-esh-Shérif*, qui contient les mosquées, nommées *Qoubbet-es-Sakhrah* (la coupole de la roche), la mosquée des *Moghrabins* et la mosquée *el-Aksa*.

Mosabia, מצביה. Nom de lieu cité à propos de Jasiel l'un des héros de David (Paral. I, XI v. 47). Il est dit: de Mosabia. Mosabia n'est cité que cette seule fois.

Moudjeb (Ouad-el-), voyez **Arnon**.

Mousa (Ouady-), voyez **Petra**.

N.

Naalol (aliàs Naalon), נהלל. Ville de la tribu de Zabulon (Josué XIX v. 15) et citée dans les Juges (I v. 30), comme une des villes d'où les Cananéens ne purent être expulsés. Elle est citée entre Cateth et Séméron (*Sebastieh*). Je n'en connais pas l'identification.

Naâma, נעמה. Ville de la tribu de Juda (Josué XV v. 41), située dans la plaine, et citée entre Beth-Dagon (*Beit-Dedjân*) et Maceda. Je trouve sur la carte de Van de Velde, à une heure et demie de marche au Sud de Ramleh, un village que je n'ai malheureusement pas visité, et qui porte le nom de *Nââmy* (probablement *Na-*

âmeh). Je n'hésite pas à y reconnaître la Naâma Biblique.

Naâmathite. Ethnique appliqué à l'un des trois amis de Job (Job. II v. 11 — XI v. 1 — XX v. 1 et XLII v. 9), nommé Sophar. Peut-être correspond-il à Naâma, ville de la tribu de Juda (Josué XV v. 41). Peut-être est-ce le nom d'une localité aujourd'hui inconnue de l'Arabie.

Naâmeh, voyez **Naâma.**

Nabaioth, נביות. Cités dans Isaie (LX v. 7). Ce sont les Nabathéens. (Voyez ce mot.)

Nabathéens. Peuple habitant à l'Orient de la Palestine. Il avait pris son nom de Nabaioth, fils d'Ismaël (Genèse XV v. 13). Ce peuple est cité plusieurs fois dans le livre des Macchabées (I, IX v. 35 — V v. 25 et XII v. 31). Leur pays s'appelait la Nabathène et St.-Jérôme (in Genesim XXV v. 13) dit que ce pays s'étend de l'Euphrate à la Mer Rouge, et que c'est une partie de l'Arabie. Il est appelé Nabaioth dans Isaïe LX v. 7). Diodore de Sicile (Lib. XI v. 48) place la Mer Morte dans le pays des Nabathéens. Dans un autre passage (Lib. XIX, 104), il dit que le lac Asphaltite ou Mer Morte, est au milieu de l'Idumée, et il ajoute que Petra est à 300 stades de ce lac.

Naby-Belân, voyez **Balaâm.**

Naby-Samouil, voyez **Ramatha**, **Ramathaim-Sephim.**

Naboulis, voyez **Sichem.**

Nahal (Torrent). Les Hébreux donnaient ce nom aux vallées au fond desquelles coulait un torrent.

Nous trouvons dans l'Ecriture Sainte différentes vallées de ce genre ; parmi lesquelles sont:

1°. **Nahal-Cadumim**, נחל קדומים. Cette rivière citée une seule fois dans les Juges (v. 21), a été considérée par beaucoup de commentateurs comme identique avec le Cison (voyez ce mot), mais cela n'est nullement prouvé. Le texte de la vulgate de St.-Jérôme est ainsi conçu: (v. 21.) "Torrens Cison traxit cadavera eorum, torrens Cadumim, torrens Cison". Je soupçonne là quelque erreur de copiste qui d'un mot provenant du radical *Kathal*, tuer, massacrer, aura fait un mot Kedounim qui signifie des anciens!! et il s'agit de la défaite de Sisera!

2°. **Nahal-Eskaol (Torrens Botri ou des Raisins)**, נחל אשכול. (Nombres XIII v. 24). C'était probablement la vallée encore plantée de vignobles, par laquelle on arrive à Hébron, en venant de Jérusalem. Il s'y trouve, à droite de la route, une source nommée *Ayn-Eskali*, qui a perpétué le nom antique de cette vallée.

3°. **Nahal-Gérar**, נחל גרר. C'est la vallée dans laquelle Isaac vint se fixer et creuser des puits, lorsqu'il se fut séparé d'Abimélech.

4°. **Nahal-Habesor (Le Torrent de Besor)**, נחל הבשור. Il est mentionné dans les Rois (I, XXX v. 10). C'était un torrent placé vers le Sud de la Terre Promise, et au-delà de Siceleg.

5°. **Nahal-Kana**, נחל קנה. Nous trouvons mentionnée dans Josué (XVII v. 9) une vallée de ce nom, qui servait de limite aux territoires d'Ephraïm et de Manassé, ce dernier commençant au Nord de la rivière, et celui d'Ephraïm au Sud. Le nom de ce cours d'eau signifie: rivière des roseaux, vallis arundineti (St.-Jérôme); ce pourrait être la rivière qui, de nos jours, se nomme *Nahr-Abou-Zabou-rah*, et se jette dans la mer à environ trois lieues au Sud des ruines de Césarée.

6°. **Nahal-Kidron**, vallée du Cédron. (Voyez Cédron.)

7°. **Nahal-Mitzraïm (Le torrent d'Egypte)**, נחל מצרים. Il est mentionné dans Josué (xv v. 4), et n'est autre chose que le cours d'eau, souvent tari, qui suit le fond de l'*Ouad-el-Arich*. Ce torrent est parfois appelé Sihor, comme le Nil (Paralip. I, xiii v. 5).

8°. **Nahal-Sittim**, נחל השטים. (Joël V v. 10). Ce passage du prophète dit qu' une fontaine sortira de la maison de Dieu, et arrosera la vallée de Sittim. Irrigabit torrentem Spinarum, traduit St.-Jérôme.

Nahaliel, נחליאל. Campement des Israélites, qui suivit celui de Mathana (Nombres XXI v. 19). Le lieu est inconnu, mais doit se trouver entre *Dhibân* et le *Djebel-Neba*. Serait-ce par hasard *Nâour?* C'est possible car le nom Nahaliel signifie: les possessions de Dieu, et la finale El retranchée du nom Nahaliel, il reste Nahal bien voisin de *Nâour*, ou *Nahour*.

Naïn. Ville citée dans l'Evangile (St.-Luc. VII v. 11). Eusèbe l'appelle Naïm. C'est là que notre Seigneur ressuscita le fils de la veuve. Eusèbe dit encore que Naïm est au 2me mille au Midi du mont Thabor, du côté d'Endor. Josèphe nous apprend que Siméon, fils de Gioras, entoura Naïn d'une muraille. Il l'appelle aussi Naïn. C'est aujourd'hui *Naïn* située au pied du *Djebel-Dâhy*, à peu près à mi-chemin d'*Ayn-Dour* (Endor) à *Soulem* (Sunam). C'est à proprement parler un village placé sur le bord de la plaine d'Esdrelon.

Naioth, נוית ברמה. Nous lisons dans la Bible (Rois I, XIX v. 19): "il fut annoncé à Saül, savoir: voici David qui est à Naioth, à Ramatha". Ce même nom est encore cité (XIX v. 22 et 23 et XX v. 1).

Naioth était donc une partie de la ville de Ramatha. On pense que ce mot signifie: les demeures, de l'hébreu *Nouh*, demeure. Le texte Chaldéen traduit: dans la maison d'étude. Quoiqu'il en soit il est inutile de chercher à identifier ce lieu Biblique.

Naphis, נפיש. Contrée transjordane, contre les habitants de laquelle les fils de Ruben, de Gad et de Manassé eurent à guerroyer. (Paralip. I, v v. 18 et 19).

Naphot-Dor, נפות דור. Ce mot signifie: les campagnes ou les hauteurs de Dor. Ville située à l'Occident (Josué XI v. 2 et XII v. 23). Dans le dernier passage indiqué il est dit: "Le roi de Dor, pour la contrée de Dor, un". (Il s'agit de l'énumération des rois vaincus par Josué.) (Voyez Dora.) Eusèbe dit très-explicitement que c'est Dora. St.-Jérôme traduit, dans le 1er passage sus-indiqué "in campestribus quoque et regionibus Dor."

Naplouse, voyez Sichem.

Naratha, נערתה. Ville de la tribu d'Ephraïm (Josué XVI v. 7). Josèphe donne à cette ville le nom de Neara et Eusèbe, qui l'appelle Noorath, dit qu'elle est distante de Jéricho de cinq milles. On la retrouvera sans doute, mais jusqu'à présent elle est restée inconnue. Josèphe l'appelle Neara, et dit que ses eaux étaient amenées, par des aqueducs, dans les plantations de palmiers de Jéricho.

Mr. Victor Guérin place cette ville à la localité ruinée nommée *Kharbet-Samieh*.

Nasara (en-), voyez **Nazareth**.

Nazaraeus. C'est l'ethnique de Nazareth, appliqué à notre Seigneur, dans l'Evangile de St.-Mathieu (II v. 23). (Voyez Nazareth.)

Nazareth. Lieu où s'écoula l'enfance de notre Seigneur. C'était une ville de Galilée (St.-Marc. I v. 9), construite sur une montagne, du haut de laquelle on voulut précipiter Jésus (St.-Luc. IV v. 29). Il y fut élevé, et il y fréquentait la synagogue (St.-Luc. IV v. 16), d'où lui a été donné le surnom de Nazaraeus, Nazaréen (St.-Marc. I v. 24 et XIV v. 67 etc., St -Matth. XXVI v. 71)

Eusèbe dit que c'est un village, situé en face de Legio (*el-Ledjoun*), à 15 milles de cette ville, vers l'Orient, et près du mont Thabor. C'est aujourd'hui *en-Nasara* (ce nom signifie: les Chrétiens) et les détails topographiques donnés par Eusèbe sont toujours vrais. Nazareth est à une journée de marche de St.-Jean d'Acre, au Sud-Est.

Neba (Djebel), voyez **Nebo** (Mont).

Neballat, גבלט. Ville de la tribu de Benjamin (Néhémie XI v. 34). C'est aujourd'hui *Beit-Nebala* à 5 kilomètres au Nord-Est d'*el-Loudd* (Lydda), avec laquelle elle est citée dans le verset de Néhémie.

Nébo, Nabo, נבו. 1°. Ville de la tribu de Ruben (Nombres XXXII v. 38). Elle devait être incontestablement située sur la montagne nommée Mont Nébo (*Djebel-Néba*) où Moïse fut enterré. Cette ville n'a pas encore été retrouvée. 2°. נבו אחר. Ville inconnue de la tribu de

Juda et dont nous ne trouvons le nom que dans Esdras (II v. 29) et Néhémie (VII v. 33). On ignore ce que peut être cette localité.

Nébo (Mont), הר נבו, הר העברים. Cette montagne autrement nommée Mont Abarim (des passages), est citée dans le Deutéronome (XXXII v. 49), où il est dit que Moïse y mourut. Dans Jérémie (XXII v. 20) elle est citée comme une montagne très-élevée. Quant au nom Abarim, on doit le traduire par des passages ou des gués. Eusèbe dit que cette montagne est à 6 milles de Hésebon, à l'Occident. C'est parfaitement juste, et j'ai eu le premier le bonheur de retrouver le Mont Nébo, sous son nom actuel de *Dejbel-Nebâ*. Quelques mois plus tard il était visité par le duc de Luynes. Ayant fait halte au pied Sud de cette montagne, j'y ai trouvé une source chaude, nommée *Ayn-Mousa*, source de Moïse, couverte de roseaux gigantesques. Le duc de Luynes ayant passé par le pied Nord y a rencontré une autre source chaude nommée aussi *Ayn-Mousa*. Le souvenir de Moïse est donc resté étroitement attaché à cette sainte montagne. De plus le duc de Luynes a découvert au sommet, les ruines d'un édifice remontant certainement à une très-haute antiquité. Ce sont peut-être les ruines du temple de Baal-Phogor (Deutér. III v. 29 et IV v. 46). (Voyez Phogor.) On rencontre le *Djebel-Nebâ*, en venant directement de *Hesbân* à *Soueïmeh* dans la plaine du Jourdain, rive Orientale.

Nebsan, הנבשן. Ville de la tribu de Juda, située dans le désert (Josué XV v. 62). Elle est mentionnée avec la Ville de Sel (Hir-Hamelah) et Engaddi. Cette ville n'a pas encore été retrouvée.

Neceb, ארמי הנקב. Ville de la tribu de Nephtali (Josué XIX v. 33), que les Talmudistes disent avoir reçu plus tard le nom de Tziadata. Le texte hébraïque donne Adami-Nekeb. Elle est citée avec Iebnael et Lecum, et il est dit que la frontière, passant par ces deux villes, aboutit au Jourdain. Malheureusement ni Iebnael, ni Lecum ne sont connues aujourd'hui, et je ne trouve, dans toute cette région de la Terre Sainte, que *Haddâtah* qui pourrait être la Tziadata talmudique.

Négeb, הנגב. "Le Midi", contrée Méridionale mentionnée dans le Deutéronome (XXXIV v. 3). Il est dit dans les Rois (I, xxx v. 1), que les Amalécites, venant du Nêgeb, envahirent Siceleg.

Néhélamite, נחלמי. Est-ce un ethnique? Est-ce un nom patronymique? On l'ignore. Il est appliqué à Semeias (Jérémie XXIX v. 24 et 32).

Néhiel, נעיאל. Ville de la tribu d'Aser. (Josué XIX v. 27). Elle était sur la frontière qui: "revenant vers le lever du soleil, à Beth-Dagon, et touchant à Zabulon et à la vallée de Jephtah-El, au Nord de Bethemec et de Néhiel, aboutit à Cabul, à gauche (à l'Occident)". Toutes ces localités, malheureusement, sauf la vallée de Iephtah-El (*Djefat*) et Cabul (*Kaboul*) restent inconnues comme Néhiel.

Nemaïreh (En-) (Bordj, et-Kharbet), voyez **Mé-Nemrin.**

Nemra, נמרה. Ville de la tribu de Gad (Nombres XXXII v. 3). On pense avec raison que c'est la même ville que Beth-Nemra. C'est aujourd'hui *Nimrin*, située au bord de la plaine Moabitique du Jourdain, ou du

Rhôr, à l'Orient, quelques degrés Nord, de Jéricho et à 2 heures de marche au Nord de *Kefreyn*.

Eusèbe au mot Nebra, dit qu'il existe un grand village nommé Nabara en Batanée. Je ne puis croire qu'il s'agisse de notre Nemra (*Nimrin*) qui n'est pas du tout en Batanée.

Nemrieh (Ouad-en-), voyez **Bennamarim**.

Nemrin, voyez **Beth-Nabris** et **Beth-Nimra**.

Nephtoa, נפתוח. Ville située sur la frontière de Juda (Josué XV v. 9). Dans ce même verset il est question des eaux de Nephtoa. Les détails topographiques donnés dans ce passage Biblique, ne permettent pas de doute sur l'identité de Nephtoa, avec la *Liftah* moderne, qui n'est guère qu'à une lieue à l'Ouest de Jérusalem, entre cette ville et *Koulonieh*; on a découvert les traces d'un aqueduc qui amenait à Jérusalem les eaux de *Liftah*.

Nesib, נציב. Ville de la tribu de Juda (Josué XV v. 43). Elle était située dans la plaine. Eusèbe la place à 9 milles (St.-Jérôme dit 7 seulement) d'Eleutheropolis (*Beit-Djibrin*), du coté d'Hébron. C'est aujourd'hui *Kharbèt-Beit-Nesib*, à deux heures et demie de marche à l'Est de *Beit-Djibrin*.

Netophatite, נטפתי. Ethnique de Maharai, l'un des héros de David (Rois II, xxiii v. 28). Il correspond à Netupha. (Voyez ce mot.)

Netupha, נטפה. Ville mentionnée entre Beth-Lehem et Anathoth dans Esdras (II v. 22) et dans Néhémie (VII v. 26). Il ne faudrait pas croire que Netupha ne date pas d'une

16

époque bien plus ancienne, car nous trouvons l'ethnique Netophatite employé dans les Rois (II, XXIII v. 28
et 29; IV, XXV v. 23) et dans les Paralipomènes (I, XI
v. 30; XXVII v. 13 et 15).

C'est aujourd'hui le village de *Beit-Nettif*, à quatre
heures de marche à l'Ouest de Beth-Lehem, et à un quart
d'heure au Nord de *Kharbet-Choueïkeh* (Socoh).

Noa, נעה. Ville de la tribu de Zabulon, et située
sur la frontière de son territoire (Josué XIX v. 13).
Eusèbe la nomme Anoua. Elle n'a pas été identifiée,
que je sache.

Nobé, נבה, קנת. Ville située au delà du Jourdain,
et qui s'appelait Canath, avant d'avoir été prise par
Nobé, descendant de Manassé, qui lui donna son nom
(Nombres XXXII v. 42). Dans les Juges (VIII v. 11)
il est dit que Gédéon vint camper à l'Est de Nobé et
de Jegbaa. Eusèbe nous apprend que de son temps
c'était un lieu désert, situé à 8 milles Romains au Sud
d'Esbon (*Hesbân*). Ce lieu n'a pas encore été retrouvé.

Nobé, נבה. Ville sacerdotale dont il est parlé dans
les Rois (I, XXII v. 9). Josèphe l'appelle Nôba, et
Eusèbe Nomba. St.-Jérôme place cette ville non loin de
Diospolis (*el-Loudd*) et la nomme Nobe (Epitap. de
Paula). C'est la ville dont les prêtres furent massacrés
par l'ordre de Saül, pour avoir accueilli et secouru David.

C'est aujourd'hui *Beit-Nouba*, un peu au Nord d'*Amou·
as* et de *Yaloun*, sur le chemin de *Ramleh* à Jérusalem,
en passant par *el-Koubeibeh.*

Nodab, נודב. Contrée transjordane contre les habitants de laquelle les Israélites, établis de l'autre côté

du Jourdain (Ruben, Gad, et la moitié de Manassé , eurent à faire la guerre (Paral. I, v v. 18 et 19).

Nophé, נפח. Localité Moabite citée dans les Nombres (XXI v. 30) avec Hésebon, Dibon et Medaba. Cette localité n'est citée que cette seule fois dans la Bible, à moins qu'on ne l'identifie avec la Nobé du livre des Juges (VIII v. 11). (Voyez ce mot.)

Si Nophah doit être distinguée de Nobé, on n'en connait pas la position topographique.

Noran, נערן. Ville située dans le territoire de la tribu d'Ephraïm (Paralip. I, vii v. 28); il est dit dans ce verset, en parlant de la descendance d'Ephraïm, que ses possessions étaient Beth-El et ses filles (ses annexes) à l'Orient Noran, et à l'Occident Gazer avec leurs filles, Sichem aussi avec ses filles, jusqu'à Asa avec ses filles.

Cette localité n'a pas encore été identifiée.

Noueïd, ou Noueïn (Kharbet-), voyez **Luith**.

O.

Odollam, עדלם. C'est la même ville qu' Adullam. Elle est citée dans les Paralipomènes (II, xi v. 7) et dans Néhémie (XI v. 30); dans les Macchabées nous trouvons encore Odollam (II, xii v. 38). (Voyez Adullam.)

Oliviers (Mont des). C'est le nom de la montagne qui domine à l'Est la ville de Jérusalem, dont elle n'est séparée que par la vallée du Cédron.

Elle est appelée la montagne qui est à l'Orient de la ville (Michée VI), qui est devant Jérusalem (Rois III, xi v. 7). Il est dit dans ce passage que c'est sur cette montagne que Salomon bâtit des hauts lieux aux Dieux des Moabites et des Ammonites; mais dans le IVᵉ livre des Rois (XXIII v. 13) il est dit que ces hauts lieux furent construits à la droite du mont ha-Masakhit (des Idoles). (C'est le mont du scandale.)

Le Mont des Oliviers est cité plusieurs fois dans le nouveau testament (St.-Matth. XXI, XXIV, XXVI — St.-Luc. XIX, XXI — St.-Jean VIII et Actes I).

Cette montagne se nomme aujourd'hui *Djebel-Tour*. De son sommet on jouit du plus admirable panorama du monde.

La distance de Jérusalem au Mont des Oliviers était d'un chemin sabbatique (Actes I v. 12), ce qui fait 2000 coudées de 525 millimètres, ou 1050 mètres.

Omm-el-Barghout (Kharbet-), voyez **Bersabée**.

Omm-ed-Deradj (fontaine de la Vierge), voyez **En-Rogel**.

Omm-el-Djérar, voyez **Gérar**.

Omm-er-Roummamin (Kharbet-), voyez **En-Remmon** et **Remmoun**.

Omm-el-Kenafeh, voyez **Mennith**.

Omm-Lakhis, voyez **Lachis**.

Ono (ou mieux Aounou, fort), אונו. Ville bâtie avec Lod (*el-Loudd*) par les Benjaminites (Paralip. VIII v. 12). La vallée d'Ono est mentionnée dans Néhémie (XI v. 34). C'est aujourd'hui *Kefr-Ana*, à 3 quarts de lieue au Nord-Est de *Beit-Dedjân*, et à deux lieues à l'Est-Sud-Est de Jaffa.

Ophel, העפל. Colline et faubourg de Jérusalem situés à la pointe Sud du mont Moriah, et que le roi Jotham fortifia (Paralip. II, XXVII v. 3). Manassé y fit travailler à son tour (Paralip. II, XXXIII v. 14). Les parties basses des murailles actuelles d'Ophel, situées au-dessous du *Haram-esh-Shérif* jusqu'au *Bab-el-Hadid* (la porte de fer) sont manifestement les restes des constructions de Jotham et de Manassé. Les Néthinéens (Néthinim), serviteurs du temple, habitaient Ophel (Néhémie III v. 26 et XI v. 21).

Ophir, אופיר. Pays duquel Salomon tirait ses richesses. On a beaucoup discuté sur la véritable position de ce pays, et sans arriver à résoudre la question, les uns le plaçant dans l'Inde, et les autres en Arabie. J'avoue humblement que mon opinion personnelle sur ce point est loin d'être précise. Je penche cependant pour voir Ophir dans le pays de *Sofala* sur la côte d'Afrique à peu près vis-à-vis l'île de *Madagascar*.

Ophni, העפני. Ville de la tribu de Benjamin (Josué XVIII v. 24), qui s'est appelée plus tard Gophni, comme Amrah s'est nommé Gomorrha, par suite de la prononciation gutturale de la lettre Ayn, initiale de ces deux noms. Gophna ou Guphna est souvent mentionnée dans les écrits de Josèphe, et Gophnith dans le Talmud. C'est aujourd'hui *Djifneh*, un peu à gauche de la voie antique de Jérusalem à *Naplouse* et à deux lieues au Nord d'*el-Bireh*. En effet Eusèbe nous apprend qu'elle était à 15 milles de Jérusalem, sur cette même route.

Ordân, voyez Jourdain.

Oreb, עורב. Nom d'un rocher (Juges VII v. 25 et Isaïe X v. 26). Peut-être était-il situé sur la rive orientale du Jourdain. C'est là que Gédéon mit à mort Oreb, chef des Madianites.

Orma (Kharbet-el-), voyez Ruma.

Oróna ou **Oronæ**, הרנים. Ville de la Moabitide enlevée aux Arabes par le roi Alexandre Jannée, suivant le récit de Josèphe; c'est la même ville qui est nommée Oronaïm dans Isaïe (XV v. 7). (Voyez Oronaïm.)

Oronaïm (les deux cavernes), חרנים. Ville de Moab citée dans Isaïe (XV v. 5) et dans Jérémie (XLVIII v. 3). Il y avait une descente à Oronaïm (Jérémie XLVIII v. 5). Nous trouvons dans la notice des Dignités de l'Empire, pour la province d'Arabie, immédiatement après la mention de la garnison d'Areopolis, celle de la garnison des cavernes (ad speluncas) formée de cavalerie indigène. Eusèbe et St.-Jérôme, au mot Arnon, parlent de cette garnison qui était: „dans un lieu assez horrible de la vallée presqu'à pic". C'est là certainement qu'il faut placer Oronaïm.

Oulatha. Ville située, comme Paneas, entre la Galilée et la Trachonite (Josèphe). Elle parait avoir donné son nom moderne de *Bahr-el-Houleh* et de *Arih-el-Houleh* au lac Samochonite et à la plaine marécageuse qui le couvre au Nord. Il existe encore un village nommé *Houleh*, qui domine cette plaine à son extrémité Nord-Ouest. C'est sans doute l'antique Oulatha.

Oumran (Kharbet-), voyez Gomorrhe.

Ozen-Sara (Oreille de Sara), אזן שארה. Ville fondée par Sara, fille d'Ephraïm (Paralip. I, VII v. 24). Cette ville fut fondée en même temps que les deux Beth-

Horon (*Beit-Hour*) et par la même fille d'Ephraïm. Son emplacement n'a pas encore été retrouvé.

P.

Palestine, פלשתים. A proprement parler la Palestine désigne spécialement le pays des Philistins, mais plus tard ce nom particulier s'est étendu à toute la Terre Sainte, et même, sous l'Empire Romain, à des contrées qui n'avaient jamais fait partie de la Terre Sainte ou Terre Promise.

Les Philistins (Pelistim des Hébreux) descendaient de Misraïm (Genèse X). Ils tiraient peut-être leur nom de celui de la ville de Peluse.

Palmyre. La Tadmor du désert, fondée par Salomon, vit changer son nom en Palmyra par les Grecs; ce dernier nom n'étant que la traduction du premier. L'empereur Hadrien lui accorda de si grandes priviléges, que par reconnaissance elle prit le nom d'Hadrianopolis. Sous le règne de Septime Sévère elle reçut une colonie romaine. Lorsque le roi de Perse Sapor eut fait prisonnier l'empereur Valérien, Odénath un des plus illustres membres du Sénat Palmyrénien, et grand chef des Arabes Nomades, attaqua Sapor et le battit à plate couture. Gallien, fils et successeur de Valérien, récompensa Odénath en lui accordant le titre d'Auguste, c'est-à-dire en l'associant à l'empire. D'Odénath et de la célèbre Zénobie, sa femme, naquirent plusieurs princes dont l'un, Vabalathe Athénodore, porta aussi le titre d'Auguste. Bien peu d'années après, l'empereur Aurélien fit disparaître cette dynastie, et ruina Palmyre. Les ruines de cette ville sont merveilleuses. Après avoir été oubliées pendant des siècles, grâce aux difficultés et aux dangers de la route qui y mène, elles ont été retrouvées et dessinées en 1752 par le voyageur anglais, Robert Wood. On ne peut trop admirer ses temples, ses portiques, ses colonnades et sa nécropole, quoique le style de l'architecture offre des indices frappants de décadence. Depuis quelques années, le voyage de Palmyre est devenu plus facile et moins coûteux. (Voyez Tadmor.)

Panéas ou **Panias**. Ville qui devint la Césarée de Philippe (voyez ce nom). Elle fut visitée par notre Seigneur (St.-Matth. XVI v. 13 et St.-Marc. VIII v. 27). Elle avait pris son nom du Panion, ou caverne consacrée à Pan, auprès de laquelle elle était bâtie.

Pella. Ville de la Décapole, où se réfugièrent les chrétiens, résidant à Jérusalem, un peu avant le siége de Titus (Eusèbe, Histoires III, 5). Elle n'est pas nommée dans l'Ecriture Sainte. C'est aujourd'hui *Fahil*, ou *Tabakhât-Fahil*, sur la rive orientale du Jourdain, un peu au Sud de *Beysan* (Scythopolis).

Pétra, הסלע. Ville qui devint la métropole de l'Arabie. Il en est question plusieurs fois dans la vulgate, sous le nom de Pétra. Ainsi dans les Juges (I v. 36), où se donnent les limites du pays des Amoréens, le nom Pétra représente l'hébreu Sélâ, qui veut dire: rocher.
Dans les Rois (IV, XIV v. 7) il est dit qu' Amasias prit Pétra et lui donna le nom de Jektehel יקתאל. Enfin dans Jérémie (XLVIII v. 28) il est dit: „Habitez dans Pétra, habitans de Moab". Mais il faut le remarquer, le nom même de Pétra ne se trouve nulle part dans le texte hébraïque.
Pétra fut la capitale des Nabathéens, puis elle reçut sous les Romains, le surnom d'Adrianè. C'est aujourd'hui l'ensemble de monuments magnifiques, taillés dans le

rocher, et connu des Arabes sous le nom d'*Ouadi-Mousa*, Vallée de Moïse, à cause du long séjour que firent les Hébreux dans son voisinage. Le rév᷎ᵈ. Stanley a proposé de voir dans Pétra la fameuse Cadès du désert, dont il est si souvent question dans le Pentateuque, et, pour ma part, je suis convaincu qu'il a raison.

Phaï, פעי‎, פעו. C'est le nom de la ville de naissance d'Adad, roi d'Edom (Paralip. I v. 50). Dans le passage parallèle de la Genèse (XXXVI v. 39) elle est nommée Phau, et le roi: Adar; toujours par suite de la confusion d'un *D*. et d'un *R*. en hébreu carré.

Phalonite, פלוני. Ethnique appliqué à Helles, l'un des héros de David (Paralip. I, XI v. 27). Dans les Rois (II, XXIII v. 26) il est appelé Héles le Phaltite (voyez ce mot)

Phaltite, פלטי. Ethnique de Héles, lieu des héros de David (Rois II, XXIII v. 26. J'ignore à quelle localité il répond. St.-Jérôme écrit: „Heles de Phalti". Phalti est donc le nom de cette localité.

Phanuël (La face de Dieu), פנואל C'est un lieu situé de l'autre côté du Jourdain, où une ville fut fondée par la tribu de Gad (Juges VIII v. 8 et 17). Sa forteresse fut démolie par Gédéon. Dans la Genèse (XXXII v. 30) il est parlé du lieu, situé de l'autre côté du Jourdain et du Iaboc, auquel Jacob donna ce nom, parce que ce fut là qu'il lutta contre un ange du Seigneur. C'est très-probablement au même endroit que fut bâtie plus tard la ville de Phanuël. Nous lisons en effet dans les Rois (III, XII v. 25) que le roi Jéroboam après avoir bâti Sichem, alla bâtir Phanuel. Cette ville n'a pas encore été retrouvée.

Pharan (Désert de), (voyez Cades-Barné) מדבר פארן.
Les espions envoyés en Canaan, furent expédiés du désert de Pharan (Nombres XIII v. 3); ils revinrent vers
Moïse au désert de Pharan, du côté de Cades (Nombres XIII, v. 26).

Pharan (El-), איל פארן. Nous lisons dans la Genèse
(XIV v. 6) que le roi Chodor-Laomer défit les Corræens
(Horim) dans leur montagne de Seïr, jusqu'aux champs
de Pharan, qui est près du désert. Les Septante rendent
le mot El par: térébinthe; et St.-Jérôme comme le commentateur juif Onkelos par: la plaine. Eusèbe dit que
Pharan était une place forte située à trois journées de
marche d'Ailath, vers l'Orient. Je n'en connais pas la
situation précise.

Pharathon. Ville citée dans les Macchabées (I, IX
v. 50) et mentionnée parmi les villes de la Judée. La
traduction latine de St.-Jérôme donne: „et Phara et
Thopo". Elle fut fortifiée par Bacchides, dit Josèphe qui
la nomme Pharatha, et Pharathos. Je soupçonne que
sous ce nom si étrangement altéré se cache celui de
Pharathon dont il est question dans l'Ancien Testament.
Nous lisons en effet dans les Juges (XII v. 14 et 15) qu'
Abdon, fils d'Elel, le Pharathonite, פרעתוני, fut juge d'Israël pendant huit ans, et qu'il mourut et fut enterré à
Pharathon, de la terre d'Ephraïm, sur le mont Amalec.
Peut-être cette Pharathon n'est elle en définitive que
la ville d'Ephraïm, remplacée aujourd'hui par *Thayebeh.*

Pharès-Oza, פרץ עזה. Lorsque l'arche d'alliance fut
emmenée de Gabaa par David, Oza y porta la main et
fut immédiatement frappé de mort (Rois II, VI v. 7)
par Jehova. David appela l'endroit où cela s'était passé
Pharès-Oza (VI v. 8) (Percussio-Ozæ). Cela arriva sur

la route de Jérusalem à l'aire de Nachon ou Nachor
(VI v. 6). Il serait évidemment fort difficile de retrouver
cette localité.

Pharphar, פרפר. Rivière qui arrosait et fertilisait le
pays de Damas (Rois IV, v v. 12). Son nom signifie:
le prompt, le rapide, suivant Gesenius. C'est aujourd'hui
le *Nahr-Barbar*, qui prend sa source au pied du *Djebel-
esh-Sheikh*, passe à *Artouz*, à trois heures de marche au
Sud de Damas, et est ensuite réuni par un canal au
Nahr-el-Aouadj qui va se perdre à l'Est, à l'entrée du
désert, dans le lac nommée *Bahret-el-Hidjaneh*. Le nom
Barbar parait bien avoir conservé la forme du nom Biblique Pharphar.

Phasga, הפסגה. C'était, croit-on, le sommet le plus
élevé du mont Nébo. Il en est question dans les Nombres (XXI v. 20 et XXXIII v. 14). Dans le second
des passages sus-indiqués il est question de sept autels
que construisit Balaam, amené là par le roi de Moab,
Balak.
Dans le Deutéronome il est plusieurs fois question du
Phasga, mais particulièrement au verset 1 du chapitre
XXXIV où il est dit que Moïse gravit le mont Nébo
et le sommet de Phasga, en face de Jéricho.
Enfin dans Josué (XIII v. 3 et XIII v. 20) il est encore
question de Phasga.

Phau, פעו. Adar, roi d'Edom, était natif de la ville
de Phau (Genèse XXXVI v. 39). Ville entièrement
inconnue.

Phelethi, פלתי. Nom d'une troupe constamment as-
sociée, dans l'Ecriture Sainte, aux Cerethi (voyez ce mot).
C'étaient des coureurs; leur nom vient de *pheleth* (en

Arabe *felet*), fuir, être prompt. Il n'y a rien de géographique dans cette dénomination (Rois II, VIII v. 18 —XV v. 18 et XX v. 7). Ils avaient pour chef Banaias, fils de Joiadas.

Phérézéens., פרזי. Ils étaient descendants de Canaan sans doute, mais le nom propre de leur père n'est pas donné. Ils habitaient le pays voisin de Bethel; car Abraham vint camper entre Bethel et Aï (Genèse XIII v. 2) et (au verset 7 suivant) il est dit que ce pays était habité par les Cananéens et les Phérézéens. Dans Josué (XI v. 3) il est dit qu'ils habitaient le pays de montagne avec les Amorrhéens, les Hethéens et les Jébuséens. Dans les Nombres (XIII v. 29) le nom des Phérézéens est omis. Ils habitaient aussi le pays de Sichem (Genèse XXXIV v. 30), et celui de Bethsan et de Jezraël. Il y en avait aussi dans le territoire de Juda, puisqu'ils furent battus à Bezec par les tribus de Juda et de Siméon (Juges I v. 4 et 5).

Phes-Domim (voyez **Damim**) פס רמים. Phes-Domim (vulgate de St.-Jérôme) est cité dans les Paralipomènes (I, XI v. 13).

Phogôr ou **Phagôr**. Ville de la tribu de Juda, mais dont il n'est question que dans les Septante (Josué XV v. 60). Eusèbe dit que c'est un village voisin de Bethléhem; et de fait, dans le verset grec en question, Phogôr et Bethléhem sont mentionnées. St.-Jérôme dit que de son temps elle se nommait Phaora. C'est aujourd'hui la localité ruinée nommée *Kharbet-Beit-Faghour*, à 2 heures de marche au Sud-Ouest de Bethléhem et à une demi-lieue à l'Occident de *Deïr-el-Benat*, sur la route d'Hébron.

Phogor (Mont), פְּעוֹר. C'est la montagne au sommet de laquelle Balak, roi de Moab, conduisit Balaam pour maudire le peuple d'Israël (Nombres XXIII v. 28). Moïse mourut sur le mont Nébo qui faisait partie du mont Phogor, et fut enterré dans une vallée, contre le temple de Baal-Phogor, qui était sur la montagne (Deutér. III v. 29; IV v. 46 et XXXIV v. 6). Ce sont très-probablement les ruines de ce temple qui ont été retrouvées et photographiées par le duc de Luynes. (Voyez Phasga.)

Pierre (la grande) qui est à Gabaon, הָאֶבֶן חַגְּדוֹלָה. Cette pierre est citée dans les Rois (II, xx v. 8), sans qu'il lui soit donnée de nom particulier. Cette pierre n'est pas connue; elle était à Gabaon. C'est tout ce que l'on en peut dire.

Promise (La Terre). Nous lisons dans le Deutéronome (XXXIV v. 4) que Dieu montra à Moïse la terre de Galaad jusqu'à Dan, et tout Nephtali, et Ephraïm, et Manassé, et Juda jusqu'à la mer, et la région méridionale et les plaines de la Vallée de Jéricho, ville des palmiers, jusqu'à Ségor, et lui dit: Voilà la terre que j'ai promise par serment à Abraham, à Isaac et à Jacob, disant: je la donnerai à votre descendance; tu l'as vue de tes yeux, mais tu n'y entreras pas toi-même.

Il y a ici une difficulté. Si la terre de Galaad fait partie de la Terre Promise, comment Dieu dit-il à Moïse qu'il n'entrera pas dans la Terre Promise? C'est que déjà toute la région d'au delà du Jourdain était occupée par les Hébreux et que Dieu avait déjà dit à Moïse (Deutér. II v. 31): Je t'ai livré la terre de Sihon; commence à la posséder. Moïse ne devait pas passer le Jourdain; au delà du Jourdain se trouvait donc en réalité la Terre Promise. (Voyez Galaad.)

Elle est ainsi définie dans le livre de Josué (I v. 4). Depuis le désert et le Liban, et jusqu'au grand fleuve, le fleuve Euphrate, tout le pays des Héthéens et jusqu'à la grande mer, au soleil couchant, seront vos frontières. (Voyez Héthéens.)

Ptolemaïs. Tous les écrivains romains ont adopté ce nom qui fut imposé à Acco par Ptolemée Soter, roi d'Egypte. Dans les Actes des Apôtres (XXI v. 7), nous trouvons ce même nom employé. L'empereur Claude en fit une colonie Romaine.

Il est également question de Ptolemaïs dans les livres des Macchabées (I, v 15 et 21). C'est aujourd'hui St.-Jean d'Acre, *Akka* des Arabes, (voyez Acco).

Q.

Qbour-el-Amalika, voyez Amalec.

R.

Rabba, רבה. Ville capitale des Ammonites (Rois II, XI v. 1). C'est la Rabbath des fils d'Ammon (Deutér. III v. 11). Elle est encore citée (Rois II, XII v. 26, 27 et 29) sous le nom de Rabbath. C'est aujourd'hui *Ammân*.

Rabbah (Er-), voyez Ar, Areopolis et Rabbat-Môba.

Rabbat-Môba (la grande ville de Moab). C'est le nom romain d'Ar, devenu plus tard Areopolis. (Voyez Ar.)

Rabboth, הרבית. Ville de la tribu d'Issachar (Josué XIX v. 20). Elle était donc dans le voisinage de la plaine d'Esdrelon. Elle n'a pas encore été identifiée.

Rachal (ville de commerce), רכל. Ville de la tribu
de Juda citée dans les Rois (I, xxx v. 29). C'est tout
ce que nous en savons.

Rafat, voyez Jarephel.

Ram (Kharbet-er-), voyez Beth-Aram et Haramah,
Rama et Ramoth.

Rama (hauteur), הרמה. 1°. Ville de la tribu de
Benjamin (Josué XVIII v. 25). Dans les Juges nous
lisons: „entre Rama et Bethel, dans les montagnes
d'Ephraïm" (IV v. 5) et plus loin: „continue pour que
nous passions la nuit à Gabaa ou à Rama" (XIX v. 13).
Elle était à six milles de Jérusalem, au Nord, et prè
de Bethel, suivant Eusèbe. St.-Jérôme (ad Hosiam V)s
dit que Rama est près de Gabâa, au 7ᵉ mille à partir
de Jérusalem. Ce n'était plus, de son temps déjà, qu'un
petit village (ad Sophon. I). C'est aujourd'hui er-Ram
et Khouraïb-er-Ram, à 2 lieues au Nord de Jérusalem sur
la route de Naplouse, à une demi-lieue de Djebâa (qui
est au Nord-Est) et à deux lieues au Sud de Beitin (Beth-El).

2°. Localité située près de Bethléhem et de laquelle
il est dit: „Une voix a été entendue dans Rama" (Jérémie XXXI v. 11 et St.-Matth. II v. 18). Comme on
ne sait s'il s'agit d'une localité habitée, il n'y a guère
d'espoir de la pouvoir identifier.

Ramah, voyez Harma 2 et Horma.

Ramatha, Ramathaïm-Sophim, הרמתים צופים ,רמה.
Ville de la tribu d'Ephraïm, où habitait Samuël et où
il fut enterré (Rois I, 1 v. 1 et 19; xxv v. 1). C'est
incontestablement Naby-Samouïl, à deux heures de marche au N.-N.-O. de Jérusalem. C'est une localité qui

domine tout le pays d'alentour. Dans le livre des Macchabées (I, xi v. 34) elle porte le nom de Ramatham.

Ramath-Lechi, voyez **Lechi**.

Ramathôn (la hauteur). Tel est le nom que Josèphe donne à la ville située à 40 stades de Jérusalem et que Baësa, roi d'Israël, fortifia. C'est la même ville que Rama (Paral. II, xvi v. 1 et Rois III, xv v. 17). (Voyez Rama). Josèphe donne aussi ce même nom à Ramoth de Gilead.

Rameh, voyez **Rouma**.

Ramleh, voyez **Arimathia**.

Ramoth, ראמות. Ville de la tribu d'Issachar (Paral. I, vi v. 58). Elle n'a pas encore été retrouvée.

Ramoth, **Ramoth-he-Masphe**, רמת המצפה, ראמות. Ville de la tribu de Gad (Josué XIII v. 26). Elle est appelée le plus souvent simplement Ramoth (Deutér. IV v. 43, Josué XX v. 8 et Rois IV, viii v. 29). C'est là que le roi Ochosias accompagnant Joram, roi d'Israël, dans la guerre contre Hazaël, roi de Syrie, fut blessé. Cette ville était à 15 milles de Philadelphia (*Ammân*) vers l'Occident (St.-Jérôme dit à tort vers l'Orient). St.-Jérôme dit qu'elle est près du fleuve Iaboc. C'est aujourd'hui *es-Salt*, à une journée de marche au Nord-Ouest d'*Ammân*. Elle est fort éloignée du Iaboc ou *Nahr-Zerka*.

Ramoth-Negeb (du Midi), רמת נגב. C'est indubitablement Ramoth de la tribu de Siméon (Rois I, xxx v. 27 et Josué XIX v. 8). Elle n'a pas été encore retrouvée.

Ramula, voyez Arimathæa (Ramleh).

Raphaïm, רפאים. Ce nom de peuple signifie: géants. Au temps d'Abraham ils habitaient autour d'Asteroth-Carnaïm (Genèse XIV v. 5).
Il parait qu'il y en avait aussi en deça du Jourdain, en face d'Asteroth-Carnaïm (Josué XVII v. 15).

Raphia. Ville située entre l'Egypte et la Judée (Macch. III, 1 v. 2). Elle était, dit Strabon, entre Anthedon et Rhinocolura, ou entre Gaza et Rhinocolura (qui est *el-Arich*). C'est aujourd'hui *Kharbet-Refah*, à sept lieues environ au Sud-Ouest de Gaza, et à petite distance de la mer.

Raphôn (de rafah, guérir). Localité voisine de Carnaïm et au bord d'un torrent (Macch. I, v v. 37 et 43). Josèphe la nomme Rapha. C'était une ville de l'autre côté du Jourdain; c'est tout ce que nous en pouvons dire.

Reccath, רקת. Ville de la tribu de Nephtali (Josué XIX v. 35). Elle est citée immédiatement avant Cenereth. Elle n'a pas encore été retrouvée. Elle doit cependant exister quelque part entre *Abou-Shousheh* dans la plaine de Gennézareth, et *Tell-Hazour* qui se trouve à 3 heures de marche au Nord Ouest d'*Abou-Shousheh*.

Recem, רקם. Ville de la tribu de Benjamin, citée après Caphara et avant Jerephel et Tharela (Josué XVIII v. 27). Je ne connais pas l'emplacement actuel de cette localité.

Refah (Kharbet-), voyez Raphia.

Rehab, voyez Rohob.

Remmon, רמון. Localité située sur la frontière de Zabulon (Josué XIX v. 13). C'est *Roummaneh* dans le *Merdj-el-Battouf* ou plaine de *Safourieh*, à une heure de marche au Sud de *Kana-el-Djelil.* Les deux mots Remmon et Amthar ne forment-ils qu'un seul nom de lieu? Cela n'est pas démontré. La traduction du texte hébraïque de Cahen en fait deux lieux distincts; mais la présence de l'article *ha* avant le nom Amthar, dans le texte hébreu, me parait justifier l'adoption du nom complexe Remmon-Amthar.

Remmon (Rocher de), סלע רמון. Nous lisons dans les Juges (XXI v. 13): "toute l'assemblée envoya dire aux fils de Benjamin qui étaient au Rocher de Remmon et leur offrir la paix".

Quel est ce Rocher de Remmon? Le prophète Zacharie en parle-t-il (XIV v. 10) lorsqu'il dit: "et le pays était une plaine de Geba à Remmon, au Sud de Jérusalem"? C'est fort douteux. Quoiqu'il en soit, ce Rocher de Remmon devait être dans le territoire de Benjamin, et dès-lors il faut le reconnaître à *Roumman*, localité placée à deux heures de marche à l'Est de *Beitin*, et à la crête des montagnes qui dominent la vallée du Jourdain.

Remmon (les grenades), עין רמון. 1°. Ville de la tribu de Siméon (Josué XIX v. 7). Eusèbe dit qu' elle était à 16 milles d'Eleutheropolis (*Beit-Djibrin*) et St.-Jérôme ajoute: au Midi, dans la Daróma.

C'est aujourd'hui *Kharbet-Omm-er-Roummanein*, à environ six lieues au Sud de *Beit-Djibrin*.

2°. רמון. Eusèbe mentionne Remmon placée à 15 milles de Jérusalem, vers le Nord.

Dans Zacharie (XIV v. 10) nous voyons citée toute la région à partir de la colline de Remmon, jusqu'au Midi de Jérusalem. C'est évidemment de celle-ci qu'il s'agit. C'est aujourd'hui *Roumman*, à deux heures de marche à l'Est de *Beïtin* (Beth-El).

Remmono (lieu des grenades), רמונו. Ville de la tribu de Zabulon (Paral. I, VI v. 62). C'est probablement la même ville qu' Adad-Remmon, et elle se nomme aujourd'hui *Roummaneh;* elle est à une demi lieue à l'Ouest de *Taanouk* (la Taanach Biblique) et à deux heures de marche au Sud d'*el-Ledjoun* (Legio ou Megiddo).

Rhazzeh, voyez **Gaza**.

Rhoueïn-el-Rharbieh, Rhoueïn-ech-Charkieh, voyez .**Aroër** 2.

Riblah, רבלה. 1°. Ville du pays d'Emath (Rois IV, XXIII v. 33 et XXV v. 20 et 21). C'est là que le Pharaon Necaoh prit et fit charger de chaînes le roi de Juda, Joachas, auquel il donna pour successeur Joacim. C'est encore là que Nabuzaradan amena au roi Nabuchodnozor le grand prêtre Seraiah, le second prêtre Sephaniah et plusieurs autres grands personnages de Jérusalem, qui furent immédiatement mis à mort.

2°. La frontière septentrionale de la Terre Promise descendait de Shepham à Riblah, à l'Orient d'Aïn, puis suivait la côte orientale de la mer de Cinnereth (Nombres XXXIV v. 11).

Riblah n'a changé ni de place, ni de nom. C'est aujourd'hui Riblah, sur la voie antique de Baâlbek à Homs, à deux grandes journées de marche de la première de ces deux villes.

Il est fort difficile d'admettre que Riblah ait jamais

fait partie de la Terre Promise, à laquelle elle n'a été annexée que momentanément, et par suite de conquête. (Voyez Ain.)

Riha (er-), voyez Jericho et Hir-Hatamarim.

Rimmon, voyez Remmon 2.

Rogelim (lieu des foulons), רגלים. Ville qu' habitait Berzellai, le Galaâdite (Rois II, xvii v. 27). Nous ne savons rien de plus sur cette localité Biblique.

Rohob (Aram de, Syrie de), בית רחוב. Pays de Syrie, qui fournit un corps d'auxiliaires aux Ammonites contre David (Rois II, x v. 6), avec le pays Syrien de Soba (voyez Aram). Nous devons remarquer que Rohob est le nom du roi de Soba, père d'Adadezer et que Beth-Rohob signifie: la maison de Rohob (Rois II, viii v. 3).

Rohob (Contrée de), עמק לבית רחוב. Ce pays est encore cité dans le livre des Juges (XVIII v. 28), où il est dit que Laïs, dont les Danites s'emparèrent, et qu'ils rebâtirent, en lui donnant le nom de Dan, était dans la contrée de Rohob.

Qu' était ce pays de Rohob? On n'a pu l'identifier encore.

Rohob (spacieux), רחב. Ville de la tribu d'Aser (Juges I v. 31 et Josué XIX v. 28), dont les Cananéens ne purent être expulsés. Eusèbe parle d'un village nommé Roôb et situé à 4 milles de Scythopolis (*Beysan*). Evidemment ce lieu n'a rien de commun avec la tribu d'Aser.

La frontière d'Aser en partant de Cabul (*Kaboul*)

s'étend vers Ebron, Rohob, Hamôn et Cana, jusqu' à
Sidon la grande. Ebron pourrait être *Ebraoueh* à deux
lieues au Nord-Ouest de *Kaboul.* Hamôn c'est *Hamoul*
près d'*Omm-el-Aamid,* au Nord du *Ras en-Nakoura.* Rohob
était donc entre ces deux points extrêmes de *Kaboul* et
d'*Omm-el-Aamid.* Malheureusement sur ce parcours on
ne trouve aucun nom de lieu qui rappelle Rohob. Quant
à celle dont parle St.-Jérôme, elle existe toujours et c'est
Rehab, village ruiné à 2 heures au Sud de *Beysan.*

Rohoboth (Puits de), רחבות. Isaac en quittant Gerar,
par l'ordre d'Abimelech, alla habiter dans le Nahal-Gerar
(Vallée de Gérar) (Genèse XXVI v. 17) et nettoya les
puits que son père Abraham avait creusés, et que les
Philistins avaient comblés, après la mort de celui-ci.
L'eau du premier de ces puits ayant été revendiquée par
les bergers de Gérar, Isaac le nomma Esek (calumnia,
dispute). (Voyez ce mot.)
Isaac en creusa un second, qui suscita une nouvelle
querelle; il le nomma Sitnah (inimicitiae, obstacle).
(Voyez ce mot.)
Enfin il partit de là et creusa un autre puits dont on
ne lui disputa plus la possession, et il le nomma Rohoboth, ce qui signifie: latitudo ou liberté (Genèse XXVI
v. 22). Il devait être au Sud de Ber-Sabée, puisque le
verset suivant est ainsi conçu: "de là il monta à
Ber Sabée".
Ce puits était au point où sont les ruines nommées
aujourd'hui *Rouheibah,* à une grande journée de marche au
Sud de *Bir-es-Sebaa,* sur la route antique qui conduisait
en Egypte.

Rohoboth, רחבות. Saül de Rohoboth fut roi d'Edom
après Semla (Genèse XXXVI v. 37 et Paral. I, 1 v. 48).
Dans la Genèse St-Jérôme traduit: "Saul de fluvio Ro-

hoboth", et dans les Paralipomènes: "Saul de Rohoboth quae juxta amnem sita est."

Les Septante et Onkelos lisent avec raison très-probablement: Rohoboth sur l'Euphrate.

Rouheïbah, voyez **Rohoboth.**

Roummaneh, voyez **Adadremmon** et **Remmon** ou **Remmono.**

Ruma (hauteur). רומה. 1°. Ville citée dans les Rois (IV, XXIII v. 36) et où était née la mère du roi Joacim. Peut-être est-ce la même que la suivante; peut-être aussi n'est-ce que la Duma de la tribu de Juda. (Voyez Doumah.)

2°. Josèphe cite une Rouma, ville de Galilée. C'est certainement *Rameh*. (Voyez Ramah.)

Ruma (Arumah), ארומה. Ville du voisinage de Sichem, citée dans le livre des Juges (IX v. 41). Les textes grecs donnent Aermôn et Aerma. Eusèbe dit que cette ville s'appela postérieurement Remphis et qu'elle était dans le pays de Diospolis (*el-Loudd*). Cela semble bien difficile à croire, car il y a loin de Sichem à Diospolis. C'est très-probablement aux ruines nommées *Kharbet-el-Orma*, placées à petite distance au Nord-Ouest d'*Akrabeh*, que se trouve l'emplacement de la Ruma Biblique. De cette façon elle n'était guère qu'à deux lieues et demie au Sud de Sichem.

S.

Sâananim, צעננים. Ville de la tribu de Nephtali (Josué XIX v. 33). C'est certainement la même ville qui est citée sous le nom de Sennim dans les Juges (IV v. 11). (Voyez Sennim.)

Dans Josué nous lisons: "Elon in Saananim", ce qui signifie littéralement: le chêne à Saananim. Dans les Juges: "ad vallem quae dicitur Sennim".

Sâananim, צעננים. Ce mot cité dans Josué (XIX v. 33) a paru avec grande raison à Eusèbe, composé de la préposition *be* et d'un nom de petite région Sâananim, appartenant à la tribu de Nephtali, et dans laquelle se seraient trouvées situées les villes de Heleph et d'Elon (ce dernier mot ne signifie peut-être qu' un arbre, un chêne). Inutile de chercher l'identification d'une localité dont le nom est d'une interprétation aussi douteuse.

Saba, שבא. Pays de la fameuse reine qui vint visiter Salomon (Rois III, x v. 1, 4, 10 et 13).

C'était une contrée de l'Arabie heureuse, célèbre par ses richesses en or, en pierres précieuses, en épices et en aromates (Psaume LXXII v. 10).

Sabama, שבמה. Ville de la tribu de Ruben (Nombres XXXII v. 38 et Josué XIII v. 19). Les Vignobles de Sabama sont mentionnés dans Isaïe (XVI v. 8). Elle tomba au pouvoir des Moabites (Jérémie XLVIII v. 32). St-Jérôme dit qu'il y avait à peine cinq cents pas entre Esebon (*Hesbân*) et cette ville (Comment. ad Isaïam XVI).

Saban (dans le texte hébreu: **Sabam**), שבם. Ville de la tribu de Ruben (Nombres XXXII v. 3). Le texte de la vulgate de St-Jérôme porte Saban, après Hesebon (*Hesbân*) et Eléalé (*el-Aal*) et avant Nebo (*Djebel-Nebâ*), Je n'ai pas trouvé trace de ce nom, dans ce pays que j'ai parcouru.

Sabarim (les brisures), השברים. Localité située près

de Haï (Josué VII v. 5) et jusqu' où furent repoussés les 3000 Israélites qui vinrent attaquer Haï. Les Septante n'ont pas considéré ce mot comme un nom de lieu, et ont traduit par: jusqu' à ce qu' ils les eurent brisés. St-Jérôme (vulgate) de son côté y voit un nom de lieu qu' il écrit Sabarim. Des ruines situées au Sud-Est de l'emplacement de Haï, et à une lieue à peu près, se nomment *Abou-Sebah.* Peut-être est-ce notre localité Biblique.

Sabée (le lion ou les septs ou le serment), שבע. Ville de la tribu de Siméon (Josué XIX v. 2). Quelques commentateurs y ont vu la même ville que Ber-Sabée. Reland en fait deux villes distinctes. Pour lui Sabée est appelée Samâ dans Josué (XV v. 26), parce que dans ce verset elle est citée avant Molada, comme au chapitre XIX v 2 du même livre de Josué. Il n'est pas fait mention d'une Sama parmi les villes de Juda attribuées à la tribu de Siméon. Les Septante (Josué XIX v. 2) lisent Samâ Ce qui est plus certain encore, c'est que le texte hébraïque (Josué XIX v. 2) mentionne Bir-Sébâa, Sébâa et Molada. Il distingue donc nettement Ber-Sabée de Sabée.

A trois heures de marche à l'Est de *Bir-es-Sebâ* se trouve une ruine nommée *Saoua* que Van de Velde identifie avec Hasar-Shual et qui pourrait bien n'être que la Sabée de Josué.

Safed, voyez Sephet et Thisbe.

Safourieh, voyez Sepphoris.

Sakkah, voyez Selcha.

Sahoueh, voyez Hasar-Sual.

Salebim, Salebin, שעלבין. Salamin mentionnée dans les Septante seulement (Josué XIX v. 47), est nommée Salebim dans le texte hébraïque (Juges I v. 35). Dans Josué (XIX v. 42) nous trouvons mentionnée Salebin avec Ayalôn, comme dans les Juges (I v. 35). Il s'agit donc toujours de la même ville. C'était une ville de la tribu de Dan, d'où les Cananéens ne purent être expulsés, mais où ils consentirent à devenir tributaires.

Cette ville Biblique n'a pu encore être identifiée. Eusèbe la nomme Salaba et la place dans le pays de Sebasté (*Sebastieh*). C'est plutôt du côté de *Yâloun* (Ayalon) qu'il faut la chercher; car dans les Rois (III, IV v. 9) Salebim est encore mentionnée avec Beth-Sames, qui est à *Kharbet-Ayn-esh-Shems*, à trois lieues environ au Sud, quelques degrés Ouest, de *Yâloun*. A deux lieues au Nord-Est de *Yâloun* se trouve une localité ruinée nommée *Kharbet-Hallabeh;* peut-être bien est-ce là qu'il faut chercher la Salebim ou Salebin Biblique. Quant à la Salaba d'Eusèbe, peut-être faut il la voir dans *Selfit*, village qui se trouve à 3 lieues et demie au S.-S.-O. de *Naplouse*.

Salaboni, שעלבני. Ville mentionnée dans le livre des Rois (II, XXIII v. 32), d'où s'est formé l'ethnique Salabonite (Paral. I, XI v. 33). Rien ne pouvant nous éclairer sur la situation géographique de cette ville, nous en sommes réduits aux hypothèses. Je propose donc de retrouver notre Salaboni dans une ville dont les ruines ont l'apparence la plus antique, puisqu'on y voit de véritables Dolmens. Elle se nomme *Kharbet-Shalaboun*, et se rencontre à une demi-heure de marche au Nord Ouest de *Bent-Djebel*, sur la route de *Sour* (Tyr) par Cana.

Salabonite, שעלבני. Ethnique appliqué à l'un des héros de David (Rois II, XXIII v. 32) qui se nommait Eliaba. St.-Jérôme écrit: Eliaba de Salaboni.

Salem (paix), שלם. 1°. C'est la capitale du roi Mel-chisedech (Genèse XIV v. 18). Josèphe l'appelle Solyma et y voit Jérusalem (Bell. Jud. VI. X.); d'autres y cherchent la Salim de l'évangile de St.-Jean (III v. 23); d'autres encore, Silo; parce que, dans Jérémie (XLVIII v. 5), la version alexandrine remplace ce nom par Salim, Silo se trouvant dans le texte hébraïque de Jérémie (XLI v. 5). St.-Jérôme (Epitre à Evangelius) dit que Salem est près de Scythopolis, qu'elle s'appelle toujours Salem et qu'on y montre les ruines importantes du palais de Melchise-dech. Dans la Genèse (XXXIII v. 17) il est dit que Jacob vint à Succoth, y séjourna et passa ensuite à Salem, ville du pays de Sichem.

A une grande heure de marche au Nord de *Soukkout* (Succoth) se trouvent des ruines nommées aujourd'hui *Sheikh-Salim;* elles sont à 3 heures de marche au Sud de *Beysan* (Scythopolis), et représentent indubitablement la Salem, dont il vient d'être question et dont parle St.-Jérôme.

2°. Salim, lieu remarquable par ses belles eaux, et où St.-Jean Baptiste baptisait (St.-Jean III v. 23). Il était près du lieu, nommé Aenôm. Or ce nom signifie simplement: les sources. On a cherché cet endroit à petite distance au Nord de Jérusalem, au point où se trouvent deux vallées, nommées l'une *Ouad-Selam*, et l'autre *Ouad-Souleim*. Robinson pense que ce lieu illustre doit être cherché au village de *Sâlim* situé à 2 lieues à l'E.-S.-E. de Naplouse, entre cette ville et *Beit-Dedjân*. Il s'y trouve de belles eaux sans doute, mais c'est bien loin du Jourdain.

Salim (le Pays de), ארץ שעלים. Pays cité dans l'iti-néraire de Saül parti à la recherche des ânesses de Kis, son père (Rois I, IX v. 4). On ignore ce que peut être ce pays. Peut-être son nom lui fut-il donné à cause de la grande quantité de Chakals qui s'y trouvait (*Shoual*). Très-probablement cependant il faut chercher cette contrée vers les *Ouad-Selam* et *Souleim* qui sont un peu au Nord de Jérusalem.

Salim(-Scheïkh), voyez Aënon et Salem et Pays de Salem.

Salisa (Terre de), ארץ שלשה. Cette contrée est citée à propos de l'histoire de Saül, allant à la recherche des ânesses de Kis, son père (Rois I, IX v. 4).

Kis habitait le territoire de Benjamin; son fils Saül passa par la montagne d'Ephraïm et traversa ensuite le pays de Salisa; de là il passa dans le pays de Salim, puis dans le pays des Benjaminites (le texte hébreu dit le pays de Yemin, le pays de droite ou oriental) et enfin dans le pays de Suph, d'où il revint vers son père (verset 4 et 5). Le pays de Salisa n'est cité que cette seule fois dans l'Ecriture Sainte. C'était très-probablement le pays dans lequel était située Baal-Salisa (Rois IV, IV v. 42) qu' Eusèbe nomme Beth-Salisa et place dans la région thamnitique, à 15 milles romains au Nord de Diospolis (*el-Loudd*).

Salt (es-), voyez Ramoth-Hamasphe.

Sama (nouvelle, annonce), שמע. Ville de la partie méridionale du territoire de Juda (Josué XV v. 26). (Voyez Sabée.)

Samaraïm (les laines), צמרים. Ville de la tribu de Benjamin (Josué XVIII v. 22). Cette ville est citée immédiatement avant Bethel (*Beïtin*). A petite distance (moins d'une demi-lieue) à l'Ouest de *Beïtin*, se trouve une localité ruinée dont le nom est *Kharbet-Kefr-Mousr*

(carte de Van de Velde) et *Kefr-Mour* (Mr. Guérin). Si
le nom *Mousr* existe réellement, cette ruine pourrait bien
représenter notre Samaraïm Biblique.

Samarie, שמרון, שמרין. Capitale des rois d'Israël.
Elle est nommée Somrin dans Esdras (IV v. 10); mais
son nom hébraïque est Semron dans les Rois (III, xvi
v. 24). Ce fut d'abord le nom de la montagne sur
laquelle cette ville fut bâtie, puis de la ville elle-même,
puis enfin, par extension, du pays au milieu duquel était
cette ville Le nom de la montagne lui fut donné à
cause de Semer à qui elle appartenait, et qui la vendit
au roi Omri. Sous la domination romaine elle reçut le
nom de Sebasté. Josèphe dit qu'elle s'appela dans l'antiquité Mareôn (peut-être ce nom vient-il de Semeron-
Meron, citée dans Josué XII v. 20).

Ce nom revient, on ne peut plus fréquemment, dans
l'Ancien et dans le Nouveau Testament.

C'est aujourd'hui *Sebastieh*, à deux heures et demie
de marche au Nord-Ouest de *Naplouse*. On y voit de
très-belles colonnades et des ruines du plus haut intérêt,
et, parmi celles-ci, les restes de l'église où la tradition
place le tombeau de St.-Jean Baptiste.

Samir (épine, ronce), שמיר. 1°. Ville située dans les
montagnes d'Ephraïm, où habitait le Juge Thola (Juges
X v. 1). Le site actuel de cette ville est inconnu.

2°. Ville de la tribu de Juda (Josué XV v. 48) située
sur la montagne. Elle est citée avec Jethir et Socoth.
Les Septante remplacent le nom de Samir par celui de
Sapheïr. Elle n'a pas encore été identifiée Eusèbe dit
qu'il y a un village nommé Saphir entre Eleutheropolis
et Ascalon, mais entre *Beit-Djibrin* et *Askoulan* il n'y
a que la plaine. La Sapheïr d'Eusèbe n'a donc rien
de commun avec la Samir Biblique, et cette Saphir est

certainement le *Tell-es-Safieh* de nos jours, l'Alba Specula des Croisades.

Samounieh, voyez **Semeron** et **Simonias**.

Sanir, שׁניר. Montagne qui fournissait aux Tyriens le bois de cyprès avec lequel ils construisaient leurs navires (Ezéchiel XXVII v. 5).

Il s'agit certainement d'une partie du Liban, peut-être du *Sanin* de nos jours. On doit se rappeler que les Amorrhéens appelaient Sanir le mont Hermon (Deutér. III v. 9).

Sanir (le Sommet du), שׁניר. Nous le trouvons mentionné dans le Cantique des Cantiques (IV v. 8), mais nous lisons dans le Deutéronome (III v. 9): que le mont Hermon était nommé par les Sidoniens: Sarion, et par les Amorrhéens: Sanir. La plus haute montagne du Liban se nomme encore aujourd'hui *Sanin*. En tout cas l'Hermon, qui est aujourd'hui le *Djebel-esh-Sheikh*, s'appelait chez les Amorrhéens: Sanir. (Voyez Hermon.)

Sanon, צנן. Localité mentionnée dans Josué (XV v. 37) parmi les villes de la plaine de Juda Elle est placée avant Magdal Gad (*el-Medjdel*, à trois heures de marche au Sud d'*Esdoud*). Sanon ne devait donc pas être éloignée de là, mais elle n'a pu encore être identifiée. Il existe à très petite distance au Sud-Ouest d'*Esdoud* une localité nommée *Tell-Yasin*. Peut-être ce nom a-t-il conservé une trace du nom de la ville Biblique de Sanon.

Sanour, voyez **Bethulia**.

Saoua, voyez **Ber-Sabée**.

Saouafir (es-), voyez **Saphir.**

Saphamite, שׁפמי. Ethnique de Zabdias, préposé par David aux dépôts des vins dans les vignobles (Paral. I, xxvii v. 27). On trouve la variante Aphonites. J'ignore à quelle ville il correspond.

Saphek. Ville qui n'est mentionnée que dans le texte grec de la Bible (Rois I, xxx v. 29). Le texte hébraïque et la vulgate n'en parlant pas, il est inutile de s'en occuper.

Saphir, שׁפיר. Ville citée dans Michée (I v. 11) où il est dit: "Passe ton chemin, habitante de Saphir." On croit que c'est la Saphir qu' Eusèbe place entre Eleutheropolis et Ascalon. C'est très-probablement *Es-Saouafir* qui se trouve à peu près au milieu, et un peu au Nord, de la ligne qui joindrait *Beit-Djibrin* et *Askoulan*.

St.-Jérôme n'a pas vu là un nom de lieu. Il traduit: "et transite vobis habitatio pulchra, confusa ignominia," ce qui n'est guère intelligible.

Saphon (le Nord), צפון. Ville de la tribu de Gad (Josué XIII v. 27) située dans la vallée et citée avec Beth-Aran (*Tell-er-Ram*), Beth-Nemra (*Nimrin*) et Sochoth (qui n'est pas retrouvé). Saphon n'a pas encore été identifiée.

Sar (Kharbet-), voyez **Jaser.**

Saraa ou **Sarea (place des guêpes)**, צרעה. Ville de la tribu de Juda mentionnée dans les Paralipomènes (II, xi v. 10) et nommée Saraïm par Josèphe. C'est entre Saraa et Eshthaol, que fut enterré Samson (Juges XVI v. 31). Josèphe qui a pris un Aïn pour un Tsade, dans ce nom, lui donne la forme Sarasah, qu'il faut corriger en Saràa.

Cette ville située dans la plaine de Juda (Josué XV v. 33) était proche d'Esthaol (Juges XIII v. 25 et XVI v. 31). Elle fut attribuée aux Danites (Josué XIX v. 41). Eusèbe la place dans le pays d'Eleutheropolis (*Beit-Djibrin*), vers le Nord, et au 10e mille sur la route de Nicopolis (*Amouas*). C'est aujourd'hui *Saràa*, à deux heures et demie au Sud d'*Amouas*.

Sarabatha. Patrie du prophète Sophonias. Elle est nommée ainsi par Epiphanius, et dans plusieurs manuscrits: Baratha. La Chronique Paschale donne Sabarthatha. Logothèta donne Enbaratha et enfin Hesychius Sabaròth de la tribu de Siméon. Je propose de retrouver cette localité dans le village de *Barbarah*, situé à 3 heures de marche au Sud d'Ascalon, sur la route de Gaza.

Saraïm, שׁערים. Ville de la tribu de Juda située dans la plaine (Josué XV v. 35). Elle est mentionnée après Jarimoth (*Kharbet-Jarmouk*), Socho (*Kharbet-Choueïkeh*) Azecá (*Kharbet-ez-Zaak*), et avant Adithaïm (*el-Haditheh*) et Gedera (*Katerah*). Cela malheureusement ne nous donne pas le moyen d'identifier la Saraïm Biblique avec une localité moderne.

Saran, voyez **Saraa.**

Sarathasar (éclat du matin ou de l'aurore), צרת השחר. Ville de la tribu de Ruben (Josué XIII v. 19). Elle est mentionnée après Cariathaïm et Sabama. Ce nom ne se trouve cité que cette seule fois dans la Bible. Il est dit qu'elle était sur la montagne de la vallée, ce qui est bien vague. On n'a pu encore l'identifier.

Saredatha, voyez Sarthan.

Sareptha, Sarapta, צרפת. Dans l'Ecriture Sainte elle est nommée en hébreu Sarphat (Rois III, XVII v. 9 et 10). Il en est question dans le prophète Abdias (v. 20) et dans St.-Luc (IV v. 26), où elle est nommée Sarepta du pays de Sidon. Il n'y a pas de doute possible sur l'emplacement de cette ville Biblique. C'est aujourd'hui *Sarfent*, sur la côte à mi-chemin entre *Sayda* (Sidon) et le *Nahr-el-Kasmieh* (Leontès). Il faut bien remarquer d'ailleurs que la ville antique était au *Ras-Sarfent*, où l'on en trouve les ruines, tandis que le village moderne de *Sarfent*, rejeté à petite distance au Sud-Est, n'a hérité que du nom de sa sœur aînée.

Le nom hébraïque signifie: fonderie.

Sarfent (Ras-), voyez Sareptha.

Sarid, שריד. Ville du territoire de Zabulon (Josué XIX v. 12). Elle était sur la frontière qui après avoir touché le Cison, devant Ieconam, revenait de Sarid à l'Orient, suivait les flancs du Thabor (Cheseleth-Thabor) passait à Dabereth (*Dabourieh*) et remontait à Japhie (*Yafa*).

Cette localité n'a pas encore été reconnue et je propose formellement de la voir dans *Zebda*, qui est dans la plaine d'Esdrelon ou de Megiddo, à 2 heures et demie de marche à l'Ouest de Nazareth, et à trois heures à l'E.-N.-E. d'*el-Kaimoun* (Jeconam). Rien de plus facile en effet que la méprise qui aurait fait lire Sarid au lieu de Sabid, d'où serait venu Sebda ou Zebda.

Sarion, voyez Hermon.

Saris, voyez Seirath.

Sarohen, שרוחן. Ville de la tribu de Siméon (Josué XIX v. 6). Il n'est pas bien sûr que ce soit un nom de lieu, et les Septante traduisent par: "et leurs champs", comme s'il y avait dans le texte hébraïque *Sadohen* au lieu de *Sarohen*. L'R et le D se ressemblent assez pour que la confusion soit excusable. St.-Jérôme voit dans ce mot un nom de ville.

Saron, שרון. Nous lisons dans le Cantique des Cantiques (II v. 1): "Je suis une rose de Saron, un lis des vallées." Il est difficile d'admettre que le mot hébreu, rendu par: rose, ait ce sens, vu qu'il n'y a pas, que je sache, de rosiers sauvages en Palestine. St.-Jérôme traduit ici: "Ego, flos campi."

Saron (les chaînettes), שרון. Localité mentionnée dans les Paralipomènes (I, v v. 16) et qui appartenait à la tribu de Gad, car il est dit dans ce verset: "et ils habitaient en Galaad et en Basan et dans leurs hameaux et dans tous les pâturages de Saron, jusqu' aux frontières." On ignore absolument de quelle région il s'agit, et s'il n'est pas seulement question là d'une comparaison avec la vraie plaine de Saron, si riche en pâturages

Saron (Plaine de), שרון. Elle est mentionnée par Isaïe (XXXV v. 2). C'est la belle plaine qui s'étend depuis Césarée jusqu'à Joppé ou Jaffa (Eusèbe).

Sartabeh (Korn-), voyez **Sarthan**.

Sarthan, צרתן. 1°. Localité voisine du Jourdain. Nous lisons dans Josué (III v. 16) à propos du passage du Jourdain par les Hébreux: "alors l'eau descendue

18

d'en haut s'arrêta (comme) une seule digue, très-loin d'Adam, la ville, du côté de Sarthan; et celle qui descendait vers la mer de la plaine, la Mer Salée, fut complètement divisée."

C'est très-probablement la même ville que celle dont il est question, à propos de la fonte des deux colonnes et de la mer d'airain, par l'ordre de Salomon.

צרתן. 2°. Les colonnes Jakin et Booz et la mer d'airain furent coulées dans l'argile, entre Sochoth et Sarthan (Rois III, vii v. 46). Elle devait être assez rapprochée de Jezraël (*Zerayn*) et de Beth-Sean (*Beysan*) (Rois III, iv v. 12). Elle est appelée Saredatha dans les Paralipomènes (II, iv v. 17). Je ne doute pas qu'il ne faille voir cette ville Biblique dans la localité nommée aujourd'hui *Korn-Sartabeh*, qui domine à une journée de. marche, au Nord, toute la plaine de Jéricho. Il y a également une journée de marche entre *Korn-Sartabeh* et *Soukkouth*. On retrouvera certainement entre ces deux localités le point où ces grands travaux de fonderie ont été exécutés.

Savé (la Vallée de), אמק שוה. Après la victoire sur le roi Chodorlaomer, Abram reçut, à son retour, en présence de Melchisedech, roi de Salem, le roi de Sodome qui venait lui rendre grâces. L'entrevue eut lieu dans la Vallée de Savé, qui est la Vallée royale (Genèse XIV v. 17). On ignore ce que peut être la Vallée de Savé; mais il est encore question de la Vallée royale (Vallis-regis) dans les Rois (II, xviii v. 18). (Voyez Emek-ha-Malek.)

Save-Cariathaïm (la Vallée des deux villes), שׁוה קריתים. S'agit-il ici d'un nom de ville proprement dite, ou

·d'une vallée tirant son nom de la ville de Cariathaïm (voyez ce mot)? C'est ce que je ne saurais dire, bien que je préfère la seconde hypothèse. Nous lisons dans la Genèse (XIV v. 5) que le roi Chodorlaomer défit les Emim en cet endroit, qui du reste devait être sur la rive Orientale du Jourdain.

Sayda, voyez Sidon.

Schakkah, voyez Selcha.

Scheikh-Amouny, voyez Arecon.

Scheikh-Hasan, voyez Schesima.

Scheikh (Djebel-esch-), voyez Hermon et Sanir.

Scheikh-Salim, voyez Salem 1.

Scheriat-el-Kebir, voyez Jourdain.

Schesima (en hébreu Shakhasima), שחצומה. Ville de la tribu d'Issachar (Josué XIX v. 22). Comme elle n'est citée que là, il est bien difficile d'en retrouver le site. Remarquons cependant qu'il est singulier que des ruines placées à deux heures de marche à l'Ouest de *Beysan*, et à même distance à l'Est de *Zerayn*, sur la route qui réunit ces deux points, se nomment aujourd'hui *Scheikh-Hasân*. Je propose d'y voir la Shakhasima Biblique.

Schoueïkeh (Kharbet-), voyez Socho 1 et 2.

Schouteïn (Ouad-esch-), voyez Sitnah.

Sdoum, voyez **Sodoma**.

Sebâa (**Bir-**, **Bradj-**, et **Ouad-es-**), voyez **Bersabée.**

Sebah (**Abou-**), voyez **Sebarim** et **Seboim 1**.

Sebarim, סברים. Ville inconnue, mentionnée avec Emath et Berotha, comme devant faire partie de la nouvelle Terre Promise (Ezéchiel XLVII v. 16). Ces trois villes étaient situées entre le pays de Damas et le pays d'Emath.

Sebastieh, voyez **Samarie**.

Sebbeh, voyez **Massada** et **Seboïm 2**.

Seboim (des hyènes ou des oiseaux de différentes couleurs), צבעים, גי הצבעים. 1°. Localité située dans la tribu de Benjamin (Néhémie XI v. 34). La ville de Seboim est mentionnée dans les Rois (I, XIII v. 16).

C'est peut-être aujourd'hui *Abou-Sebah*, ruines situées à une demi-heure de marche au Nord-Est de *Makhmas*, et à deux heures à l'Est d'*el-Bireh*.

2°. צבים. L'une des villes de la Pentapole maudite, détruite par la colère divine (Genèse X v. 19). J'ai pensé jadis qu'il fallait chercher Seboim sur la rive orientale de la Mer Morte, au *Kharbet-Semâan* ou *Sebâan*. J'ai depuis renoncé à cette opinion, et je crois que l'emplacement de la Seboim Biblique doit se trouver dans le voisinage de Massada, dont le nom moderne *Sebbeh* a peut-être conservé la trace du nom de la ville antique.

Sechacha, סככה. Ville de la tribu de Juda, située

dans la partie déserte (Josué XV v. 61). Elle n'a pas encore été retrouvée.

Ce nom a du être porté par d'autres localités antiques. Ainsi à 3 lieues au Sud de *Naplouse* existe un très-gros village, aujourd'hui nommé *Eskakeh*, et qui a sûrement été une Sechacha à l'époque judaïque.

Sechrona, שכרונה. Localité mentionnée dans la description de la frontière du territoire de Juda (Josué XV v. 11). Le verset qui contient ce nom est ainsi conçu: "La limite s'étend vers le côté d'Accaron, au Nord, se dirige vers Sechrona, passe le mont Baala, s'étend à Iebneel et la limite se termine à la mer."

Cette ville n'a pas encore été retrouvée.

Sedada, צרדה. Lieu mentionné sur la limite Nord de la nouvelle Terre Promise aux douze tribus d'Israël, par la voix d'Ezéchiel (XLVII v. 15). Il est cité en partant de la *Méditerranée*, après Hethalon, que j'identifie avec *Atleh*, et en se dirigeant vers Emath. Ce peut être par conséquent *Jedeideh*, localité située dans la montagne, précisément à l'Est d'*Atleh* et à quatre heures de marche, ou *Sedoud* qui est à plus d'une journée de marche de *Riblah*. Sedada est encore citée dans les Nombres (XXXIV v. 8).

Sedoud, voyez **Sedada.**

Segor (petitesse), צער. Le nom primitif de cette ville fut Balâ (Genèse XIV v. 2). Son nom plus récent est Segor (Deutér. XXXIV v. 3 et Genèse XIII v. 20) (voyez Balâ). Le texte des Septante la nomme Zôara, Zôora, Sigôr et Sègôr. C'est là que se réfugia Loth, avec ses filles, au moment de la destruction de la Pentapole. Elle était assez près de Sodome pour que Loth parti de cette ville à l'aube, y fut parvenu lorsque le soleil se montra.

C'est aujourd'hui *Zouera-et-Tahtah* qui est à peine à une demi-lieue de la pointe Nord du *Djebel-el-Meleh* ou *Djebel-Esdoum* (Montagne de Sel ou de Sodome).

Josèphe qui la nomme Zoôra et Zôara, dit qu'elle était voisine de Sodome et il ajoute que le Lac Asphaltite s'étend jusque-là. Eusèbe dit de même que la Mer Morte s'étend de Jéricho à Zoar.

Zouera-et-Tahtah est sur le flanc Sud de l'*Ouad-Zouera* qui est la Mâalet-Akrabim de la Bible (Montée des Scorpions. Après 36 minutes de marche (montre en main) à partir de *Zouera-et-Tahtah* on atteint, par une montée très-rude, *Zouerah-el-Fouqah*, où se voient les ruines d'une forteresse du moyen âge, un puits et une belle piscine.

Je ne m'explique pas l'étrange erreur que comporte la carte de Van de Velde à ce sujet. J'y vois en effet *Zouera-el-Fouqah* à une distance très-considérable de *Zouera-et-Tahtah* (plus d'une demi-journée de marche) tandis qu'il ne faut qu'une demi-heure, même en montant, pour se rendre d'un point à l'autre. C'est à croire que Van de Velde n'a pas visité ces lieux.

Seïloun, voyez Silo.

Seïr (Montagnes de), שעיר. Patrimoine d'Edom ou Esaü, fils d'Isaac (Deutér. II, v. 8). Ce pays montueux était situé entre le mont Horeb et la Terre de Canaan (Deutér. I v. 3). Il est dit dans ce passage qu'il y avait onze jours de marche entre le mont Horeb et Cades-Barné, (voyez ces mots) en traversant les montagnes de Seïr.

Leur nom vient de Seïr, le Horite, qui habitait ce

pays, avant la venue d'Edom (Genèse XXXVI v. 20 et
Deutér. II v. 12).

Seira, צעירה. C'était probablement une ville d'Edom
où le roi Joram passa pour aller châtier les Edomites
(Rois IV, VIII v. 21). On n'en connait pas la position·

Séirath (de Séïr, bouc, chèvre), שעירת. Localité
qui n'est citée que dans le livre des Juges (III v. 26).
C'est là que le Juge Ehoud se réfugia. Or le verset
suivant nous apprend qu'elle était dans la montagne
d'Ephraïm C'est aujourd'hui *Saris* à une demi-lieue
au Sud-Ouest de Kiriat-Enab, ou *Abou-Gosh*.

Josèphe dit que David s'établit pendant un certain
temps à Saris, après avoir quitté le désert. Les Septante
dans le livre de Josué (XV v. 60) ont introduit des
noms que ne donne pas le texte hébraïque; parmi
ceux-ci se trouve Sôris. Dans le même chapitre de
Josué (v. 10) la limite septentrionale du territoire de
Juda est fixée. Elle tourne de Baala (c'est Cariath-Iarim
ou *Abou-Gosch*) contre l'Occident, jusqu'au mont Séïr;
et passe le long des flancs du mont Iarim, vers le Nord,
à Cheslon (*Kesla*) et descend à Beth·Sames (*Ayn-esh-
Shems*). Or entre *Kiriat-el-Enab*, au Nord-Est, *Kesla*,
au Sud, et *Ayn-esh-Shems* au Sud-Ouest, s'étend un pâté
de montagnes âpres et sauvages sur l'une desquelles est
le village de *Saris* (Guérin, Description de la Judée
T. I. p. 282 et 283).

Sair signifie: rude, escarpé.

Sel (Vallée de) ou **Vallée des Salines**, ניא תמלח.
Vallée citée dans les Paralipomènes (II, XXV v. 11). Ce
doit être certainement une vallée voisine de la Montagne
de Sel, ou *Djebel-Esdoum*. St.-Jérôme traduit: "in vallem
salinarum."

Sela (la côte d'un homme ou d'un animal), צלע.
Ville de la tribu de Benjamin (Josué XVIII v. 28) où
fut entèrré Saül (Rois II, XXI v. 14). Les Septante
réunissent ce mot avec celui qui suit et qui est: *ha-elef*,
pour en faire: "Sèlaleph". Comme le mot hébreu: *sela*
signifie: côté, St.-Jérôme traduit ainsi ce passage: "dans
la terre de Benjamin, à côté, dans le sépulcre de Cis
son père", ce qui à vrai dire n'a pas de sens. Cette
localité importante n'a pas encore été identifiée. Peut-
être faut-il la chercher à l'Est de *Touleil-el-Foul* entre
les deux vallées nommées *Ouadi-Selam* et *Ouadi-Souleïm*,
dans le voisinage d'*Anâta* (Anâthoth Biblique). A une
lieue au Nord d'*Anâta* se voient cinq monuments étranges, nommés *Qbour-el-Israïn* ou *Qbour-el-Amalika*. Ils
sont d'une très-haute antiquité. Qui sait, si là n'est pas
le tombeau de Saül?

Sela, סלע. Lieu cité dans Isaïe (XVI v. 1). Ce mot
veut dire: rocher, et c'est le nom de Petra. St.-Jérôme
traduit dans ce passage *sela* par: Petra deserti. (Voyez
Petra.)

Sela-Hammahlekoth, סלע המחלקות. Ce nom signifie:
Petra dividens (St.-Jérôme), et fut donné par Saül à une
roche où il renonça à poursuivre David, pour marcher
contre les Philistins (Rois I, XXIII v. 28). On ne sait
pas où elle est située.

Selam (Ouad-), voyez **Salem** 1.

Selcha, סלכה. Ville à l'extrémité du pays de Basan
(Deutér. III v. 10) et dans la tribu de Gad, qui est dite
habiter dans le pays de Basan jusqu'a Selcha. C'est

peut-être *Shakkah*, à l'extrémité Nord du pâté de montagnes volcaniques nommé *Djebel-Haauran*. Celle-ci est sûrement la Sakkaea, première ville que Ptolomée cite dans la Batanée.

Selfit, voyez **Salebim.**

Selim (hébreu: **Selhim**), שלחים. Ville de la tribu de Juda (Josué XV v. 32). Elle fait partie des villes de la plaine méridionale, est précédée de Sensenna (*Simsim*) et de Lebaoth, et suivie d'Aën et de Remmon (*Ommer-Roummaneh*). Elle n'a pas encore été retrouvée.

Sella, ירד סלא. On lit dans les Rois (IV, XII v. 21): "Joas in domu Mello, in descensu Sella". Beth-Mello, c'est un quartier de Jérusalem (le Tyropœon de Josèphe probablement) et Sella, c'est vraisemblablement Siloë (la piscine de Siloë et le village actuel de *Siloam*).

Selmon (Mont), הר צלמון. 1°. Nous lisons dans les Psaumes (LXVII v. 15): "Nive dealbabuntur in Selmon".
2°. Le Mont Selmon est une montagne de la Samarie. Nous lisons dans les Juges (IX v. 48): "et Abimelech monta sur la montagne de Selmon". C'est là qu'il coupa avec tous les siens les branches d'arbre qui lui servirent à incendier le temple du Dieu Berith. Ce mont devait être tout-à-fait voisin de Sichem (*Naplouse*).

Selsah (ombre contre la lumière du Soleil), צלצח. Localité située près du tombeau de Rachel, sur la frontière de Benjamin (Rois I, X v. 2, texte hébreu). St.-Jérôme ne voit pas un nom de lieu dans ce mot. Dans tous les cas si c'en était un, ce lieu serait contre le tombeau de Rachel, et rien absolument ne le rappelle sur place.

Semeron (Semeron-Meron), שמרון. Ville de la tribu de Zabulon (Josué XIX v. 15). Elle est citée un peu avant Beth-Lehem de la même tribu. Or cette Beth-Lehem, c'est *Beith-Lahm* à deux heures et demie de marche de *Sefourieh*, dans la plaine, et à l'O.-S.-O. Elle doit donc être non loin de là. Le Talmud dit que c'est Simounieh, et, de fait, à une heure et demie de marche au Sud, quelques degrés Est, de *Beit-Lahm* et toujours dans la plaine, se trouve *Samounieh*, qui est notre ville Biblique et la Simônias de Josèphe.

Le nom de Semeron-Meron ne se trouve mentionné que dans la liste des rois vaincus par Josué (Josué XII v. 20), mais il y a là probablement une répétition fautive, par suite d'une erreur de copiste, des syllabes finales: meron.

Semeron (Mont), הר צמרום. Cette montagne est citée dans les Paralipomènes (II, XIII v. 4) comme faisant partie des montagnes d'Ephraïm. Josèphe l'identifie avec la montagne de Somron, sur laquelle fut bâtie Samarie. On ignore sa position réelle. C'est là que l'armée de Jeroboam vint attaquer Abias. St.-Jérôme écrit sans hésiter Semeron, et donne ainsi raison à Josèphe.

Semouâ, voyez **Esthamo** ou **Isthemo**.

Sen, השן. Ce mot signifie: dent, ou rocher. Il est cité comme nom de lieu dans les Rois (I, VII v. 12) à propos de la pierre Eben-Ezer, qui fut dressée entre Masphath et Sen. (Voyez ce mot). On n'a pas iden-tifié Sen, mais Masphath est certainement *Naby-Samouïl*.

Senaa, שנאה. Ville dont les habitants travaillèrent, au nombre de 3630, à la réédification de Jérusalem

Esdras II v. 35). On ignore la situation de cette ville, si c'en est une.

Sene, שׁן. Ce mot signifie: dent. C'était un rocher bordant le défilé par lequel Jonathan, fils de Saül, alla attaquer les Philistins, avec un seul homme (Rois I, XIV v. 4). (Voyez Boses.)

Senna et **Sina**, צִן. Ville située sur la frontière Sud de la tribu de Juda (Nombres XXXIV v. 4 et Josué XV v. 3). Elle n'a pas encore été retrouvée. St.-Jérôme écrit la première fois: Senna, et Sina la seconde. (Senna ou Sina veut dire: brebis.)

Sennim, צַעֲנִים. Localité citée dans les Juges (IV v. 11) et qui était voisine de Cedès (*Kadès*). Les Juifs lisent ce nom Saananim. C'est là que se réfugia Sisera, général de Jabin, roi d'Asor, après sa défaite, dans la tente de Jahel, femme de Haber, le Cinéen. Jahel lui enfonça un clou dans la tempe et le tua. On ignore la position de cette localité.

Sensenna (la branche), סַנְסַנָּה. Ville située dans la partie méridionale du territoire de Juda (Josué XV v. 31). Elle est citée immédiatement après Medemena et avant Lebaoth. Il existe un village nommé *Simsim* à distance égale, dans l'Est, d'Ascalon et de Gaza, et à trois heures de marche seulement de la côte. Il est situé au point même de jonction de l'*Ouad-Simsim* et de l'*Ouad-Esneid*. Il se pourrait donc que ce village représentât la Sensenna Biblique. D'un autre côté nous avons encore *Kharbet-Demdem*, à une demi-heure de marche au Nord de *Tell-es-Safieh* (Mizpeh), dont le nom se rapproche un peu du nom Biblique; mais *Kharbet-Demdem* est placé

je crois beaucoup trop au Nord, pour pouvoir être identifiée avec Sensenna.

Seon, שאון. Ville de la tribu d'Issachar (Josué XIX
v. 19). Eusèbe qui la nomme aussi Sèôn, dit qu'elle
est contre le mont Tabor. Elle n'a pas encore été
retrouvée.

Seph. Ville de la Galilée Supérieure, citée par Josèphe. C'est aujourd'hui *Safed*.

Sephama, שפם. Lieu situé sur les limites orientales
de la ville d'Enan, en deça du Jourdain (Nombres
XXXIV v. 10 et 11). St.-Jérôme (vulgate) écrit Sephâma.
Il n'a pas encore été reconnu. C'est probablement la
même que Sephamoth. (Voyez ce nom.)

Sephamoth, שפמות. Ville citée après Aroër et avant
Esthemo (Rois I, xxx v. 28). Dans les Nombres une
ville appelée Sephama (XXXIV v. 10 et 11) est peut-
être la même que Sephamoth. (Voyez Sephama.)

Sepharad, ספרד. Lieu inconnu, cité dans Abdias
(I v. 20). Les commentateurs juifs en font l'Espagne!
St.-Jérôme de son côté transcrit: Sarepta.

Sephath (donjon), צפת. Ville dont la population
cananéenne fut battue par la tribu de Juda et de
Siméon (Juges I v. 17), et qui fut attribuée à la tribu de
Siméon.
Je trouve sur la carte de Van de Velde, à une heure
de marche au Nord-Ouest d'*el-Khalil* (Hébron), une localité ruinée nommée *es-Sibta*. Mais Mr. Guérin ne parle
que d'un *Ouad* et d'un *Ayn-Sibta*, situés au même point.
J'ai peine à croire que ce soit là la Sephath Biblique.

D'un autre côté sur la même carte, à deux heures au Sud-Ouest de *Beit-Djibrin*, je trouve un Ouad nommé *Zephata*, sur le flanc Sud duquel est placé *Arak-el-Menchyeh*. Ce nom me semble rappeler de très-près celui de la Sephath Biblique, et là au moins nous sommes en plein dans le territoire attribué à la tribu de Siméon. La seule chose qui m'étonne c'est que M^r. Guérin qui a si bien étudié ce pays, n'ait pas relevé le nom de cet Ouad.

Reland dit que cette ville s'est appelée postérieurement Chorma, mais je ne sais où il a pris ce renseignement.

Sephatha (Vallée de), גיא צפתה. C'est là que le roi Asa défit Zara l'Ethiopien, campé près de Maresa (Paral. II, xiv v. 9 et 10). (Voyez Maresa.)

La Vallée de Sephatha fut le théâtre de la bataille: "In valle Sephatha, quae est juxta Maresa".

Séphéla, שפלה. C'est ainsi que le pays de plaine, dans la tribu de Juda, est désigné dans Josué (IX v. 1 et 10; XII v. 8 et XI v. 16). Dans le livre des Macchabées (I, xii v. 38), Adiada est citée comme située dans la Séphéla. Zacharie (VII v. 7) mentionne à la fois le Séphéla et le Negeb (le Midi). Séphéla veut dire: pays bas.

Sephet. Ville mentionnée dans Tobie (I v. 1) comme étant à gauche (a l'Occident) de Nephtali, patrie de Tobie. C'est aujourd'hui *Safed*. (Traduction de St.-Jérôme.)

Le texte grec porte que Tobie était de Thisbè qui est sur la droite (à l'Orient) de Kydios de Nephtali (très-probablement *Kades*), dans la Galilée placée au dessus d'Aser. (Ce nom d'Aser est estropié en Naasson dans le texte latin de St.-Jérôme.)

Quant à Thisbè on ne sait ce qu'elle peut être, à

moins que ce ne soit à *Tell-el-Kasab*, à l'Orient de *Safed* et au bas de l'*Ouad-Feráeum*, à 2 heures de marche de *Safed*, qu'il ne faille en chercher l'emplacement.

Sepphoris. Grande ville de Galilée, citée souvent dans les écritures profanes et qui fut appelée par les Romains Dio-Caesarea. C'est aujourd'hui *Sefourieh* que l'on rencontre en venant de St-Jean d'Acre à Nazareth.

Ser (pierre), צר. Ville de la tribu de Nephtali (Josué XIX v. 35). Elle est citée parmi les villes fortes de cette tribu. Au verset 29 du même chapitre, nous trouvons mentionnée Mibsar-Sour, dans laquelle il faut voir *Sour* (Tyr). Ce verset prouve que Tyr était de la tribu d'Aser; c'est donc une autre ville qu'il faut chercher dans la Ser de Nephtali, et cette ville n'a pas encore été identifiée.

Serasir (Kharbet-), voyez **Dabir 1**.

Setim, שטים. Lieu de séjour des Hébreux, où ceux-ci commencèrent à se prostituer aux filles de Moab (Nombres XXV v. 1). C'est la même localité qui, plus loin (XXXIII v. 49), est désignée sous le nom d'Abel-Satim. (Voyez ce mot.)

Shalaboun, voyez **Salaboni**.

Siceleg, עקלג. Ville de la tribu de Siméon (Josué XIX v. 5). Elle fut envahie par les Amalécites (Rois I, XXX v. 1). Au temps de Saül, elle était soumise au roi de Geth, qui la donna à David (Rois I, XXVII v. 5). Elle était dans la Darôma, ou plaine du Sud, suivant Eusèbe qui la nomme Sikelag. Cette ville n'a pas encore été identifiée.

Sichar. Ville de la Samarie (St.-Jean IV v. 5), située auprès du champ que Jacob donna à son fils Joseph. On doit remplacer ce nom par celui de Sichem, car St.-Jérôme dit très-clairement (Epitaph. Paulae) que tous ceux qui lisent Sichar, au lieu de Sichem, se trompent. (Voyez Sichem.)

Sichem, שכם. Ville illustre située dans les montagnes d'Ephraïm (Josué XX v. 7). La Genèse (XXV v. 4) parle déjà de Sichem. Une route par les hauteurs conduisait de Bethel à Sichem (Juges XXI v. 19) Josèphe dit qu'elle s'appelait Mabartha parmi les indigènes. On confond presque toujours Sichem et Neapolis (*Naplouse*). Eusèbe distingue Sichem de Neapolis, et dit que l'on montre l'emplacement de Sichem, dans la banlieue de Neapolis. Il est probable qu'à la suite des siècles Neapolis, "la ville neuve", a succédé à Sichem, mais non exactement sur le même emplacement. Eusèbe et St-Jérôme disent que Silo était éloigné de dix milles de *Naplouse*, ce qui est beaucoup trop faible. En effet du puits de la Samaritaine ou de Jacob, qui se voit à une petite distance à l'Est de *Naplouse*, jusqu'à Bethel, l'itinéraire de Bordeaux à Jérusalem compte 28 milles et de Bethel à Jérusalem 12. Eusèbe et St-Jérôme sont d'accord pour dire qu'il y a 40 milles entre Neapolis et Jérusalem. Or de Bethel à Silo il n'y a guère que 10 à 11 milles, qui, retranchés de 28, en laissent 17 ou 18 entre *Naplouse* et Silo.

Naplouse est encore aujourd'hui une ville très-populeuse, mais fanatique. Le peu qui reste des Samaritains (une soixantaine de familles au plus) y est confiné, et continue à exercer son culte, sur le mont Garizim qui domine la ville au Sud.

Sidon (la pêcherie), עידון. Ville célèbre nommée

Sidon la grande dans Josué (XI v. 8). St.-Jérôme a cru à tort qu'il y avait deux Sidon.

Elle fut attribuée à la tribu d'Aser qui ne put en expulser les anciens habitans (Josué XIX v. 28 et Juges I v. 31). C'est encore aujourd'hui une ville importante et populeuse, nommée *Sayda*, à une journée de marche au Sud de *Beyrouth*.

Il est fréquemment fait mention de Sidon dans l'ancien testament (Genèse, Rois IV, Isaïe, Jérémie, Ezéchiel, Joël, Zacharie, les Macchabées I), et dans le nouveau testament de même. Notre Seigneur y est en effet venu (Voyez St.-Mathieu XI et XV — St.-Marc III et VII — St.-Luc VI et X et Actes XXVII).

Sihor, חשיחור. C'est le nom que donne la Bible à la rivière qui sépare la Palestine de l'Egypte (Josué XIII v. 3). C'est le cours d'eau qui coule dans l'*Ouad-el-Arich*. St.-Jérôme l'appelle: "fluvius turbidus qui irrigat Aegyptum."

Sihor, voyez **Sihor-Labanath**.

Sihor-Labanath, שיחור לבנת. Rivière voisine du Carmel et mentionnée une seule fois dans l'histoire sainte (Josué XIX v. 26,) On pourrait supposer que c'est le *Nahr-Zerka* qui se jette dans la mer un peu au Nord de Césarée, et qui n'est que le fleuve des crocodiles de Pline (Lib. V, 19), à cause du nom de Sihor donné à ce cours d'eau, nom qui n'est que celui du Nil, où les crocodiles étaient abondants. St.-Jérôme dans le verset précité voit deux noms de ville: Sihor et Labanath, et la Vulgate Sixtine de même. Le texte hébraïque se prête bien à l'hypothèse qu'il s'agit d'une rivière et nullement à celle qui voit là les noms de deux villes distinctes.

Silo, שלו. Nom de ville dont est venu l'ethnique Siloni. Silo était au Nord de Bethel, à l'Orient de la route qui conduit de Bethel à Sichem, et au Midi de Lebona (Juges XXI v. 19). Eusèbe dit que cette ville est distante de 12 milles de Neapolis. (C'est un chiffre trop faible d'un tiers.) Le tabernacle et l'arche d'alliance y furent établis et y séjournèrent longtemps. Josèphe la nomme indifféremment Siloun et Silô. D'autres la nomment Sèlôm.

C'est aujourd'hui *Seïloun* à 3 quarts d'heure de marche, à l'Est quelques degrés Sud, de *Loubban* (Lebona) et à la même distance au Nord-Est de *Sindjil*. *Seïloun* est en réalité un peu à l'Est de la route de Jérusalem à *Naplouse*. Ce n'est plus aujourd'hui qu'une ruine, sans autre intérêt que le souvenir qui s'y rattache.

Siloam, voyez **Siloë**.

Siloë (Piscine de), ברכה השלח. La piscine de Siloë est mentionnée dans l'évangile de St.-Jean (IX v. 7). On l'identifie avec la piscine placée au dessus du Jardin du Roi (*Boustan-es-Soulthan*) et presque au pied du mont Moriah, au Sud-Est, en face du village actuel de *Siloam*.

Simsim, voyez **Sen-Sennah**.

Sin, מדבר צן. Désert dans lequel les Hébreux séjournèrent. Il s'étendait sur la frontière méridionale du pays de Canaan (Nombres XXXIV v. 3). Dans ce désert se trouvait la ville de Cadès, placée à la limite du pays des Edomites (Nombres XX v. 1 et 16), ville qui reçut le nom de Cadès du désert de Sin (Nombres XXVII v. 14). Le pays de Cadès-Barné faisait partie du désert Sin. (Voyez Cadès.)

Il est bon de noter qu'en hébreu le nom du désert de

Sin s'écrit indifféremment par un Tsade ou un Samech.

Sion, ציון. Nous lisons dans les Psaumes (II v. 6): "J'ai été sacré roi sur Sion, la montagne Sainte", et (XLVIII v. 1 et 2): "Grand est Jehovah et très-louable dans la ville de notre Dieu, sur la sainte montagne. Que la joie de toute la terre se répande sur le mont, au côté du Nord, la cité du grand roi puissant."

La montagne de Sion semble donc bien ici être celle qui de nos jours porte ce nom, et sur lequel se trouve la citadelle, dite: château des Pisans.

Sion (la Forteresse de), מצרת ציון. C'était la forteresse des Jébuséens ou de Jérusalem, que David prit et nomma la cité de David (Rois II v. 7).

Sion, סיחון. Il n'est question qu'une seule fois de ce lieu, dans Jérémie (XLVIII v. 45) où il est dit, qu'une flamme est sortie du milieu de Sion (hébreu: Sihoun). Evidemment il ne peut être question là de Sihon, le roi d'Amon, mais bien d'une localité. Dès lors ce doit être *Shihán*, placé à une demi-lieue au Sud de l'Arnon, et au N.N.E. d'*er-Rabbah* (Areopolis), à trois heures et demie de marche. Il y a là un monticule nommé *Tell-Shihán*, couronné de ruines fort intéressantes et que j'ai visitées le premier.

Sion (Mont), שיאן הוא חרמון. Ce nom est donné au mont Hermon, dans le Deutéronome (IV v. 48). (Voyez Hermon.)

Sior (petitesse, exiguité), ציער. Ville de la tribu de Juda (Josué XV v. 54). Si elle n'était pas citée immédiatement après Hebron, on serait bien tenté de l'identifier avec Segor (*Zouera*).

Sira (Citerne de), בור הסרה. Cette citerne est mentionnée dans le livre des Rois (II, iii v. 26). C'était
la citerne auprès de laquelle s'était réfugié Abner; rap-
pelé traîtreusement à Hébron, il y fut assassiné par
Joab. On ignore la situation de cette citerne de Sira.

Sis (la Montée de), מעלה הציץ. Nous lisons dans les
Paralipomènes (II, xx v. 16): "Demain descendez contre
eux; voici qu'ils montent la Montée de Sis; vous les
trouverez à l'extrémité de la vallée, devant le désert
de Ieruel."
Il s'agit de la victoire de Josaphat sur les Moabites
et les Ammonites.

Sitnah (Puits de), שטנה. Ce fut le second puits que
creusa Isaac, après que les bergers de Gérar l'eurent
forcé à abandonner celui d'Esek (calumnia). Il lui fut
encore disputé et il le nomma Sitnah (inimicitia,
obstacle) (Genèse XXVI v. 21). Ce fut après l'avoir
abandonné, qu'il s'en alla plus loin creuser celui de
Rohoboth. A une lieue de marche au N. N. E. de
Ruheibah (Rohoboth) sont des ruines, dont le nom n'a
pas été recueilli et qui se trouvent sur les deux flancs
d'une ravine, nommée *Ouad-esh-Shoutein*. Je vois dans
ce nom le souvenir certain du puits de Sitnah, et les
ruines dont je viens de parler, sont très-probablement
celles de la bourgade à laquelle le puits creusé par
Isaac donna naissance.

Soba, צובה. Les rois de Soba sont mentionnés dans
le livre des Rois (I, xiv v. 47 et II, viii v. 3 et 5).
(Voyez Aram-Soba.)
Ce nom se retrouve plus loin (Rois II, x v. 6 et 8)
avec l'indication: Syrien de Soba.

Socho, שׂוכֹה. 1°. Ville située dans la plaine de Juda (Josué XV v. 35 et Rois I, XVII v. 1).

Elle est mentionnée au 2ᵉ rang après Jerimoth (*Yarmouk*). C'est aujourd'hui *Kharbet-Choueïkeh*, à une lieue au Sud de *Kharbet-Yarmouk*, et à 3 lieues environ au Nord-Est de *Beit-Djibrin*.

Auprès de cette ville se trouvait un puits dont il est fait mention dans les Rois (I, XIX v. 22).

Eusèbe dit qu'il y avait deux villages qu'il nomme Soccoth, l'un supérieur et l'autre inférieur, au neuvième mille sur la route d'Eleutheropolis à Jérusalem.

Josèphe qui nomme cette ville Sôkhô dit qu'elle est sur les confins de 'la Judée et de la terre des Philistins ; mais il dit ailleurs qu'elle appartenait à la tribu de Juda.

2°. Il y avait une autre ville du même nom dans la région montueuse de Juda (Josué XV v. 48). Elle est mentionnée après Jether.

C'est aujourd'hui *Kharbet-Choueïkeh* à quatre lieues au Sud-Ouest d'Hebron, et à une lieue et demie au Nord de *Kharbet-Attir* (Jattir ou Jether).

Sochoth, סֻכֹּות. 1°. Ville de la tribu de Gad (Josué XIII v. 27) citée après Beth-Haran (*Tell-er-Ram*) et *Beth-Nemra* (Nimrin), et avant Saphon et Sochoth. On n'a encore retrouvé ni Saphon, ni Sochoth. Le nom Sochoth signifie les tentes.

2°. Ville située dans la plaine du Jourdain (Rois III, VII v. 46). St.-Jérôme dans son commentaire ad Genesim (XXXIII, v. 17) dit que Sochoth est une ville située au delà du Jourdain, du côté de Scythopolis. Il y a là certainement une faute et au lieu de *au delà* il faut lire *auprès* (*juxta* au lieu de *trans*), car Scythopolis n'a rien à voir au delà du Jourdain.

A six lieues au Sud de *Beysan*, et à très-petite distance

du Jourdain se trouvent des ruines nommés *Soukkouth*. C'est certainement la Sochoth fondée par Jacob, avant qu'il ne passât à Salim (*Sheikh-Salim*, à une heure de marche au Nord de *Soukkouth*, sur la route de *Beysan*). C'est entre Sochoth et Saredatha ou Sarthana que Salomon fit couler les deux colonnes Jakin et Booz et la mer d'airain.

Sodoma, Sodome, סרם. C'est la ville principale de la Pentapole maudite. Son nom hébraïque est Sedoum, comme son nom arabe moderne, et elle était dans la plaine ou vallée (Genèse XIX v. 29) qui s'appelle ordinairement la plaine du Jourdain. Elle n'a pas été engloutie dans la Mer Morte. Elle était vers l'extrémité Sud de la Mer Morte, puisque Loth, sorti de Sodome au lever de l'aurore, parvint à Segor (*Zouera*) au moment où le soleil paraissait (Genèse XIX v. 15). Or Segor était de l'aveu de tous vers l'extrémité Sud de la Mer Morte.

Il y avait un Evêque de Sodome au premier concile de Nicée. Il existait donc alors une ville de ce nom.

A une demi-lieue à l'Est de *Zouera-et-Tahtah* (la Segor Biblique) se dresse la Montagne de Sel, connue des Arabes sous le nom de *Djebel-Esdoum*, montagne de Sodome. Sur le versant de la pente Nord de cette montagne sont des décombres considérables, restes évidents d'une ville, que les Arabes du pays nomment *Kharbet-Esdoum*. Devant ces ruines, au bord même de la Mer Morte, se dressent les restes d'un vaste édifice construit en très-grosses pierres, et que les Arabes nomment *Redjom-el-Mezorrhel* (le monceau croulant). Ces ruines et cet édifice sont les restes de la Sodome maudite, détruite par la colère divine.

Sophim (le Champ de), שרה צפים. Nous trouvons ce

nom dans le livre des Nombres (XXIII v. 14) avec
l'indication que le champ qui le portait était au sommet
du mont Phasga (*Djebel-Nebâ*). C'est tout ce que nous
en pouvons dire. Ce nom signifie le champ des explorateurs, de ceux qui regardent, autrement dit, le champ de
l'observatoire. St.-Jérôme traduit: "in locum sublimem."

Sorec, נחל שורק. Nom d'une vallée, citée dans les
Juges (XVI v. 4) et appelée ainsi du village de Sorec
(Caphar-Sorec) placé, dit Eusèbe, au Nord d'Eleuthero-
polis, près de la vallée de Saraa, où Samson était né,
et qui était entre Saraa et Esthaol (Juges XIII v. 25).
C'est dans la vallée de Sorec que demeurait Dalila.

Soueïmeh, voyez **Beth-Jesimoth.**

Soukkout, voyez **Sochoth 2.**

Souleïm (Ouad-), voyez **Salem 1.**

Soulem, voyez **Sunem.**

Souq (es-) et **Souq-el-Khan,** voyez **Asor 1.**

Souq-Ouady-Baradah, voyez **Abilène.**

Sour, voyez **Tyr.**

Sousieh (Kharbet-), voyez **Haser-Susa** ou **Susim.**

Sual (Pays de), ארץ שועל. Ce pays est cité dans les
Rois (I, XIII v. 17). Les Philistins, campés à Micmath,
détachèrent trois corps de troupes, dont l'un se dirigea
vers le chemin d'Ephra (aliàs Ephraïm), vers le pays de
Sual (aliàs Saül).

Il s'agit évidemment ici de l'Ephra de la tribu de Benjamin, et non de celle de la tribu de Manassé.

Peut-être ce pays de Sual est-il le même que le pays de Salim (Rois I, IX v. 4). Quant au mot Sual, il signifie: chakal.

Suhite, שוחי. Ethnique appliqué à Baldad l'un des trois amis de Job (Job II, v. 11).

C'est le nom d'une peuplade de l'Arabie déserte. Suh est le nom d'un des fils d'Abraham et de Ketura (Genèse XXV v. 2).

Cet ethnique reparaît chaque fois qu'il est question de Baldad (Job VIII v. 1; XVIII v. 1; XXV v. 1 et XLII v. 9). On est tenté de voir dans la ville à laquelle il correspond, la Sakkæa de Ptolémée, placée à l'Orient de la Batanée, aujourd'hui *Chakkâh*.

Sunamite, שונמית. Ethnique employé dans le Cantique (VI v. 12). C'est le même que celui de Sunamite, appliqué dans le livre des Rois (III, 1 v. 3) à la jeune compagne de David, Abishag. (Voyez Sunem.) On voit que les variantes Sunem et Sulem ont existé de toute antiquité. Dans le pays on dit aujourd'hui *Soulèm*.

Sunem, שונם. Ville de la tribu d'Issachar (Josué XIX v. 18 et Rois I, XXVIII v. 4). De ce nom s'est formé l'ethnique Sunamite. Eusèbe dit que Soulèm est à 5 milles du mont Thabor, vers le Midi.

Les Philistins étaient campés autour de Sunèm et Saül à Gilboë (*Djelboun*). C'est aujourd'hui *Soulèm* au pied du *Djebel-Dahy*, sur la route de Nazareth à *Djenin* et à peu près à mi-chemin. St.-Jérôme l'appelle déjà Soulèm.

Suph (Terre de), ארץ צוף. Citée une seule fois dans

la Bible (Rois I, ix v. 5). On ignore quelle peut être cette région.

Sur, שור. Les Amalécites furent battus par Saül, depuis Hevila jusqu'à Sur, qui est devant l'Egypte (Rois I, xv v. 7). On ne sait ce que c'est que Sur. Gesenius le place du côté de Suez et il a probablement raison, car nous lisons dans l'Exode (XV v. 22) que Moïse, en quittant la Mer Rouge, conduisit les Hébreux dans le désert de Sur.

Sur, שור. Nous lisons dans la Genèse (XX v. 1): "Abraham partit de là pour le pays du Midi, s'établit entre Cadès et Sur, et séjourna à Gérar".

Il est à peu près impossible, dans l'état actuel de nos connaissances sur la partie méridionale de la Syrie, de dire ce que peut être Sur. Des trois points mentionnés dans le verset précité, Gérar est bien connu; c'est *Omm-Djerar*. Gérar devant donc se trouver entre Cadès et Sur, il devient très-difficile de déterminer ces deux points extrêmes.

Le problème serait résolu, si, se fondant sur le passage d'Hérodote, qui nomme Gaza, Cadytis, on retrouvait Sur à la ruine importante, nommée *Qasr-es-Sir*, ruine qui se rencontre à une journée et demie de marche, au Sud d'Hébron, et à 3 heures au Sud de *Tell-Meleh* (Moladah), sur la voie antique qui conduisait à Pétra.

T.

Taanouk, voyez **Tanach**.

Tabbath, טבת. Ville de la tribu de Manassé (Juges VII v. 22). Elle était près de la fontaine d'Abel-Méhola. C'est jusque-là que Gédéon, vainqueur, poursuivit les

Madianites. Cette ville devait être située dans la plaine du Jourdain, vers l' *Ouad-Toubas* qui a conservé en quelque sorte le nom de cette ville. A la naissance de cet Ouad on trouve un lieu nommé *Toubas*, sur la route de *Naplouse* à *Beysan*, à 4 heures de marche au Nord de *Naplouse* : serait-ce notre Tabbath Biblique ? Dès lors l'emplacement d'Abel-Mehola deviendrait très-probable (voyez ce mot); mais comme le même livre des Juges nomme Thebes, qui est sûrement cette *Toubas* (voyez Thebes), nous devont penser que Tabbath était plus près du Jourdain et du débouché de la vallée en question.

Tacasin, עתה קצין. Ville située sur la frontière de Zabulon (Josué XIX v. 13). Elle est citée entre Gath-Hepher et Remmon. Or, Remmon c'est aujourd'hui *Roummaneh* situé à une grande heure de marche au Nord de *Sefourieh* (Sepphoris), et juste en face du *Khan-et-Bedaouieh*, sur le bord oriental du *Merdj-el-Battouf*. Gath-Hepher c'est sûrement *el-Mesched*. C'est entre ces deux localités que devait être Tacasin, dont on n'a pas encore retrouvé trace.

Tadmor, תדמר. Cette ville fut fondée par Salomon, dans le désert placé à l'Orient de Damas. Dans les Paralipomènes (II, VIII v. 4) nous lisons en effet, à propos de ce grand roi: "Et il bâtit Tadmor (St.-Jérôme traduit Palmyra) et toutes les villes fortes de séjour, qu'il fonda dans le pays d'Emath". Il en est encore question dans le livre des Rois (III, IX v. 18), mais cette fois le nom prend la forme Tamor (St.-Jérôme traduit toujours Palmyra). Ces deux noms du reste proviennent de *tamar*, *palmier*, comme celui de Palmyra que la même ville a porté parmi les Grecs et les Romains. Josèphe et Pline nous disent que cette ville était splendide et richement approvisionnée de sources, quoiqu' environnée de sables de tous les côtés. Elle était, ajoute Josèphe, à deux journées de marche de la Syrie supérieure, à une journée de l'Euphrate et à six journées de Babylone: de ces indications la première seule est exacte; les deux autres sont trop faibles. (Pour son histoire post-biblique, voyez Palmyre). Les Arabes ne connaissent cette ville que sous son nom primitif de Tadmor.

Talousa, voyez **Thirsa**.

Tanach, תענך. Ville de la tribu de Manassé, en deça du Jourdain (Juges I v. 27, Josué XII v. 21 et XXI v. 25). Les Cananéens ne purent en être expulsés. Le roi de Tanach est compté parmi les rois que défit Josué. Enfin Tanach fut donnée aux Lévites, avec ses pâturages. Eusèbe dit que Tanach est au 4me mille à partir de Legio (*el-Ledjoun*) et au mot Tanach, qu'il en est éloigné de 3 milles. C'est aujourd'hui *Táanouk* à une heure et demie de marche au S.-S.-E. d'*el-Ledjoun* (Legio), dans la plaine de *Megiddo*.

Tantourah, voyez **Dor**, **Dora**.

Taphua (pomme, pommier), ארץ תפוח. 1°. La tribu de Manassé possédait le pays de Taphua, mais la ville elle-même était entre les mains des Ephraïmites (Josué XVII v. 8). C'est aujourd'hui *Atouf*, à 4 grandes heures de marche à l'Est, quelques degrés Nord, de *Naplouse*.

2°. תפוח. Ville de la tribu de Juda, et située dans la plaine (Josué XV v. 34). Elle est mentionnée entre En-Gannim et Jérimoth (*Yarmouk*). Mr. Guérin propose de reconnaître En-Gannim dans *Beit-el-Djémal*, à 3 quarts de lieue au Nord de *Yarmouk*, et Taphua dans *Kharbet-Khreïchoun*, à une lieue à l'Ouest de *Beit-el-Djémal*.

(Voyez En-Taphua et Beth-Taphua.)

Tatam. Nom de ville de la tribu de Juda, inséré par les Septante dans le livre de Josué (XV v. 6o). Il n'en est pas question dans le texte hébraïque. St.-Jérôme lit ce nom Tami (Comm. ad Mich. V). Eusèbe lit Tessam. Ce nom est de forme beaucoup trop douteuse pour que nous nous en occupions plus longtemps.

Teïm (et-), voyez Cariathaïm.

Tekouâ, voyez Thecua et Tochen.

Telem (les agneaux?), טלאים. Ville de la tribu de Juda mentionnée dans les Rois (I, xv v. 4). Ce mot est remplacé par Galgala dans les Septante. Dans les Rois (II, III v. 12) se trouve cité un lieu nommé Thèlam, dont les Septante ont seuls conservé le nom. St.-Jérôme n'a pas vu dans ce mot un nom de lieu. Comme nous trouvons dans Josué (XV v. 24) une ville de la partie méridionale de la tribu de Juda, nommée Telem, il n'est pas douteux qu'il ne soit toujours question de la même localité, qui du reste n'a pu encore être identifiée.

Tell-Arad, voyez Arad.

Tell-Ashtoret, voyez Astaroth.

Tell-Azour, voyez Belsephoun et Bâal-Hasor.

Tell-Djeser, voyez Gezer, Gazer.

Tell-Dibbin, voyez Haser-Enan et Ahion.

Tell-Dothan, voyez Dothain.

Tell-el-Halaïk, voyez Galgal, Galgala.

Tell-el-Kasab, voyez Sephet et Thisbe.

Tell-el-Qadhi, voyez Dan.

Tell-esch-Schâmem, voyez Debbaseth.

Tell-et-Toureh, voyez Debbaseth.

Tell-Farah, voyez Aphara.

Tell-Hadjar (Kharbet-), voyez Aï.

Tell-Houm, voyez Capharnaüm et Bethsaïda.

Tell-Lekiyeh, voyez Le-Hai-Rai.

Tell-Maïn, voyez Maon, Baal-Méon et Beon.

Tell-Meleh, voyez Malatha.

Tell-Melaha, voyez Thel-Mela, Malatha, Moladah et Hir-Hammelah.

Tell-Safyeh, voyez Masepha I.

Tell-Scheriah, voyez Thel-Harsa.

Tell-Schihan, voyez Sion.

Tell-Yasin, voyez Sanan.

Thabarieh, voyez Tiberias.

Thabor (Mont), תבור. Cette montagne était dans le territoire d'Issachar (Josué XIX v. 22) et voisine de

Zébulon et de Nephtali, puisque Cheseleth-Thabor et
. Azanoth-Thabor (Josué XIV v. 11 et 34) sont des villes
appartenant respectivement à Zébulon et à Nephtali.

Chez les Grecs il fut connu sous le nom d'Atabyrion
ou d'Itabyrion. Josèphe nous apprend que le Thabor
était à la limite septentrionale du territoire d'Issachar.
C'est aujourd'hui le *Djebel-Tour*, dont on contourne le
flanc, pour aller de Nazareth à *Thabarieh*. C'est une
montagne qui de loin semble parfaitement ronde, et
domine toute la portion occidentale de la grande plaine
de Jezraël (*Esdrelon*).

On a souvent dit que la scène de la transfiguration
eut lieu sur le mont Thabor; mais il faut avouer que
la chose n'est nullement prouvée. Reland pensait que
la montagne de la transfiguration devait être cherchée
dans les environs de Cæsarea Philippi (*Banias*).

Thabor, תבור. Nom d'une ville mentionnée dans les
Paralipomènes (I, VI v. 62), et qui n'est que Dabeïrôn
de la tribu d'Issachar, mentionnée par les Septante
(Josué XIX v. 20), mais non dans le texte hébraïque.
C'est la Dabereth hébraïque (Josué XIX v. 12) (voyez
ce nom) et la *Dabourieh* de nos jours.

Thabor (le chêne de), אלון תבור. Où était ce lieu dont
il est question à propos des ordres que Samuel donna
à Saül, avant de le sacrer? On l'ignore. Le texte dit:
"Tu trouveras deux hommes près du sépulcre de Rachel;
etc., de là tu iras plus loin et tu arriveras au chêne de
Thabor" (Rois I, x v. 2 et 3).

Thabou, voyez Tob.

Thaemeh (et-), voyez Adama.

Thala. Eusèbe cite une ville de ce nom à 16 milles au Sud d'Eleutheropolis. St.-Jérôme la nomme Thella. Elle n'a pas été retrouvée.

Les Septante seuls (Josué XIX v. 7) mentionnent dans la tribu de Siméon une Talkha, sur laquelle le texte hébreu reste muet, mais qui est suivant Eusèbe, la Thala en question.

Thala, voyez Thanat-Selo.

Thamar, תמר. Nom cité dans Ezéchiel (XLVII v. 19 et XLVIII 28) comme celui d'une localité située sur la limite méridionale de la nouvelle Terre Promise. Le texte Chaldéen porte ici Jéricho au lieu de Thamar; mais il y a probablement erreur. Il doit être question de la Thamara ou Thamaro placée au Sud de la tribu de Judah. (Voyez Thamara.)

Thamara ou Thamaro. Ptolémée mentionne une Thamaro parmi les villes de la Judée. Elle est aussi appelée Thamaro sur la table de Peutinger. Eusèbe dit que Thamara est à une journée de marche d'Hébron, sur la route d'Ailath, et qu'il s'y trouve une garnison Romaine (Ailah sur la Mer Rouge). Van de Velde propose de retrouver Thamara aux ruines nommées *Kharbet-Kournoub*, à deux jours de marche au Sud d'*el-Khalil*. J'ai de mon côté proposé de regarder les ruines de *Maiet-Embarrheg* à deux heures de marche au Nord de la pointe Nord du *Djebel-Esdoum*, comme représentant la Thamara d'Eusèbe. Il y a là un petit fort Romain bien conservé et de plus il se trouve, un peu au dessus de ce fort, une source, qui se nomme *Ayn-Tamarah*.

Thamna, תמנה. Juda faisait tondre ses brebis à Thamna. Il s'y rendit avec son ami Hiras, l'Adullamite (Genèse XXXVIII v. 12, 13 et 14). Quelle est cette ville? Il n'est

pas facile de le dirè. Est-ce la Tamnath où Simson
se maria avec une fille des Philistins? (Juges XIV v. 1).
Est-ce la Thamna du livre de Josué (XV v. 57) qui était
dans la région montueuse de Juda? Est-ce la Thamna
où fut enterré Josué? On ne sait.

Thamnata, תמנתה. Ville appartenant aux Philistins
du temps de Samson (Juges XIV v. 1). Elle fut attribuée
aux Danites (Josué XIX v. 33). Ses vignobles sont vantés
dans les Juges (XIV v. 5). Elle est nommée Thamnatha
dans les Macchabées (I, ix v. 50). Elle était située entre
Jérusalem et Diospolis (suivant Eusèbe). Samson est
surnommé le Timnite (Juges XV v. 6), probablement par
ce qu'il avait épousé une fille de Thamnatha.

Thamnath-Cheres, voyez **Thamnath-Sara.**

Thamnath-Serach, voyez **Thamnath-Sare.**

Thamnath-Sare ou **Saraa, תמנת סרח.** (Vulgate de
St.-Jérôme). 1°. Le texte des Septante insère dans
Josué (après XXIV v. 30) un verset où il est dit que les
couteaux de pierre qui furent employés à la circoncision
de tous les hommes du peuple d'Israël, nés pendant les
courses de 40 années dans le désert, furent recueillis par
Josué et placés à Thamna-Sakhar. Dans le texte hébreu
on lit Thimnath-Sérakh, et dans les Septante Thamna-
Sarakh (Josué XIX v. 50). Dans le même livre le texte
grec porte: Thamna-Sakhar dans la montagne d'Ephraïm,
ce qui se lit exactement dans l'hébreu (XIX 50). Il
n'y a donc pas de doute possible; c'est du même lieu
qu'il s'agit, malgré l'interversion des lettres. C'est là
que Josué fut enterré. Son tombeau y a été retrouvé
par Mr Guérin, levé et dessiné par moi, peu de mois

après, et depuis lors, les couteaux de pierre signalés par les Septante, ont été recueillis en abondance par M^r l'abbé Richard, dans ce tombeau et aux alentours.

C'est aujourd'hui *Tibneh*, à 3 heures de marche à l'Ouest-Nord-Ouest de *Djifnah*. Les ruines de la ville sont placées sur une colline basse nommée *er-Ras*, et placée en face du tombeau de Josué, qui est sur le flanc de la montagne opposée, au Sud, montagne qui est certainement le mont Gaas de la Bible. (Voyez ce nom.)

2°. **Thamna**, תמנה. Ville qui se trouvait sur la frontière Nord du territoire de Juda (Josué XV v. 10). Il est dit que cette frontière partant de Baala (*Abou-Gosch*) et allant à l'Occident jusqu'au mont Seïr (*Sáara*), passe sur le flanc du mont Iarim (*Abou-Gosh*), se dirige au Nord sur Cheslon (*Kharbet-Kesle*), s'étend à Beth-Sames (*Kharbet-Ayn-Chems*) et passe à Thamna.

C'est aujourd'hui *Kharbet-Tibneh* à une lieue à l'Ouest de *Kharbet-Ayn-Chems*.

Thayebeh, voyez **Ephrem**, **Ephron** 1.

Tibneh, voyez **Thamnath-Sara** et **Gaas (Mont)**.

Thanath-Selo, תאנת שלה. Localité située sur la frontière d'Ephraïm (Josué XVI v. 6). Eusèbe dit que Thanath est à dix milles de Neapolis, à l'Orient. Cette ville est mentionnée après Michmethath et avant Janôe.

Il existe à l'Orient de *Naplouse*, et à la distance indiquée par Eusèbe, une ville ruinée nommée *Thala*. C'est certainement celle dont il parle, et donc le nom se sera modifié, par la permutation de l'N en L.

Janôe, c'est aujourd'hui *Yanoun* à une demi-lieue au Nord-Est d'*Akrabeh*, et à 4 heures de marche au Sud-Ouest de *Thala*; mais d'après la description de la frontière d'Ephraïm, il semble bien difficile que *Thala* lui appartienne. Au reste il est à peu près impossible de se rendre compte du tracé de cette ligne frontière.

Si Thanath-Selo n'est pas *Thala*, cette ville n'a pu encore être identifiée.

Thapsa, תפסה. 1°. (le passage). Ville mentionnée dans le livre des Rois (IV, xv v. 16), et dont Manahem passa la population au fil de l'épée.

Josèphe appelle aussi cette ville Thapsa. Elle était auprès de Thersa, qui subit le même sort. Celle-ci est *Talousa* à une heure et demie de marche au Nord, quelques degrés Est, de *Naplouse*, et à deux heures à l'Est de *Sebastieh* (Samarie). Thapsa n'a pas encore été retrouvée.

2°. Kimhi, le commentateur Juif, en fait Thapsacus, ville grecque qui était sur la rive occidentale de l'Euphrate. D'autres, et ce sont ceux-là qui ont évidemment raison, disent que Thapsa était une ville située dans le territoire d'Ephraïm. Elle n'est pas connue aujourd'hui.

Thareia, תראלה. Ville de la tribu de Benjamin (Josué XVIII v. 27). Elle est nommée entre Jarephel et Sela, et dans le voisinage de Jebus (Jérusalem). Cette ville n'a pu encore être identifiée. Peut-être pourrait-on la rechercher à *et-Tireh*, qui se trouve à une grande heure au Nord-Ouest d'*el-Djib*, et à une demi-heure au Sud de *Beit-Hour-el-Fouqah*.

Tharsis, תרשיש. Le roi Josaphat avait équipé des vaisseaux de Tarsis, pour aller à Ophir chercher de l'or, mais il ne partit pas; car les vaisseaux s'étaient brisés à Azion-Gaber (Rois III, xxii v. 49). Dans le chapitre X du même livre, nous lisons (v. 22) que Salomon avait sur mer un vaisseau de Tharsis, ... une fois, tous les trois ans, le vaisseau de Tharsis revenait chargé d'or, d'argent, d'ivoire, de singes et de paons.

Qu'était-ce que Tharsis? On n'en sait rien. L'opinion la plus répandue, quoique très-peu satisfaisante, c'est que Tharsis était un port d'Andalousie, situé entre les deux embouchures du Betis (le *Guadalquivir* de nos jours) et se nommait Tartessus. D'autres appliquent à l'Andalousie elle-même le nom de Tharsis.

Thébès, תבץ. Ville mentionnée dans les Juges (IX v. 50) comme assiégée et prise par Abimélech. Eusèbe dit qu'elle est au 13° mille à partir de Neapolis, sur la route de Scythopolis (*Beysan*). C'est aujourd'hui *Toubas* qui est bien à la distance et dans la direction indiquée. C'est peut-être la même ville qui est nommée Thabbath ou Thebbath, dans les Juges (VII v. 22). Josèphe la nomme Thebæ.

Thecue et **Thecua** (la trompette), תקוע. Ville de la tribu de Juda (Paral. II, XI v. 6) qui a donné son nom au désert dont elle était voisine (Paral. II, XX v. 20 et Macch. I, IX, v. 33). Le texte hébraïque ne la mentionne pas parmi les villes de Juda, mais le texte des Septante nomme Thekô (Josué XV v. 60). Eusèbe dit que Thecue est à 12 milles au Sud de Jérusalem; St.-Jérôme (ad Jeremiam VI v. 1) dit la même chose. C'est aujourd'hui *Tekouá*, à 2 heures et demie de marche au Sud de *Beit-lehm*, et à une heure au Sud-Ouest du *Djebel-Foureïdis*.

Un des héros de David, Hira fils d'Acces, était de Thecua (Rois II, XXIII v. 26).

Thel-Harsa, תל חרשא. Localité citée dans Esdras (II, v. 59), après Thel-Mela, dans Néhémie (VII, v. 61). A trois heures de marche au Sud-Ouest de *Tell-Melaha* se trouve une ruine, nommée *Kharbet-Tell-Sheriah.* Serait-ce notre Thel-Harsa? C'est possible.

A la même distance, mais au Sud-Est, se trouve encore une ruine, nommée *Kharbet-Tell-Hora.* On peut choisir. Peut-être du reste n'est-ce encore qu'une localité de la Mésopotamie, et c'est ce qu'il y a de plus probable.

Thel-Mela, תל מלח. Localité citée dans le livre d'Esdras (II v. 59) et dans celui de Néhémie (VII v. 61). C'est *Tell-Meleh*, sur la voie antique de Hébron à Pétra, à une grande journée de marche au Sud du point de départ. On a identifié celle-ci avec Moladah; mais ce peut être aussi *Tell-Melaha*, à une journée de marche à l'Est, quelques degrés Sud, de Gaza. On peut choisir, mais ce qu'il y a de plus probable, c'est qu'il s'agit d'une localité de la Mésopotamie, d'où revinrent certains personnages avec Zorobabel.

Théma (Pays de), תימא. Théma est mentionné parmi les Arabes, descendants d'Ismaël, dans la Genèse (XXV v. 15). Dans Job (VI v. 19), il en est parlé comme d'une tribu commerçante. Les Septante écrivent Thæman. Théma est cité avec Dedan dans Jérémie (XXV v. 23). Il est donc fort probable que Théma et Théman sont les noms d'un même pays.

Théman, תימן. Ce pays est mentionné dans Abdias (V v. 9), dans Jérémie XLIX v. 7), à propos des prophéties contre Edom, et dans Amos (I v. 12). Dans ce dernier passage il est dit que le feu envoyé sur Théman, brûlera les palais de Bosra. Bosra était donc dans la contrée de Théman.

Thémani, ארץ התימני. Le 3e roi d'Edom, successeur de Johab, fut Husam, du pays de Thémani (Genèse

XXXVI v. 34). Le commentateur juif, Onkelos, traduit ce mot par le pays du Midi, ce qui est absurde. (Voyez Théman)..

Thémanite, תימני. Ethnique de l'un des trois amis de Job, nommé Eliphaz (Job II v. 11). Ce nom correspond à Théman, pays placé à l'Orient d'Edom et peuplé par la descendance de Théman, petit-fils d'Esaü (Genèse XXXVI v. 11, 15 et 34). Cet ethnique reparaît chaque fois qu'il est-question d'Eliphaz (Job. IV v. 1—XV v. 1— XXII v. 1 et XLII v. 7 et 9).

Thersa (agréable), הרצה. Ce fut la première capitale des rois d'Israël (Rois III, xv v. 33) Josèphe la nomme Tharsè et dit que le palais du roi Baëza y était placé. Il y fut enterré (Rois III, xvi v. 6). Omri en fit le siége et y régna 6 ans (Rois III, xvi v. 23). Son roi est compté parmi ceux que défit Josué (Josué XII v. 24). C'est aujourd'hui *Tallousa*, à une heure et demie de marche au Nord de *Naplouse*.

Thesbite, תשבי. Est-ce un ethnique? C'est dans tous les cas un qualificatif du prophète Elie (Rois III, xvii v. 1). Si c'est un ethnique, on ne sait à quel lieu l'appliquer, à moins que ce ne soit Thisbé. (Voyez ce mot.)

Thisbé, (voyez Sephet). Le texte grec du livre de Tobie, dit que ce personnage était de Thisbé.

Thisbé était au Midi de Kades de Galilée, et fut le lieu de naissance du prophète Elie, surnommé le Thisbite. Eusèbe l'appelle Thesba et St.-Jérôme de même.

Thobes. Ville de Juda mentionnée par les Septante seuls (Josué XV v. 60). St.-Jérôme lit avec raison Soris (Comm. ad Mich. V), parceque certains manuscrits portent ΘΟΡΗΣ. (Voyez Saris.)

Thochen, תכן. Ville de la tribu de Juda, mentionnée dans les Paralipomènes (L, IV v. 32). Les Septante la nomment Thokka. Je ne doute pas qu'il ne s'agisse de Thecue.

Tholad, תולד. Ville des Siméonites citée dans les Paralipomènes (I, IV v. 29). Les Septante la remplacent par Môlada, et ils ont probablement eu raison de le faire.

Thopo. Ville fortifiée par Bacchides (Macch. I, IX v. 50). Josèphe la nomme Takhoa. On la trouve dans certains manuscrits des Macchabées, nommée Tephôn et Tappnah. J'ignore ce que peut être cette ville.

Thosaïte, תיצי. Ethnique appliqué à deux des héros de David, Jédihel et Joha, fils de Samri (Paralip. I, XI v. 45). J'ignore à quelle localité il correspond.

Thou. Nous lisons dans les Paralipomènes (I, XVIII v. 10): "car Hadarezer était en guerre avec Thou." C'était le nom d'un roi de Hemath, et non pas le nom d'un pays.

Tibérias, Tibériade. Ville fondée par Hérode Antipas, tétrarque de Galilée, sur une nécropole. Elle n'est citée naturellement que dans le Nouveau Testament (St.-Jean VI v. 1 et 23, XXI v. 1).
C'est aujourd'hui *Thabarieh*, petite ville entourée de murailles, à demi-écroulées, et d'une saleté déplorable; mais le voisinage du beau lac dans lequel elle se baigne, n'en fait pas moins un site enchanteur. A une demi-lieue au Sud de *Thabarieh*, sur le bord du lac, sont les sources minérales d'eau chaude, nommées *el-Hammam*, les bains. Dans les flancs de la montagne qui domine

Thabarieh et *el-Hammam* se voient nombre de grottes
sépucrales. Il ne reste rien de plus de l'antique splen-
deur de Tibériade. Le lac est extrêmement poissonneux
et fourmille de gibier d'eau.

Tireh (et-), voyez Tharela.

Tob (Terre de), ארץ טוב. La terre de Tob habitée
par Jephté, était voisine du pays de Galaad (Juges XI
v. 3 et 5 et Rois II, x v. 10). Ce nom signifie: bon.
Tabæ est citée comme ville de la Pérée, et il est dit que
son nom signifie: bonne. Il y a très-probablement une
liaison étroite entre le pays de Tob et la ville de Tabæ.
Où était ce pays? On l'ignore. Remarquons cependant
qu'il existe des ruines considérables, nommées *Thabân*
sur la voie antique qui, du *Djesr-Bénat-Yakoub*, conduit
à Damas, et à 3 heures de marche à l'Est de ce point.
Peut-être Tabæ et le pays de Tob étaient-ils là.

Tob (Ish-). Nom qui se trouve dans le livre des
Rois (II, x v. 6 et 8). Ce n'est pas un nom géographique, mais bien la dénomination des hommes de Tob,
car Ish veut dire: homme.

Topheth, התפת. C'était dans la vallée des fils de
Hinnom, le lieu où se trouvait l'autel de Moloch, détruit
par le roi Josias. Nous lisons (Rois IV, XXIII v. 10):
"Il profana le Topheth qui était dans la vallée des fils
de Hinnom, pour que nul ne pût plus faire passer son
fils ou sa fille par le feu, à Moloch."
On pense que le nom de Topheth est dérivé de *Toph*,
tambour, parce que, dit-on, l'on battait le tambour,
pendant qu'on brûlait les enfants, pour empêcher les
parents d'en entendre les cris.
Le Topheth est cité dans Jérémie (VII v. 31).

Toubas, voyez Tabbath et Thébès.

Tour (Djebel), voyez Thabor.

Tourmous-Aya, voyez Haï.

Trachonite. Cette région, qui n'est pas nommée dans l'Ecriture Sainte, est représentée par le *Ledjah* de nos jours, qui s'étend au Nord-Est du *Haouran* et à l'Est du *Djédour*, ou Iturée. Josèphe qui en parle souvent, dit que ce pays fut habité anciennement par Use, fils d'Aram. Eusèbe (au mot Iturée) dit que l'on nomme Trachonite, la région contiguë au désert, qui s'étend vers Bostra d'Arabie. St.-Jérôme enfin dit que la Trachonite est au delà de Bostra, ville d'Arabie, dans le désert faisant à la fois face au Midi et à Damas.

Ces indications suffisent pour faire reconnaître la Trachonite dans le *Ledjah* actuel. Les Arabes Trachonites vivaient dans des grottes, et n'avaient d'autre moyen d'existence que le brigandage.

Un mot encore. Ptolémée place la ville de Sakkæa à l'Orient de la Batanée et après les Arabes Trachonites. Or, *Shakkâh*, l'antique Sakkæa se trouve effectivement dans la portion orientale et méridionale, à la fois, de la région nommée aujourd'hui par les Arabes *Ardh-el-Batanyeh*, qui longe tout le côté Est du *Ledjah*, c'est-à-dire de la Trachonite.

Tribus (les douze). La Terre Promise répartie entre les douze tribus, le fut de la manière suivante:

A l'Orient du Jourdain, Gad et Manassé, probablement en deux bandes de terrain, parallèles au fleuve. Au Nord de ces deux territoires la moitié de la tribu de Manassé. A l'Occident de la Mer Morte et du Jourdain, au Sud, Siméon et Juda. Au Nord-Ouest de Juda, Dan et

au Nord-Est, Benjamin. Au Nord de ces deux territoires, Ephraïm et l'autre demi-tribu de Manassé. Plus
au Nord, Issachar, le long du Jourdain, jusqu'au mont
Thabor. Puis du Thabor, jusque vers l'extrémité du lac
de Gennézareth, Zabulon; au Nord de Zabulon, Nephtali. Enfin, le long de la *Méditerranée*, Aser depuis le
Carmel jusqu'à Sidon.

Tyr, צר. Le nom primitif de cette ville célèbre fut
Sor ou Sour (pierre, rocher) et le nom qu'elle porte de
nos jours, parmi les Arabes, est toujours le même, *Sour*.

Elle est mentionnée dans Josué (XIX v. 29) comme
une ville attribuée aux Asérites, mais de laquelle les
anciens habitants ne purent être expulsés (Juges I v. 31).

Cette ville fut primitivement établie sur le continent,
et cette ville primitive retint le nom de Palætyrus.
Puis les Tyriens se retirèrent, et s'installèrent solide-
ment sur un îlot qui était en face de la côte qu'ils
habitaient. Lorsqu' Alexandre vint faire le siége de
cette ville, il détruisit les monuments de l'ancienne Tyr,
pour combler avec leurs débris le canal qui séparait l'île
du continent. Aujourd'hui cet isthme factice existe toujours.

Isaïe (XXIII v. 13) avait prédit la ruine de Tyr, et
Nabuchodonosor accomplit cette prophétie. Ithobal était
alors roi de Tyr. Ce fut Hiram, roi de Tyr qui assista
de tout son pouvoir le roi Salomon, lorsque celui-ci
voulut construire le temple de Jérusalem. Pour reconnaître ses services, Salomon lui offrit en présent 20 villes
des Israélites.

Aujourd'hui Tyr se nomme *Sour*, ainsi que nous l'avons
dit, et c'est une ville assez agréable. Quant à Palætyr,
l'emplacement s'en voit à une demi-lieue au Sud de
Sour, au lieu nommé *Ras-el-Ayn*.

Tziaddata, voyez **Neceb.**

Y.

Yabis (Ouad-), voyez Jabes.

Yabneh, voyez Jebneel.

Yafa, voyez Japhié.

Yakouk, voyez Hucuca.

Yâloun, voyez Aialon, Elon, Aïlon.

Yânoun, voyez Janoë.

Yarmouk (Kharbet-), voyez Jerimoth.

Yarmouk (Nahr), voyez Jarmouk.

Yaroun, voyez Jeron.

Yasir, voyez Asir-Michmethath.

Yasour, voyez Asor 3.

Yedna, voyez Jethnan.

Yehoudieh, voyez Jud.

Yerkeh, voyez Helcath.

Youttah (Kharbet-), voyez Jota, Jeta.

Z.

Zaak (Kharbet-ez-), voyez **Esek (puits de)**.

Zaanan, צַאֲנָן. Mot qui se trouve dans Michée (I v. 11). Si c'est un nom de lieu, ce lieu est aujourd'hui inconnu. St.-Jérôme n'a pas considéré ce mot comme désignant une localité.

Zabourah (Nahr-Abou-), voyez **Nahal-Kana**.

Zabulon (de zabel, habiter), זְבוּלֻן. Ville de la tribu d'Aser (Josué XIX v. 27). Elle était sur la limite de ce territoire, entre Jephthahel (*Djefat*) et Cabul (*Kaboul*). L'emplacement de cette ville n'est pas fixé sur la carte de Van de Velde, mais sera certainement retrouvé, quelque jour. Josèphe nous dit que la basse Galilée s'étend de Tibériade jusqu'à Zabulôn, dont Ptolemaïs (St.-Jean d'Acre) est voisine sur la côte.

Zanoë. זָנוֹחַ. 1°. Ville de la tribu de Juda (Josué XV v. 56 et Néhémie III v. 13). Elle était sur la montagne. Elle est citée après Maon, Carmel et Ziph et avant Halhoul et Beth-Sour. C'est aujourd'hui *Kharbet-Zanouta*, à une demi-lieue au Nord-Ouest de *Kharbet-Attir*, sur une hauteur à droite de l'*Ouad-el-Khalil*, et à trois lieues au Sud-Ouest d'Hébron.

2°. Ville de la plaine de Juda (Josué XV v. 34) citée avant Engannim et Taphua. C'est aujourd'hui *Kharbet-Zanoua*, à une demi-lieue à l'Est, quelques degrés Nord, de *Beit-el-Djemal* (probablement Engannim), et à une lieue et demie à l'Est de *Kharbet-Khreïchoun* (probablement Taphua). Dans tous les cas *Kharbeth-Zanoua* est à une lieue au Sud-Est de *Kharbet-Yarmouk* (Jerimoth), qui est citée la première au verset suivant, ce qui rend fort acceptable les deux identifications proposées par Mr. Guérin, pour *Beit-el-Djemal* et *Kharbet-Kreïchoun*.

Zanoua (Kharbet-), voyez **Zanoë 2**.

Zanouta (Kharbet-), voyez **Zanoë 1**.

Zared (Torrent de), נחל זרד 1°. Les Israélites passèrent du campement de Ieabarim, à celui du torrent de Zared (Nombres XXI v. 12). Le mot hébreu employé pour désigner la vallée en question est *Nahal;* dans cette vallée coulait donc ou une rivière ou un torrent. Dans le chapitre XXXIII du même livre, nous trouvons résumée l'énumération des campements successivement occupés par les Israélites, avant le passage du Jourdain. Au verset 44 il est dit: „Ils partirent d'Aboth et cam. pèrent à Ieabarim, sur la frontière de Moab;" puis v. 45. „Ils partirent de Ieabarim et campèrent à Dibon-Gad." La vallée de Zared et Dibon-Gad désignaient donc un seul et même endroit, pour l'écrivain sacré. Le torrent de Zared doit être par conséquent un affluent de l'Arnon, dans le voisinage de *Dhiban*.

Ce torrent est mentionné dans le Deutéronome (II v. 13 et 14); il est dit dans le second de ces versets: „Et le temps que nous avons marché, depuis Cades-Barné, jusqu'à ce que nous eussions passé le torrent de Zared, fut de trente huit ans." Je ne doute pas un instant que le Torrent de Zared (Nahal-Zered) ne soit le même que le Zared (Nahal-Zared) cité dans le livre des Nombres (XXI v. 12).

Zebda, voyez **Sarid**.

Zeca, עוקה. Ville de la tribu de Juda, citée par Jo-

sèphe et qui est certainement l'Azéca des Paralipomènes
(II, XI v. 9). (Voyez Azéca.)

Zefatah, voyez **Sephath**.

Zephrona, זפרן. Ville située à la limite septentrionale de la terre d'Israël (Nombres XXXIV v. 9). St.-Jé-
rôme (Comment. ad Ezech. XLVII) dit que c'est Zephy-
rium, forteresse de la Cilicie, mais cela est matériellement
impossible. On n'en connait pas la position. Je me
bornerai à faire remarquer que sur le flanc Sud de la
vallée du Léontès (*Nahr-el-Qasmieh*) dans la partie de
son cours qui s'étend directement de l'Est à l'Ouest, se
trouvent, à proximité l'une de l'autre, deux localités qui
se nomment *ez-Zerifeh* et *Ferroun*. Je suis bien tenté
de croire que ces deux noms de lieu ont conservé la
trace du nom de la Zephrona qui était à l'extrémité
septentrionale de la terre d'Israël. Celle-ci en effet pouvait être limitée par le *Nahr-el-Qasmieh*, dont le nom
signifie: rivière de la division ou de la séparation.

Zerayn, voyez **Iezreel**.

Zererath, צררת. Localité mentionnée dans le livre
des Juges (VII v. 22), à propos de la fuite des Madia·
nites devant Gédéon. Près de Zererath devait se trouver Beth-Seta; mais toutes les deux sont restées aussi
inconnues l'une que l'autre. St.-Jérôme ne mentionne
pas ce nom, qu'il n'a pas considéré comme nom de lieu.
Il dit simplement: „fugientes usque ad Beth-Seta (aliàs
Beth-Seca).

Zerka (Nahr-), voyez **Iabok** et **Sihor-Labanath**.

Ziph, זיף. 1°. Ville de la partie méridionale de la

tribu de Juda (Josué XV v. 24), mentionnée comme étant près de Cedès, d'Azor et de Cariath-Hesron, qui est Azor. Cette ville n'a pas encore été identifiée.

2°. Ville de la partie montueuse de la tribu de Juda (Josué XV v. 55) citée après Maon (*Tell-Mayn*) et Carmel (*Karmel*) et avant Jota (*Youtta*). C'est aujourd'hui *Tell-Ziph*, à une heure et demie de marche au Sud d'*el-Khalil* (Hébron).

Ziphéen, זִפִי, זִפִים. Ethnique de Ziph (Rois I, xxiii v. 19 et xxvi v. 1).

Zoara, voyez **Segor**.

Zoheleth (Pierre de), אֶבֶן הַזֹּחֶלֶת. Adonias, fils de David, voulant usurper la couronne de son père, offrit un festin à ses partisans, près de la pierre de Zoheleth, qui était auprès d'En-Rogel (Rois III, 1 v. 9). Ce nom provient du radical *Zohel* qui signifie: ramper; il signifie donc la pierre qui roule, ou bien où l'on rampe. Elle a été retrouvée à Siloam par Mr. Clermont-Ganneau. C'est la roche le long de laquelle on monte, du fond de la vallée du Jardin Royal (*Bousthan-es-Soulthan*), à l'étroite plate-forme où commencent les maisons de Siloam. Elle se nomme aujourd'hui *ez-Zoueileh*. Il en résulte qu' En-Rogel doit être la Fontaine de la Vierge (*Ayn-Omm-el-Deradj*).

Zomzommim, זַמְזֻמִּים. C'est le nom que les descendants d'Ammon donnaient aux Raphaïm ou géants, qui avaient habité, avant eux, le pays d'Ammon (Deutér. II v. 20).

Zouera-et-Tahtah, voyez **Bala** et **Segor**.

Zouera (Ouad-ez-), voyez **Mâalet-Acrabim**.

Zuzim, זוזים Peuple vivant sur la rive orientale du Jourdain, et qui fut défait à Ham par le roi Chodorlao-mer et ses alliés (Genèse XIV v. 3). Les Septante ont traduit ce passage ainsi: "Et un peuple fort avec eux" au lieu de: "et les Zuzim (les forts), à Ham "

On ignore la situation de la contrée qu' ils occu-paient.

ADDENDA.

~~~~~~~~~

La découverte de l'inappréciable stèle du roi moabite Mesa, nous force d'ajouter à notre dictionnaire les quelques notes qui suivent. Presque toutes ces notes concernent des localités déjà retrouvées dans l'Ecriture Sainte, mais dont les noms se présentent cette fois avec quelques légères variantes, dues à l'emploi du dialecte moabitique, lequel, soit dit en passant, se rapproche de l'Arabe, bien plus que ne le fait l'Hébreu.

Araër, ערער. Localité mentionnée à la ligne 26 de la stèle du roi Mesa, comme bâtie par lui. Cette ville n'est autre que l'Aroër Biblique, aujourd'hui *Araïr*. On remarquera la grande ressemblance qui existe entre le nom moderne et le nom que nous a transmis le texte moabitique.

Du reste, la première syllabe de ce nom ער ayant été suppléée, il se pourrait fort bien qu' il fut en réalité question de ער, ville capitale des Moabites, dont on pourrait à bon droit s'étonner de ne pas trouver la mention dans la stèle du roi Mesa.

Arnon, ארנן. Nous lisons à la ligne 26 de la stèle du roi Mesa: "et moi j'ai construit la route (המסלת) à travers l'Arnon." C'est évidemment le fleuve Arnon de la Bible, le *Nahr-el-Moudjeb* de nos jours, coulant au fond de l'*Ouad-el-Moudjeb*, que traverse toujours la route antique passant par Aroër. Le nom de cette rivière est écrit ארנן dans les Nombres (XXI v. 13).

Bâal-Mêon, בעל מען. Le roi Mesa déclare (l. 9) avoir bâti cette ville, et y avoir construit des ......? (האשות). Plus loin (l. 30) il ajoute qu'il a bâti Beth-Bâal-Mêon (בת בעל מען), c'est à dire le temple de Bâal-Mêon.

Dans les Nombres (XXXII v. 38) le même nom est écrit בעל מען.

Beth-Bamoth, בת במת. Le roi Mesa (ligne 27) déclare que c'est lui qui a construit Beth-Bamoth qui était ruinée (כי הרס הא). Il s'agit probablement du temple de la ville moabitique de Bamoth, במות, citée dans les Nombres (XXI v. 19).

Beth-Diblatein, בת רבלתן. Nous trouvons ce nom à la ligne 30 de la stèle, où il est suivi de Beth-Bâal-Mêon, le temple de Bâal Mêon. Beth-Diblatein (qui est évidemment identique avec Diblathaïm de la Bible) peut donc également se traduire le temple de Diblatein. Quoiqu'il en soit il a été construit par le roi Mesa.

Le nom hébraïque de cette ville est רבלתים (les deux gâteaux de figues) (Nombres XXXIII v. 46) et nous retrouvons la forme בית-דבלתים dans Jérémie (XLVIII v. 22).

Bosor, בצר. A la ligne 27 de la stèle de Dibân nous lisons que le roi Mesa a construit Bosor qui .... (ici une lacune dans le texte). C'est la ville lévitique de la tribu de Ruben (Deutér. IV v. 43).

Dibon, ריבן. Cette ville est citée plusieurs fois dans

l'inscription du roi Mesa (ligne 21 et 28). Il semble, d'après le contexte, que le nom Dibon soit mieux celui du royaume de Mesa, que celui d'une ville particulière. En effet ce monarque s'exprime ainsi : "car tout Dibon m'est soumis."

Dans l'Ecriture Sainte le nom de cette ville est orthographié דיבן.

Dibonite, רבני. Ethnique de Dibon, appliqué au roi de Moab, Camosdjed, père du roi Mesa.
(Stèle de Dibân, lignes 1 et 2).

Gad, (l'Homme de), אש־גד. L'inscription de Mesa (ligne 10 et 11) mentionne les hommes de Gad, comme habitant le pays d'Ataroth (ארץ עטרת), depuis très-longtemps. Il ajoute que le roi d'Israël avait bâti Ataroth et que lui, Mesa s'est emparé de cette ville, etc. (Voyez Ataroth.)

Nous retrouvons dans ce nom, la forme réelle du nom conservé dans celui du *Djebel-Attarous*, qui est situé entre le *Zerka-Mayn* et l'Arnon

Iahas, יהץ. Les lignes 18 et 19 de la stèle du roi Mesa, nous apprennent que le roi d'Israël avait bâti cette ville, et qu'il y résidait, pendant la guerre qu'il eut à soutenir contre le roi de Moab, qui réussit à s'emparer de cette ville.

Le nom de cette ville qui appartenait à la tribu de Ruben, est orthographié comme ici dans les Nombres (XXI v. 23).

Karakhah, קרחה. Nom d'une ville de Moab, mentionnée plusieurs fois par le roi Mesa, dans l'inscription découverte à Dibân (lignes 3, 21, 24). Ce roi dit avoir construit, dans Karakhah, le haut lieu (au pied duquel a

été trouvée la stèle) et cela semble exclure la possibilité de penser à la ville moabite de Karak. Cependant,
d'un autre côté, comment appliquer ce nom à la ville de
Dibân, dans les ruines de laquelle se trouve le haut lieu
en question? Il y a là un très-curieux problème que je
ne me charge pas de résoudre.

Plus loin Mesa déclare avoir bâti Karakhah, la muraille היערן (des forêts) et la muraille העפל (de la colline). Il ajoute: "J'ai bâti ses portes et j'ai bâti ses
tours, et j'ai bâti le palais du roi et j'ai fait les prisons
(כלאי) des .... dans l'intérieur de la ville, et il n'y
avait pas de puits dans l'intérieur de la ville, à Karakhah, et je dis à tout le peuple: faites-vous, chaque
homme, un puits dans sa maison (il s'agit ici plus probablement de citernes, que de puits), et j'ai coupé les
coupures pour Karakhah, avec .... d'Israël". On a
suppléé ici: "les captifs," mais Mesa se vantant d'avoir
tout tué, il semble difficile qu'il s'agisse d'autre chose
que de l'argent ou du butin pris sur Israël. Ce qui
semblerait nous ramener à Karak, ce sont les tunnels
qui donnent accès dans la ville et qui peuvent fort bien
être représentés par les מכרתת "les coupures" du texte.

Kerit, קרית. Ce mot est le thème du duel Keriteïn,
qui se trouve à la ligne 10 de la stèle de Mesa, et qu'il
est tout naturel de considérer comme l'équivalent du
nom Biblique Kiriathaïm. Peut-être y avait-il, en cette
localité, une ville haute et une ville basse, d'où l'emploi
du duel, comme pour Sebaïm, ou les deux Sebbeh.

Remarquons toutefois que nous avons, dans le pays
de Moab, une ville nommée Kerioth, קריות, par Jérémie
(XLVIII v. 41) et par Amos (II v. 2).

Keriteïn, קריתן. Le roi Mesa (stèle de Dibân, lignes
9 et 10) déclare avoir bâti Keriteïn.

Dans les Nombres (XXXII v. 37) le nom de cette ville est écrit קריתים ainsi que dans Jérémie (XLVIII v. 1).

Khoronein, חורנן. Nous avons là la forme moabi‑tique du nom de la ville Biblique de Khoronaïm. Elle nous est fournie pas la stèle de Mesa (lignes 31 et 32). La forme hébraique חרנים nous est donnée pas Isaïe (XV v 5). On remarquera que la forme moabitique de ce duel est, pour ainsi dire, purement arabe.

Makherat, מחרת. Ce nom de lieu se trouve menti‑onné à la ligne 14 de la stèle de Mesa. Il y est dit que ce monarque, après avoir massacré la population Israélite d'Ataroth, la remplaça en y transportant les hommes de Saran et de Makherat. Ainsi que nous l'avons vu, Ataroth était au pied du *Djebel Attarous*. Makherat me parait évidemment la même que l'illustre Macherous, ou Machéronte, qui se trouvait également dans le voisinage immédiat du *Djebel Attarous*, et dont les ruines se nomment aujourd'hui *Kharbet-M'kaour.* (Voyez Saran.)

Meh-Debah, מה־דבא. Nous lisons dans l'inscription de Mesa: "Et Omri (c'est du roi d'Israël qu'il s'agit) s'était emparé de la terre de Meh-Debah." Il ajoute qu'il en resta maître, lui et son fils, pendant 40 années. Certainement il s'agit de la Mideba Biblique, malgré la différence de l'orthographe. Quant à l'emplacement de cette ville, nous avons à choisir entre celle qui est au Sud de l'Arnon, au point où se trouve toujours l'Ouad *Emdebéa*, à l'origine duquel sont les vastes ruines nommées *Kharbet-Fougoud*, d'où est venue la belle stèle moabite, donnée à la France par Mr. le Duc de Luynes, et une autre Medaba au Nord de *Zerka-Mayn*. C'est, je pense, de celle-ci qu'il est question. Dans Josué (XIII v. 16) et dans Isaïe (XV v. 2), le nom de cette ville est écrit מידבא.

Notre stèle de Dibân nous fait entrevoir l'origine de ce nom de ville, car מה רבה signifie: "combien forte," dans le sens admiratif, ou "quelle force"!

Moab. Le nom de ce pays est toujours écrit מאב, sur la stèle du roi Mesa, fils du roi Camosdjed, roi de Moab (lignes 1, 2, 5, 6, 12 et 20).

Dans les livres saints c'est toujours la forme מואב que l'on trouve.

Nebah, נבה. Nous lisons dans l'inscription du roi Mesa (ligne 14): "et Camos me dit, va! prends Nebah sur Israël". Mesa en effet ajoute qu'il a pris cette ville, après un combat qui dura depuis l'aube jusqu'à midi, et que toute la population, au nombre de 7000 âmes, fut massacrée.

On remarquera la forme du nom Nebah, qui est absolument identique avec celui que porte le *Djebel-Nebah*, le mont Nebo de la Bible, que j'ai eu la bonne fortune de retrouver le premier.

Ce nom est écrit נבו, dans les Nombres (XXXIV v. 1) et dans Josué (XXXII v. 49).

Saran (les hommes de), אש שרן. Le roi Mesa (ligne 13 de la stèle de Dibân) déclare avoir transporté à Ataroth les hommes de Saran et de Makherat. (Voyez ce mot.)

Il n'est pas possible, à mon avis, de voir dans ce nom Saran, rien qui rappelle la plaine de Saron (שרון), placée entre les montagnes de Jérusalem, et *Jaffa*, ou la *Méditerranée*.

Ce nom de ville ne se trouve que là.

En vente à la même librairie.

Mariette-Bey (A.). Abydos, description des fouilles exécutées sur l'emplacement de cette ville. Tome Ier (ville antique, temple de Séti). 1 vol. in-f^o. orné de 53 pl. 250 fr.

—— Denderah, Description générale du grand temple de cette ville. Tomes I à IV et supplément. 5 vol. in-f^o. ornés de 339 pl. 330 fr.

—— Supplément aux planches. Séparément, in-f^o. — 9 pl. dont 1 double. 10 fr.

—— La nouvelle table d'Abydos. Gr. in-8°. pl. 5 fr.

—— Notice des principaux monuments exposés dans les galeries provisoires du musée d'antiquités égyptiennes de S. A. le vice-roi à Boulaq. 3e éd. 1 vol. in-8°. 5 fr.

—— Une visite au musée de Boulaq ou description des principaux monuments conservés dans les salles de cet établissement (en langue arabe). 1 vol. in-8°. relié demi-toile. 5 fr.

—— Monuments divers recueillis en Egypte et en Nubie. L'ouvrage complet se composera de 100 planches au moins, accompagnées du texte correspondant et paraît par livraisons de 4 pl. ou feuilles de texte au prix de 6 fr. chaque.

Les 20 premières sont en vente.

—— Les papyrus égyptiens du musée de Boulaq, publiés en fac-simile. Tomes I et II, Papyrus 1 à 20. 2 vol. in f^o. ornés de 101 pl. (Quelques exemplaires seulement, le reste de l'édition a été détruit dans un incendie). 300 fr.

—— Le même ouvrage Tome III, Papyrus 21 à 22. Gr. in-f^o. pl. 100 fr.

Maspero (G.). Des formes de la conjugaison en égyptien antique, en démotique et en copte. 1 vol. Gr. in-8°. 10 fr.

—— Essai sur l'inscription dédicatoire du temple d'Abydos et la jeunesse de Sésostris. 15 fr.

Maspero (G.). Hymne au Nil, publié et traduit d'après les deux textes du musée britannique. In-4°. 6 fr.

—— Une enquête judiciaire à Thèbes au temps de la XXe dynastie. Étude sur le papyrus Abbott. 1 vol. in-4°. 7 fr. 50.

—— Du genre épistolaire chez les anciens Égyptiens de l'époque pharaonique. 1 vol. Gr. in-8°. 10 fr.

—— De Carchemis oppidi situ et historiâ antiquissimâ. Accedunt nonnulla de Pedaso Homericâ. Gr. in-8°. avec 3 cartes. 4 fr.

—— Mémoire sur quelques papyrus du Louvre. 1 vol. in 4°. orné de 14 planches fac-simile. 20 fr.

Mélanges d'archéologie égyptienne et assyrienne. T. I et II, in-4°. chaque vol. 10 fr.

Cette publication a lieu par volumes de 20 feuilles d'impression divisés en fascicules paraissant à des époques indéterminées.

Le 3e volume est en cours de publication.

Aucun fascicule n'est vendu séparément.

Oppert (J.). Mémoire sur les rapports de l'Égypte et de l'Assyrie dans l'antiquité, éclaircis par l'étude des textes cunéiformes. 1 vol. in-4°. 12 fr.

Le papyrus de Neb-Qed (exemplaire hiéroglyphique du Livre des Morts) reproduit décrit et précédé d'une introduction mythologique, par T. Devéria, avec la traduction du texte par M. Pierret. Gr. in-f^o, 12 planches et 9 pages de texte. 50 fr.

Le même ouvrage avec les planches retouchées au pinceau. 65 fr.

Pierret (P.). Études égyptologiques comprenant le texte et la traduction d'une stèle éthiopienne inédite et de divers manuscrits religieux, avec un glossaire égyptien-grec du décret de Canope. 1 vol. in-4°. 20 fr.

En vente à la même librairie.

Pierret (P.). Recueil d'inscriptions inédites du musée égyptien du Louvre traduites et commentées. Première partie avec table et glossaire. 25 fr.

   (Ces deux ouvrages forment les 1re et 2e livraisons des Études égyptologiques).

—— Vocabulaire hiéroglyphique comprenant les mots de la langue, les noms géographiques, divins, royaux et historiques classés alphabétiquement, accompagné d'un vocabulaire français-hiéroglyphique. 10 Livr. 60 fr.

Recueil de travaux relatifs à la philologie et à l'archéologie égyptiennes et assyriennes. Tome Ier, 1re livraison. 10 fr.

   Contenu: 1° le poème de Pentaour, par M. le vicomte de Rougé, avec une planche chromol.; 2° l'expression Mââ Xeru, par M. Devéria; 3° études démotiques, par M. Maspero; 4° préceptes de morale extraits d'un papyrus démotique du musée du Louvre, p. M. Pierret, accompagné de 2 pl. La 2e livraison est sous presse.

Revillout (E.). Papyrus coptes. Actes et contrats des musées égyptiens de Boulaq et du Louvre. 1er fascicule. Textes et fac-simile. (forme la 5e livraison des Études égyptologiques). 25 fr.

—— Apocryphes coptes du Nouveau testament. Textes. 1er fascicule. (Forme la 7e livraison des Études égyptologiques). 25 fr.

—— Chrestomathie démotique. 1er fascicule, avec 4 pl. (Forme la 8e livraison des Études égyptologiques). 25 fr.

Rituel funéraire des anciens Égyptiens. Texte complet en écriture hiératique, publié d'après le papyrus du musée du Louvre, et précédé d'une introduction à l'étude du Rituel, par le vicomte E. de Rougé. Livr. 1 à 5. Gr. in-f°. la livraison. 25 fr.

   La sixième livraison est sous presse.

Robiou (F.). Mémoire sur l'économie politique, l'administration et la législation de l'Égypte au temps des Lagides. 1 vol. Gr. in-8°. orné d'une carte. 6 fr.

—— Croyances de l'Égypte à l'époque des Pyramides. In-8°. 50 c.

Rougé (E. de), Chrestomathie égyptienne ou choix de textes égyptiens, transcrits, traduits et accompagnés d'un commentaire et d'un abrégé grammatical, 1re partie. 4 vol. in-4°. 80 fr.

—— Étude sur une stèle égyptienne appartenant à la Bibliothèque nationale, lue dans la séance publique annuelle de l'Académie des Inscriptions et Belles-Lettres du 12 novembre 1858. Gr. in-8°. 1 fr.

—— Note sur les noms égyptiens des planètes. In-8°. 3 fr.

—— Rapport sur sa mission accomplie en Égypte. In-8°. 1 fr.

—— Recherches sur les monuments qu'on peut attribuer aux six premières dynasties de Manéthon, précédées d'un rapport adressé à M. le Ministre de l'Instruction publique sur les résultats généraux de sa mission en Égypte. 1 vol. Gr. in-4° accompagné de 8 planches dont 5 doubles. 15 fr.

—— Inscriptions hiéroglyphiques copiées en Égypte pendant sa mission scientifique publiées par M. le Vicomte J. de Rougé. Tome Ier, 1er fascicule 1 vol. Gr. in-4°. 15 fr.

   L'ouvrage complet formera 4 vol. divisés en 2 fascicules chacun.

———

Sous presse pour paraître prochainement:

Lepsius. Traité des métaux, traduit de l'allemand par W. Berendt avec notes et corrections de l'auteur.

Imprimerie E. J. BRILL à Leide.